VERDUGOS

VERDUGOS

ASESINATOS BRUTALES Y OTRAS HISTORIAS SECRETAS DE MILITARES

Ana Lilia Pérez

Grijalbo

Verdugos
Asesinatos brutales y otras historias secretas de militares

Primera edición: marzo, 2016

D. R. © 2016, Ana Lilia Pérez

D. R. © 2016, derechos de edición mundiales en lengua castellana:
Penguin Random House Grupo Editorial, S. A. de C. V.
Blvd. Miguel de Cervantes Saavedra núm. 301, 1er piso,
colonia Granada, delegación Miguel Hidalgo, C. P. 11520,
México, D. F.

www.megustaleer.com.mx

ISBN: 978-607-313-885-7

Impreso en México – *Printed in Mexico*

El papel utilizado para la impresión de este libro ha sido fabricado a partir de madera procedente
de bosques y plantaciones gestionadas con los más altos estándares ambientales, garantizando
una explotación de los recursos sostenible con el medio ambiente y beneficiosa para las personas.

Penguin
Random House
Grupo Editorial

ÍNDICE

NOTA

Todos los hechos que aquí se narran son reales, pero los nombres de tres de las víctimas y de los familiares directos de uno de los involucrados en los crímenes aquí consignados fueron cambiados con la finalidad de respetar su derecho a la privacidad. Para mayor referencia, aparecen en cursivas.

PREFACIO

Cada año 470 miembros del ejército ingresan en hospitales por diagnóstico de enfermedades mentales. ¿Qué hay alrededor de esa rotunda estadística? En este libro intento trazar algunas respuestas a la luz del violento presente que vive el país. El origen de este libro se remonta a agosto de 2003, cuando me reuní con Bruce C. Harris —director para Latinoamérica de la agencia Covenant House—, quien me contó la historia de Delmer Alexander y José David, dos adolescentes centroamericanos que en su travesía indocumentada hacia Estados Unidos, a su paso por México, fueron asesinados inmotivadamente a sangre fría por un militar que los cazó en un terreno despoblado del noreste; el británico llegaba de misión a la sede de la ONG en la Ciudad de México, que da albergue a niños en situación de calle de las zonas más violentas.

Aquellos eran años en que el tránsito centroamericano apenas fluía y al tren de carga donde viajaban como polizones comenzaban a llamarle *La Bestia*. Eran contados los refugios y casas para emigrantes en todo México; Los Zetas todavía no hacían suyas las rutas de traslado ni descubrían la mina de oro que les representaría secuestrar o esclavizar a los más pobres de los "sin papeles", aún eran militares desertores o en proceso de deserción que fungían como custodios y pistoleros del Cártel del Golfo. Lo más importante, ni remotamente

se pensaba en la llamada "guerra contra las drogas", iniciativa carente
de inteligencia o planificación con la que el gobierno mexicano saca-
ría a miles de militares a las calles a realizar tareas de seguridad pública. Aunque no era común ver tanques y tropa, ya había civiles artera-
mente asesinados por miembros de las fuerzas armadas en casos que
los tribunales castrenses mantenían prácticamente blindados.

Bruce tenía sólo algunos datos y muchos hilos sueltos. ¿Qué había de particular en esos delitos y por qué una organización internacional buscaba llevar al Estado mexicano y su ejército ante cortes
que juzgan crímenes de lesa humanidad? Eso lo entendí a medida
que fui investigando y reconstruyendo la historia de la muerte de
esos dos jóvenes, la misma que en años subsecuentes, con sus varian-
tes, se repetiría en múltiples ocasiones por todo el territorio. Ahora
pienso que, probablemente, de haber seguido su curso este proceso
de nivel internacional se habrían previsto las condiciones y tal vez
prevenido las prácticas de algunos miembros de las fuerzas armadas.
Pero en 2004 Harris salió de la ONG y los casos que litigaba quedaron
a la deriva; Bruce falleció en Florida, en 2010, enfermo de cáncer.
Durante los siguientes diez años, entre México y Centroamérica me
di a la tarea de recoger piezas sueltas para reconstruir el incidente, lo
que dio sustento documental a estas páginas. Esbozar el retrato de
víctimas y victimarios implicó ir en busca de huellas aparentemente
imperceptibles; no obstante, hallar los porqués fue mucho más com-
plejo y me obligó a mirar a las fuerzas armadas en sus entrañas: las
dos caras de su disciplina cimentada en educación rígida, pero también con abuso de poder, maltrato, humillación basada en el grado,
y en general el uso discrecional de esa doctrina que a veces detona
de mala manera en el estado emocional de sus miembros, como los
470 mencionados inicialmente, pacientes mentales afectados en parte por la vida marcial.

El papel del victimario sólo se comprende —sin que se justifique— cuando se sabe del inventario de reglas no escritas como la *potrada*, la *tableada*, el arresto discrecional, los encuartelamientos, las adicciones y vicios, la deserción, y en consecuencia también la cooptación por los grupos criminales de los militares mejor entrenados. Sus porqués son, de alguna manera, fruto del modelo de disciplina, entrenamiento y modo de vida castrense que los mandos aprenden en los cursos de las escuelas de élite o centros de entrenamiento con patrones delineados desde la vieja Escuela de las Américas de Panamá (la tristemente célebre "Escuela de Asesinos") también el centro de adiestramiento Kaibil de Guatemala, lo mismo que en las escuelas de comandos *Rangers* o *Green Berets* estadounidenses, y que replican en sus cuarteles, batallones, regimientos o campamentos como forma de adiestramiento lo mismo de sus militares subordinados de clase que de la tropa bajo su conducción.

En tanto, ocurrieron importantes sucesos que ampliaron el rumbo de esta historia, pero también mostraron esas dos caras de la vida militar: los desertores convertidos en zetas se apoderaron de la ruta de *La Bestia*, estratégicamente ampliaron su capacidad de reclutamiento y cooptaron no sólo a otros desertores del Ejército Mexicano sino de tropas extranjeras como las de Guatemala, enrolando a sus soldados mejor preparados: los Kaibiles, admirados y temidos por muchos. Con todo y la descomposición que al interior carcomía ya a sus fuerzas armadas, en México llegó al cargo un presidente que llevó a esos efectivos a las calles dándoles atribuciones extraordinarias para las que además no estaban preparados, lo que convirtió al país en escenario múltiple de incontables muertes arteras a causa de balas militares, como las de Delmer Alexander y José David.

De manera que, para entender el papel de víctimas y victimarios en esa masacre ocurrida en mayo de 2002 y que en años posteriores se multiplicaría por todo México, crucé la misma senda de las víctimas, viajé en esa misma *Bestia*, me sumí en *El Infierno* Kaibil y en diversas áreas de la milicia para bosquejar el proceso mediante el cual un militar puede convertirse en verdugo.

En el noreste mexicano, en la loma que fue sepulcro de Delmer Alexander y José David, se levantaron dos cruces de madera; frente a estas como altar, cada año obispo y sacerdotes locales efectúan una misa en memoria de todos los indocumentados centroamericanos caídos en suelo nacional aunque no se conoce a detalle la historia de ambos mártires, precisamente una de las que se cuentan en este libro.

Este caso me ha acompañado durante más de una década, forzándome a investigarlo como un compromiso para con los asesinados y sus madres, porque en el caso de José David quedó sólo como un anónimo. Su familia sigue sin saber lo que ocurrió con él, y si por casualidad alguno de ellos lee esta historia quizá pueda tener respuestas sobre el hijo o el hermano que una primavera salió de casa para buscarse la vida y la sobrevivencia de todos, y del que nunca más tuvieron noticia.

La imagen de los victimados me acompañó en la investigación de la historia de su muerte, a veces como un lastre ante la impotencia e imposibilidad de darle un final feliz o por lo menos justo, y fue también desolador porque al cabo del tiempo, de reunir las pesquisas, entrevistas y demás materiales que conforman este libro, entendí que la decisión del militar de asesinarlos no fue sólo producto de su determinación, sino de un modelo de milicia de la que cualquier ciudadano está a merced. Quien descargó la metralla esa madrugada no era sólo un victimario sino que al asesinar civiles, a los que debía protección, atentó contra su propia esencia. En tal contexto no sorprende el rosario de atropellos de los comandos en las calles, su cooptación por el crimen ni el uso faccioso que el propio gobierno en turno hace de ellos.

Este texto era una deuda con Delmer Alexander y José David porque aquí se cuentan los últimos días de su vida y las circunstancias de su fallecimiento en un intento por que su paso por el mundo no quede reducido a una fosa común. Recuperar la verdad —deber de periodista— es, de alguna manera, también axioma de justicia.

Esta obra es en memoria de todos los caídos, en su mayoría anónimos, en la senda de *La Bestia*. Es por los asesinados a mansalva por las balas de un ejército obligado a brindarles seguridad. Es una propuesta de reflexión para evitar que historias como las aquí narradas vuelvan a repetirse.

1

¿PROTECTORES O VERDUGOS?

Cuando un militar comete un crimen, ¿lo hace por negligencia, dolo o por mal desempeño? Los asesinatos de civiles a manos de miembros de las fuerzas armadas en México desmitifican la institucionalidad de los militares, la figura de heroicidad que a lo largo de varios regímenes se ha pretendido otorgarles para respaldar de manera indirecta el uso faccioso que los distintos presidentes han hecho del Ejército Mexicano. Son muestra palpable del enorme grado de vulnerabilidad de la sociedad civil frente a algunos miembros de la milicia, vulnerabilidad que se potencia cuando esos atroces crímenes se callan o incluso se ocultan.

¿Qué lleva a los militares a estallidos de violencia, ira u odio incontenibles? La disciplina militar tiene su propia lógica, una lógica por la que se preparan hombres para utilizar armas y matar.

La lógica de esa disciplina se inculca en los militares de carrera desde el Heroico Colegio Militar, el plantel más importante de educación castrense, dependiente de la Dirección General de Educación Militar y Rectoría de la Universidad del Ejército y Fuerza Aérea Mexicanos. En él, durante cuatro años se les educa bajo reglas tácitas de obediencia incuestionable desde la *potrada*, el bautismo no oficial que se ofrece a manera de bienvenida a los imberbes *cachorros* de primer ingreso, a quienes los superiores —oficiales, futuros colegas— harán ver su suerte como buenos para nada, malos para todo. La *potrada* durará hasta que se les temple el carácter. Se les enseña el "¡Sí, señor! ¡Sí, mi general! ¡Sí, sí, sí!", y la única respuesta correcta: aguantar y obedecer, sin tener ninguna oportunidad de cuestionar.

Ubicadas en la zona sur del Distrito Federal, las aulas del Heroico Colegio Militar —inauguradas en septiembre de 1976—, con ese halo que supone misticismo, conforman un impresionante conjunto arquitectónico que simboliza el *telpochcalli*, el lugar en el cual los antiguos aztecas educaban a los jóvenes para la guerra. Su edificio de gobierno tiene como forma la de la máscara del dios Huitzilopochtli, el dios de la guerra, y las instalaciones que comienzan en el gimnasio y contienen la sala de historia y el área de dormitorios donde los *aguiluchos* (cadetes) reposan, simbolizan al dios Quetzalcóatl.

En esas aulas, en un ambiente que pretende celo en la vida dedicada a las armas, se curte el temple de los militares de carrera: un temple que al estilo draconiano se les seguirá forjando en batallones, campos, campamentos y cuarteles como si el implacable sargento mayor Hartman (célebre personaje del filme *Full Metal Jacket*) saltara de la pantalla para meterse en la piel de los oficiales entrenadores. Ésa es la misma lógica bajo la que se educa, entrena y adiestra a todos los miembros de las fuerzas armadas, la que replican los oficiales en la tropa.

Lealtad, devoción, valor, honor, abnegación, se promueven como valores del instituto armado; pero los altos mandos los enseñan de manera absolutamente vertical según su visión. En los cuarteles, batallones y regimientos el mando aplica la disciplina y conforme a su criterio arresta, detiene y castiga a los subordinados.

Tal disciplina ciega desencadena como efecto negativo en lo que los militares definen como mala conducta, desobediencia, insubordinación, y ha llevado a más de uno a niveles de violencia exacerbada en el clímax de dicha "indisciplina" asesinando a sus "superiores"; a militares de alta jerarquía a asesinar a "sus inferiores", o a los llamados delitos contra el honor militar, que es como la propia Secretaría de la Defensa Nacional (Sedena) define las imputaciones hechas a militares, las cuales pueden motivar su "baja forzada".

Los crímenes de elementos castrenses ¿pueden haberse cometido por simple ira, o son consecuencia directa o indirecta de la manera de impartir la disciplina interna o incluso de la forma de organización en las filas del ejército?

En junio de 2012 el periódico mexicano *24 Horas* publicó —con base en una solicitud de acceso a la información— que cada año un promedio de 470 soldados en activo de todos los grados militares, exceptuando a generales, ingresan a hospitales castrenses por diagnóstico de enfermedades mentales, desglosadas en: 40% por estrés, 30% por problemas afectivos y 20% por el uso de sustancias psicotrópicas, y que tan sólo entre 2006 y 2011 los nosocomios habrían atendido a 2 354 militares en tales circunstancias.

En noviembre de 2013 *La Jornada* cuantificó —con base en datos obtenidos de la Sedena— en 20 469 el número de miembros de las fuerzas armadas que entre 2006 y 2013 recibieron atención especializada por trastornos psicológicos.

¿Qué detona la ira en esos cuarteles donde lo primero que se enseña a los soldados es a cargar un arma y disparar? ¿Cuáles son las consecuencias? Los peores crímenes no requieren grandes motivos, concluyó hace 60 años la filósofa alemana Hannah Arendt en sus célebres ensayos sobre la banalidad del mal; no encuentro frase más adecuada para hablar de muchos de los crímenes ocurridos en contra de la sociedad mexicana con balas militares disparadas a mansalva.

En tiempos de paz, masacres de inocentes

¿En qué punto se torció el honor militar? De Gustavo Díaz Ordaz a Enrique Peña Nieto, los presidentes concedieron atribuciones extraordinarias al Ejército Mexicano para hacer de las fuerzas armadas un uso en los límites de la ley en contra de la disidencia política y social.

En el caso de Díaz Ordaz, para desarticular movimientos sociales críticos a su régimen fomentó una política de Estado conocida como *guerra sucia* donde la represión militar incluyó torturas y desapariciones forzadas, a la cual dio continuidad su sucesor, Luis Echeverría Álvarez.

La pertinaz memoria de los sobrevivientes de la noche de Tlatelolco aún se estremece al recordar el ruido de los pesados tanques al sitiar la plaza, el sonido de las botas al chocar contra el pavimento, las luces de bengala que precedieron al tiroteo, las carreras de los muchachos, las persecuciones, los golpes y suplicios: soldados asesinando a bachilleres aguerridos o ciudadanos que aquel fatídico 2 de octubre se hallaron en su camino. Todavía son heridas abiertas las que dejaron militares y también paramilitares o *guardias blancas*, responsables de la matanza de 1968 en la Plaza de las Tres Culturas.

En 325 personas calculó las víctimas John Rodda, legendario reportero del rotativo británico *The Guardian*. Las cifras oficiales hablaron de 25 muertos y 36 heridos. Con base en documentos desclasificados de la CIA, la Agencia de Inteligencia de la Defensa (DIA) y la Oficina Federal de Investigaciones (FBI), la organización Archivos de Seguridad Nacional (NSA, por sus siglas en inglés) cifró entre 150 y 200 las personas que perecieron en la matanza, comparándola con la masacre de 1989 en la plaza de Tiananmen, en Pekín.

El número de muertos aún es tan incierto como lo fue la imposibilidad de identificarlos a todos, pero cada uno representó el inaceptable abuso castrense y de paramilitares contra ciudadanos comunes, según describen las autopsias practicadas a los cuerpos que quedaron en calidad de desconocidos:

"Persona desconocida de 30 años de edad, civil, que fue inmolada, presentó herida por proyectil de arma de fuego penetrante con orificio de entrada de 7 milímetros. El impacto produjo solución de continuidad irregular al salir de la cavidad craneana de 10 por 12 centímetros...

"Persona desconocida de 20 años de edad cuyo cadáver se recogió en el lugar del mitin, muerto por herida punzocortante penetrante de tórax que causó anemia aguda, presentó signos de un impacto producido post mórtem por proyectil de arma de fuego...

"Persona desconocida de 15 años de edad que presentó lesión por proyectil de arma de fuego penetrante con orificio de entrada circular de 4 milímetros, localizada en la cara posterior del tórax...

"Persona desconocida de 18 años de edad, muerta por proyectil de arma de fuego con orificio de entrada de 6 a 8 milímetros localizada en la región occipital...

"Persona desconocida de 20 años de edad, con herida de proyectil de arma de fuego...

"Persona desconocida de 23 años de edad, cuyo cadáver se levantó de la Plaza de las Tres Culturas el día 2 de octubre, muerto por proyectil de arma de fuego penetrante de tórax...

"Persona desconocida de 35 años de edad, cadáver levantado en la Unidad Nonoalco-Tlatelolco el día de los hechos, muerto por herida punzocortante de cráneo situada en la cavidad orbitaria izquierda, con ausencia del globo ocular del mismo lado...

"Persona desconocida de 12 años de edad con herida corto-contusa de 4 centímetros, que afectó por traumatismo cráneo-encefálico al lóbulo parietal izquierdo a cuya consecuencia murió...

"Persona desconocida de 25 años de edad con dos heridas causadas por proyectil de arma de fuego que fracturaron la clavícula, destrozaron el pulmón izquierdo y fracturaron el cráneo.

"Persona desconocida de 15 años de edad, quien falleció por herida de proyectil de arma de fuego, orificio situado en el hombro izquierdo..."*

Al cabo de los años, ese mismo ejército es el que dispara a mansalva y altera escenas del crimen para encubrir que asesina extrajudicialmente. Son esas mismas balas de su uso exclusivo las que se descargan sin reglas de conflicto o códigos de guerra en sitios como Tlatlaya (Estado de México, junio de 2014), Ostula (julio de 2015) o cual sea el lugar donde, en nombre del supuesto combate al crimen, se exterminan testigos y se borran evidencias para ocultar las deficiencias propias, y que en las calles como en los cuarteles la manera usual de "combate" es el *Código rojo*.

MILITARES Y NARCOTRÁFICO: UN ANTECEDENTE NOTABLE

La presunta implicación directa de militares en el narcotráfico se dejó ver por primera vez en la estampa de un general. Fue a principios de los años setenta cuando la policía francesa acusó en una trama de narcotráfico internacional a un militar mexicano de alto rango, además de ser un personaje afamado, bien relacionado en la élite política, el espectáculo, y sobre todo en el ámbito deportivo, prácticamente un héroe: campeón olímpico, el primer mexicano en obtener una medalla de oro en unos Juegos Olímpicos.

En noviembre de 1972 el general Humberto Mariles Cortés era detenido en París, junto con otros dos hombres y una mujer mexicana

---

* Fuente: The National Security Archive.

—acompañante de Mariles—, acusados del tráfico de 60 kilogramos de heroína. La droga —opio turco refinado en Marsella— estaba empaquetada en bloques de 500 gramos, es decir, 120 paquetes dentro de valijas de lujo que, según la policía francesa, el general Mariles introduciría a América vía el Aeropuerto Internacional de la Ciudad de México, librando aduanas y revisiones gracias al prestigio y relaciones que tenía entre la sociedad mexicana.

En las filas de la policía francesa se le habría identificado dentro de una *Latin Connection*, en alusión a la llamada *French Connection*, que refería las redes de contrabando de heroína de Francia hacia América, droga que se refinaba en Marsella para su envío lo mismo en barco que por aire para surtir el floreciente negocio que dio a ganar enormes fortunas a capos y mafiosos que se movían entre los dos continentes, o tres si consideramos que el opio se compraba en Turquía, país situado más allá de ambas regiones.

La supuesta implicación de connotados mexicanos en esas redes de tráfico de estupefacientes no era nueva para la justicia francesa: en 1964 habían detenido al embajador mexicano Salvador Pardo Bolland, quien junto con el embajador de Guatemala en Bruselas, Mauricio Rosal Bron, y el ministro plenipotenciario de Uruguay, Juan Carlos Arizti, asociados con traficantes franceses trasegaban heroína marsellesa en sus valijas, que por ser diplomáticos no eran revisadas. Cuando fue detenido, Pardo Bolland era representante de México en Bolivia (historia detallada en *Mares de cocaína*, Grijalbo, 2014).

Esta vez, el general Mariles había viajado a Francia como enviado de la administración de Echeverría en una supuesta misión oficial que nunca quedó clara. Si bien Mariles aún era visto como héroe olímpico, su vida estaba llena de claroscuros que incluían varios años de prisión en Lecumberri acusado de homicidio.

El 14 de junio de 1964, en un incidente de tránsito, Mariles disparó a mansalva contra Jesús Velázquez Méndez; el hombre quedó malherido y murió en el hospital una semana después. Al general se le sentenció a 20 años de prisión, los cuales fueron reducidos a ocho y al final sólo cumplió cinco en una reclusión tan *sui géneris* que al militar se le veía en los cabarets de moda, aunado a que en prisión tenía libre acceso a las oficinas de los directivos, donde sin restricción alguna hacía llamadas y arreglaba sus negocios, y además recibía la visita íntima de una que otra amiga.

Lo que llevó a Mariles a la cárcel fue su temperamento, pero sobre todo que se sentía poderoso e influyente. En aquellos años en que disparó al civil que tuvo la mala fortuna de cruzarse en su camino aún se recordaba la violenta historia del capitán Guillermo Lepe Ruiz, padre de la ex Miss México y actriz de cine Ana Bertha Lepe, quien en mayo de 1960, en el cabaret La Fuente, a sangre fría asesinó al actor Agustín de Anda, justificándose con el argumento de que había "lavado" su honor.

Ana Bertha era la estrella de aquel centro nocturno, el lugar de moda en la década de los cincuenta, en el corazón de la avenida Insurgentes Sur. Allí cantaban José Alfredo Jiménez, Marco Antonio Muñiz, Olga Guillot y Carlos Lico y actuaban Julio Alemán o Polo Ortín, pero la perla era ella, afamada por su coronación como Señorita México en 1954 y finalista en el concurso Miss Universo que tuvo lugar en Long Beach, California. Ana Bertha estaba comprometida con Agustín de Anda, y ya la veinteañera pareja repartía sus invitaciones para la boda que se efectuaría el 26 de junio de 1960.

Las versiones hablaron de una discusión entre el militar y el actor ante la oposición de este último a que Ana Bertha viajara a Acapulco para encontrarse con el magnate Ahmed Sukarno, entonces presidente de Indonesia, quien había prometido a la actriz hacerla brillar en un festival de cine en su país. Sin embargo, se supo que Lepe actuó con todas las agravantes: premeditación, alevosía y ventaja.

Precisamente otro de los asiduos a La Fuente era Humberto Mariles. Mariles Cortés se crió prácticamente a imagen y semejanza de las fuerzas castrenses: hijo del coronel Antonio Mariles Frayndell y Virginia Cortés, nació en 1913 en Parral, Chihuahua. Ingresó al Colegio Militar aún niño, y a sus 18 años ya era subteniente de caballería; en años subsecuentes escaló grados rápidamente debido a sus hazañas deportivas, pero también bajo acusaciones de tráfico de influencias.

Tenía 35 años cuando participó en los Juegos Olímpicos de 1948, que tuvieron lugar en Londres, llevando al país a una gloria deportiva sin precedentes. Antes de él, otros militares habían ganado medallas en las exhibiciones de salto ecuestre individual: el japonés Takeichi Nishi y el alemán Kurt Hasse. Pero aquel 1948 el entonces teniente coronel no sólo dio a México la primera medalla en Juegos Olímpicos, sino otras dos en esa misma disciplina: un oro más en las pruebas por equipo, y bronce en las pruebas de tres días; en todas éstas Mariles fue capitán del equipo mexicano.

De vuelta al terruño fue recibido como héroe en el mundo de la posguerra. Lo siguiente fueron giras internacionales por Estados Unidos, Alemania, Gran Bretaña, España y varios otros países, siendo sus hazañas difundidas en las páginas de las revistas más influyentes de la época. Mariles fue uno de los primeros mexicanos en aparecer en la afamada *Life* (edición del 28 de noviembre de 1949), que lo ensalzaba como un veterano ganador de exhibiciones ecuestres que tuvieron lugar en el Madison Square Garden de Nueva York; en medio de airosos anuncios de Old Spice y elegantes automóviles Ford, aparecían los "landings by Mexico's champs", y en las instantáneas de Mariles a pie de foto se leía: "Team Leader Colonel Humberto Mariles was best rider in show". La publicación alemana *Der Spiegel* lo retrató en sus páginas centrales. Su influencia era tal que incluso entre la clase política e intelectual se organizaban colectas para que el notable oficial viajara al extranjero a exhibiciones ecuestres.

Así, por ejemplo, el 17 de febrero de 1956 el ex secretario de Educación, José Vasconcelos, quien entonces preparaba su *Breve historia de México*, publicó un llamado a colaborar en la recaudación que se hacía para que Mariles viajara nuevamente: "En todo mexicano hay un aficionado a los deportes ecuestres. El general Humberto Mariles, que tantas veces ha llevado el triunfo internacional de los caballistas de nuestra patria, merece el más amplio apoyo económico para que pueda representarnos dignamente en el concurso internacional próximo".

Luego, el 10 de abril: "Con gran éxito se está desarrollando la colecta privada que tiene por objeto permitir que el general Mariles lleve la banda de México otra vez en triunfo por las pistas del deporte ecuestre nacional. Contribuya usted a esta colecta que interesa al orgullo de todos los mexicanos y vendría a probar la fuerza de la iniciativa privada".

Hacía sólo unos meses, entre los círculos políticos se barajaba su nombre como posible candidato a la gubernatura de Chihuahua junto a los de Tomás Valles, Jesús Lozoya, Manuel Susarte, Praxedis Giner, Pablo Amaya y Teófilo Borunda; este último finalmente sería el gobernador.

Mariles era notorio y popular no sólo entre sus colegas, los políticos y deportistas, sino en el mundo de la farándula, donde actores y actrices de moda como el famoso histrión David Silva, protagonista de *Campeón sin corona*, lo mismo que el presentador estelar de la televisión mexicana, Francisco Rubiales Calvo, mejor conocido como Paco Malgesto, no perdían ocasión de presenciar sus exhibiciones.

Mariles puso de moda el deporte ecuestre entre los mexicanos acaudalados: todos aspiraban a montar caballos entrenados por el militar, pensando en que quizá cualquiera de ellos les resultaría como aquel alazán tuerto nacido en el rancho Las Trancas, en los Altos de Jalisco, y bautizado como *Arete* por la hendidura con que nació en la oreja izquierda, con el que el mílite hizo dupla perfecta para alzarse con el oro en Londres. La historia que potro y jinete escribieron semeja una épica: el presidente Miguel Alemán le había prohibido presentarse en las Olimpiadas con ese potro criollo que por padecimiento genético sólo tenía un ojo. Pero entre los caballistas hay fidelidades inquebrantables, así era la relación de Mariles con *Arete* y en Londres lo dejarían claro: la fiel montura condujo a su amo a la codiciada meta por el oro olímpico en disputa. El desplante de rebeldía de Mariles frente al mandatario tenía que ver también con esos roces entre la élite del ejército y el primer civil llegado al cargo desde la Revolución, pues hombres como el general Ávila Camacho y quienes le eran fieles querían hacerle patente la supremacía de las fuerzas castrenses; como era esperable, mereció una orden de aprehensión por desacato.

Al final Alemán debió reconocer la hazaña de jinete y potro, "indultó" al militar y halagó ampliamente sus suertes, hicieron una estrecha amistad de cuyo fruto Mariles se volvió general: a partir de entonces sería el más alemanista de los oficiales y el nombre del ex presidente aparecería vinculado a él durante muchos años.

El *Arete* de Mariles, por cierto, ganó fama como su jinete, y a su muerte se erigió su escultura de bronce de tamaño natural, forjada por el escultor Rubén Rodríguez, en la plaza del Comité Olímpico.

Para esos años, la faceta del general caballista había sido abordada también en libros como *Riding with Mariles*, de Margaret Cabell Self (1960). Mariles había incursionado años antes en el mundo del cine al asesorar y supervisar la película *El insurgente* (1941), del director Raphael J. Sevilla con guión de Luis de Saradez.

Pero las actividades de aquel que junto con el clavadista Joaquín Capilla, el beisbolista Roberto *Beto* Ávila y el boxeador Raúl *Ratón* Macías fue llamado "as del deporte nacional", iban mucho más allá de caballos y milicia. Humberto Mariles era también uno de los personajes más obstinados y entregados a la idea de deponer al gobierno de Fidel Castro Ruz en Cuba, y por ello protegía y apoyaba a exiliados cubanos.

Una de sus reuniones de "lucha contra el comunismo" cubano y por el "derrocamiento" de Castro tuvo lugar el 5 de junio de 1962 en la casa de Hermilio Ahumada. Como organizadores, además de Ahumada y Mariles, estaban Sergio Pérez y Pérez, ex embajador de Cuba en Filipinas; Carmen Villares de Guzmán, Rolando Rojas, y como invitado de honor José Figueres Ferrer, ex presidente de Costa Rica. Aquella noche el general y sus amigos alentaron a los cubanos a "proseguir la lucha hasta el exterminio de Fidel Castro Ruz y su exótica ideología política".

En tanto Mariles seguía bajo el padrinazgo de Alemán, quien más tarde se puso al frente de la Comisión Nacional de Turismo, el general viajaba con el ex presidente en comitivas oficiales a Estados Unidos. Aquéllos eran álgidos años de revoluciones y revueltas en Centro y Sudamérica y el militar mexicano era activo promotor del "combate al comunismo" como miembro fundador, activo y directivo en el FCMAR (Frente Cívico Mexicano de Afirmación Revolucionaria), una organización derechista a la que pertenecían los ex presidentes Alemán y Abelardo Rodríguez además de ex gobernadores como Melchor Ortega y Marco Antonio Muñoz, la cual se planteaba como tarea principal "eliminar de muchos puestos clave del gobierno, de las universidades, comenzando por la UNAM, de la prensa, de la televisión, de la radio, de los sindicatos, de las empresas descentralizadas y hasta de los clubes sociales, tantas células comunistas perfectamente bien colocadas".

Luego llegó el incidente en el cual Mariles lesionó y causó la muerte a Jesús Velázquez Méndez: la prensa dio amplia cobertura al hecho y ello en parte influyó para que el general protegido de Alemán no quedara libre sino que pasara algunos años en prisión, de 1967 a 1971. Eran tiempos en que el *Palacio Negro* era centro de tortura y sepulcro para varios presos políticos; allí estaban hombres como José Revueltas, Eduardo Valle, Raúl Álvarez Garín y otros detenidos del 68 que llegaron a organizar huelgas de hambre para hacer valer sus derechos mientras el general vivía con todo tipo de privilegios. Por ejemplo, entraba a su antojo a la oficina del director y subdirector a recibir a sus visitas y hacer llamadas telefónicas, prerrogativas que eran del todo conocidas por la Secretaría de Gobernación pues dentro de la Penitenciaría había agentes de la Dirección Federal de Seguridad (DFS) protegiéndolo, los que a su vez reportaban a Luis de la Barreda, titular de dicha Dirección, cada uno de sus movimientos.

En una de las fichas integradas por los agentes (firmada con las siglas VMS) se informa: "El Gral. Mariles Cortés, en el transcurso de la mañana, estuvo en plática privada en su cuarto en la Penitenciaría del D.F. con tres personas no identificadas, que fueron a visitarlo en diferentes horas.

"En el curso de la tarde, se trasladó por tres ocasiones a la Subdirección para hacer llamadas telefónicas.

"Se hace notar que la mayor parte del tiempo lo pasa en su cuarto, y ya no se le ha notado deambular por los pasillos de las oficinas de la Penitenciaría como en días anteriores lo venía haciendo" (*sic*).

En otra se menciona: "El día de hoy el Gral. Humberto Mariles Cortés no recibió ninguna visita, con excepción de la persona que diariamente le lleva sus alimentos.

"La mayor parte del tiempo la pasó en el cuarto del comandante de la 2/a. Compañía de Vigilancia, desde donde estuvo pidiendo numerosas llamadas al conmutador (en dicho cuarto hay una extensión); de las 13:00 a las 13:15 hrs. estuvo platicando con el director de la Penitenciaría en la oficina de este último."

Así pasó Mariles sus días en prisión, recibiendo también visitas íntimas de la mujer que luego lo acompañaría a París, en el viaje en que fue detenido por trafico de heroína según la policía francesa.

Una pena de 20 años de pronto se convirtió en unos pocos de ellos y en noviembre de 1971 el recién excarcelado general de brigada aparecía tramitando un pasaporte diplomático para viajar a Francia, Estados Unidos, Canadá, Japón, Inglaterra, Italia, Austria, Alemania y volver a París "en cumplimiento de la comisión oficial que le fue conferida por el Consejo Nacional de Turismo, según el oficio 1166", cita su solicitud del documento.

Miguel Alemán había sido asignado al Consejo desde tiempos de Adolfo López Mateos y se dedicaba a viajar por el mundo a cuenta del erario, "promoviendo" la imagen del país; gracias a él el oficial ex convicto recibió de nuevo la venia del gobierno, ahora con el presidente Luis Echeverría, quien en cuanto salió de prisión lo llamó como invitado especial al desfile con motivo del 20 de noviembre.

Para agilizar la emisión del pasaporte diplomático para Mariles, el 6 de diciembre de 1971 su secretario en el Consejo Nacional de Turismo, Juan González A. Alpuche, a nombre de Alemán envió a Emilio Óscar Rabasa, secretario de Relaciones Exteriores, un oficio que reza:

Por instrucciones del señor Lic. Miguel Alemán, presidente de este Consejo, el señor general de brigada E. E. Humberto Mariles Cortés, funcionario de este propio organismo, va a practicar una visita a delegaciones de esta dependencia en Estados Unidos, Canadá, Italia, Austria,

Bélgica, Inglaterra, Francia y República Federal de Alemania, así como el Japón, con el propósito de supervisar las labores de promoción y relaciones públicas que las correspondientes oficinas vienen realizando con la finalidad de atraer turismo hacia nuestro país.

En esta virtud, me permito encarecerle que tenga usted a bien autorizar la expedición del correspondiente pasaporte oficial con validez para países de América, Europa y Asia.

Como el viaje del señor general Mariles Cortés se efectuará en breve plazo, estimaré a usted que el citado pasaporte se tramite con carácter de urgente.

Le anticipo las gracias por su fina atención, señor secretario, y le reitero mi consideración distinguida.

De esta manera, por designio e intervención de Alemán, el general Mariles viajó a Europa con pasaporte diplomático; lo siguiente que en México se supo de él fue su detención en París con las maletas cargadas de heroína.

Sus movimientos en Francia conducen al nombre de Alma Escobedo Martínez de Nanclares, una secretaria que después de trabajar en pequeñas compañías privadas para luego vincularse con una mujer "tratante de blancas" —según sus propios dichos ante la DFS—, aparece tramitando visitas íntimas al general Mariles en prisión. Alma conoció a Linda Rey, quien traficaba drogas a México y Estados Unidos junto con Jorge Moreno Chauvet y Raúl Casares; los dos primeros fueron detenidos y Alma se relacionó con una tratante de blancas y traficante llamada Blanca, quien le propuso visitar en la cárcel al general, según Alma, y comenzó a hacerlo a partir de enero de 1968. Mariles rentó una casa para ella.

Recién liberado y con una "misión", Mariles se lleva a Europa a la joven Alma: en Francia ambos serían capturados y después ella recuperaría su libertad. De vuelta a México, en el Aeropuerto Benito Juárez fue detenida por agentes de la DFS que la interrogaron sobre "las actividades de Mariles en tráfico de droga, y su detención en París". Según versión de Alma, los pasos de los dos fueron los siguientes:

El martes 21 de noviembre el general Mariles llegó a su domicilio y le dijo que preparara sus cosas porque al día siguiente viajarían a París, Francia. Ella le preguntó que con qué dinero sufragarían los gastos, y él contestó que sólo estarían tres o cuatro días: allá le entregarían dinero con el cual cubrirían esos gastos y podría comprarle algunas cosas, que de Europa traerían aparatos eléctricos e incluso que para facilitar su llegada a México sin problemas de revisión de equipaje había ofrecido un desayuno a los empleados de la aduana del aeropuerto.

Al día siguiente volaron a las 11 de la mañana en un avión de KLM. Se hospedaron en el hotel George V, un *grand luxury* cerca de los Campos Elíseos que siempre ha sido uno de los sitios más exclusivos de la Ciudad Luz, justo en el *triángulo de oro* entre la Torre Eiffel, el Obelisco egipcio y el Arco del Triunfo, y donde el general se había hospedado en otras ocasiones. Rentaron un Peugeot para trasladarse por toda la ciudad; visitaron algunos centros nocturnos, tiendas de lujo y otros sitios.

El miércoles por la mañana el general dejó a Alma en la habitación y salió para regresar horas después con un par de maletas nuevas que un tal Rivera le había "obsequiado" y que era parte de un juego que habían comprado ese mismo día.

El jueves 23 se reunieron en el bar del hotel con dos individuos apellidados Montalvo y Rivera Castillo, con quienes estuvieron bebiendo, y en la efusiva conversación Rivera le dijo al militar que Montalvo y él lo harían millonario.

Alma y el general se fueron a un centro nocturno para seguir la fiesta hasta las dos de la madrugada del viernes. Volvieron al hotel y se acostaron hasta que, súbitamente, a las 5:30 la policía irrumpió en la habitación para detenerlos. Los llevaron a las oficinas del Ministerio del Interior, 72 horas después liberaron a Alma y el general fue trasladado a prisión.

Según Alma, durante su detención en París se le permitió hablar con Mariles, y en esa conversación éste le explicó que en un bar de la ciudad de México conoció a Montalvo, quien le propuso hacer un gran negocio, y que debido a la situación económica por la que pasaba había aceptado, por lo que viajaron a Francia para traer las maletas bajo el amparo del general, ya que tenía muchas amistades en la aduana y no pasaría revisión.

Alma había viajado a París con un pasaporte expedido por la Secretaría de Relaciones Exteriores "mediante una recomendación personal" a un funcionario de esa dependencia, la cual le dio Mariles el 23 de marzo de 1968, cuando oficialmente aún estaba preso.

La DFS hizo su propia investigación. En uno de los documentos que integró sobre el tema salieron a relucir nombres de empresarios y comerciantes, socios de Mariles en diversos negocios, y de nuevo los apellidos de connotadas familias de la clase política mexicana.

La investigación por tráfico de drogas contra Humberto Mariles derivó en oficios como el número DFS-4-XII-72, que detalla el interrogatorio a Jorge Asaff Bala, empresario, comerciante y dueño de la compañía Inmuebles e Inversiones Monte Albán y de diversos inmuebles en el Distrito Federal, quien en sociedad con su compadre Said Assam promovía una cadena de tiendas llamadas Billy John. Asaff Bala comerciaba con alhajas finas y era prestamista; dijo que con Mariles tenía "relaciones de trabajo", y que por su conducto, su amigo Humberto Abimeri "estableció relaciones con la señora Soledad

Orozco, viuda de Ávila Camacho, y su representante, general Castillo, y trataron una operación de compra venta de unos terrenos propiedad de dicha señora…"; que para explotar mediante fraccionamiento esos terrenos se formó la sociedad "Inmobiliaria Cuernavaca, S. A., integrada por el citado Humberto Abimeri, el doctor Litos Abimeri, el propio Jorge Asaff Bala y sus hijos Luis Manuel y José Alfonso Asaff".

Agregó que Mariles tenía una comisión en dicha operación, y por cuenta de la misma un chofer llevaba cantidades semanales a su domicilio. También Asaff había sufragado dos viajes de Mariles a Europa, en uno de los cuales el general le había dicho que se entrevistaría en Ámsterdam con el príncipe Bernardo (Bernardo de Lippe Biesterfeld) para tratar un negocio de equitación.

Asaff reconoció que le enviaba dinero a Mariles al hotel George V, en París, y que dichos envíos los hacía por conducto de su empleado Leoncio García Martínez.

Años atrás Asaff había sido detenido y procesado en diferentes ocasiones a partir de 1943 por librar cheques sin fondos, y en 1959 por delitos contra la salud: le habían imputado la tenencia de dos kilos de heroína y estuvo 16 meses en prisión, pero según él fue absuelto porque supuestamente no se le comprobó la comisión de delito alguno.

Para la DFS era un asunto serio, incluso el citado oficio fue elaborado por el propio director de la temible Federal de Seguridad, capitán Luis de la Barreda Moreno, quien en ese mismo documento sugiere "la investigación de lo manifestado por Asaff Bala y en particular la detención, en su caso, de Leoncio García Martínez en esta ciudad y de Héctor F. González en Monterrey, N.L."

Según la policía francesa, el general Mariles introduciría la droga en México valiéndose del "prestigio" que tenía entre la sociedad mexicana; ya preso en París, se difundió la versión de que revelaría nombres de gente importante.

A principios de diciembre Mariles Cortés fue hallado muerto en su celda de la prisión de La Santé; hasta ese momento mantenía su negativa de culpabilidad en el tráfico de heroína que las autoridades francesas le imputaban, por el cual había sido encarcelado y esperaba proceso judicial. Horas antes había hablado con su abogado en los locutorios de la prisión, y según declararía éste después, el general tenía pruebas para demostrar su inocencia.

El reporte de autopsia concluyó su muerte por edema pulmonar provocado por una crisis cardiaca. Se especuló sobre un posible envenenamiento o quizá suicidio; su deceso nunca quedó completamente claro.

A las 11 de la noche del 12 de diciembre el cadáver de Humberto Mariles regresaba a México en el vuelo 451 de Aeroméxico procedente de París; en la plataforma donde se detuvo la nave lo aguardaban sus familiares y un nutrido grupo de periodistas. Quince minutos más tarde una ambulancia de la agencia de inhumaciones Gayosso lo trasladaba a la capilla número 7 en Félix Cuevas para ser velado.

La administración de la aduana en el aeropuerto dio la orden estricta de que no se cubrieran los requisitos legales ni se siguieran los trámites correspondientes para la salida del cuerpo o su equipaje, es decir, no hubo revisión alguna, lo cual fue de nuevo destacado por el director de la DFS en su informe DFS-12-XII-72.

A su sepelio asistieron militares y el conductor Paco Malgesto, además de los deportistas Joaquín Capilla y Raúl *Ratón* Macías. Llama la atención que del linaje presidencial que lo protegía no asistió ningún miembro, o al menos no hay registro en el libro de visitantes al sepelio.

Hoy en México hay calles, avenidas y colonias con su nombre. No obstante, para la prensa europea éste quedó como el de un oficial mexicano de alto rango implicado en narcotráfico.

Una historia de sangre

Poco se habla de la manera en que en cada batallón, regimiento, brigada o cuartel militar se aplica el rigor marcial y hasta dónde puede llegar éste en aras de una supuesta disciplina que resulta muy nebulosa.

La tropa y los oficiales responden a una estructura de mando, y sin embargo dicha estructura no está exenta de renglones torcidos; militares como Mario Arturo Acosta Chaparro murieron impunes de múltiples agravios en contra de civiles que se les imputaron, incluidas desapariciones forzadas. Dentro del Ejército Mexicano Acosta Chaparro fue un caso peculiar: primero honrado con medallas y condecoraciones, luego defenestrado, encarcelado y degradado al implicársele en protección a cárteles de la droga; años después sería excarcelado, redimido oficialmente y luego asesinado. Una vida tan oscura como su muerte.

La suya fue una promisoria carrera dentro de las fuerzas armadas, aunque no ajena a la polémica por el halo de represor que lo caracterizó. Ingresó al Colegio Militar en 1959 luego de haber realizado la instrucción primaria y secundaria en el Colegio Francés Hidalgo; en 1962 egresó como subteniente y fue asignado al grupo de Guardias Presidenciales, y luego al 35/o. Batallón de Infantería donde tres años después ascendió a teniente.

Se especializó como policía militar y llegó al grado de capitán con cursos de élite como paracaidista y en las fuerzas especiales. En 1970 se entrenó en la base militar de Fort Bragg, en Carolina del Norte, Estados Unidos, una escuela de élite donde se forma a los comandos de operaciones especiales, entre ellos a Green Beret (Boinas Verdes), la unidad del ejército estadounidense, expertos en contrainsurgencia, emboscadas, retiradas, paracaidismo y uso de armas de cualquier calibre, la misma brigada donde en otra generación se entrenaron hombres como el colombiano Campo Elías Delgado, el que se mencionará en páginas posteriores, y otros con altos mandos y un desempeño negro y cuestionable al que también me referiré.

Con tal perfil, el temible y controvertido general Marcelino García Barragán, secretario de la Defensa (diciembre de 1964-noviembre de 1970), lo hizo su ayudante particular, tarea en la que estuvo hasta el último día de la administración, cuando García Barragán lo envió al 1/o. Batallón de la Brigada de Fusileros Paracaidistas —facsímil mexicano de los Green Beret— con la misión de desarticular los grupos guerrilleros y disidentes, particularmente el Partido de los Pobres de los profesores normalistas Lucio Cabañas Barrientos y Genaro Vázquez Rojas en Guerrero. Los legendarios líderes fueron muertos, lo que a Acosta Chaparro le valió sus primeras medallas y el reconocimiento del presidente Luis Echeverría.

Acosta Chaparro dio muestra suficiente de su capacidad para operaciones de contrainsurgencia, de manera que Echeverría lo asignó de manera permanente a esa tarea en el gobierno local de Rubén Figueroa en Guerrero.

De aquellos tiempos se le responsabilizó, junto con su amigo y compañero de armas, Francisco Humberto Quirós Hermosillo, de la desaparición y muerte de más de un centenar de personas de acuerdo con las 123 denuncias que en su contra presentaron familiares de las víctimas de la llamada *guerra sucia*, casos denunciados ante la Fiscalía Especial para Movimientos Sociales y Políticos del Pasado (Femospp), creada en el gobierno de Vicente Fox Quesada en un fallido intento de juzgar los crímenes del Estado. No obstante, al final ni Acosta Chaparro ni Quirós Hermosillo ni ningún otro militar fueron enjuiciados por tales delitos.

Pero volvamos a la trayectoria militar de Acosta Chaparro: a finales de los años ochenta era ya general brigadier, y una década después comenzaría su declive. Para octubre de 2000 aparecía detenido junto con Quirós Hermosillo, acusados de nexos con el Cártel de Juárez que desde Chihuahua lideraba Amado Carrillo Fuentes, *El Señor de los Cielos*: narcotraficante nativo de Guamuchilito, poblado de la serranía sinaloense, en los años ochenta y noventa fue el capo más poderoso de México. Acosta Chaparro estuvo en prisión durante siete años y luego, en un viraje judicial por lo menos extraño, la autoridad federal lo liberó. De inmediato fue cobijado por el gobierno de Felipe Calderón y no sólo fue exonerado sino que le fueron restituidos sus grados y condecoraciones. Su amigo el general Quirós Hermosillo no tuvo tal suerte: había fallecido durante su reclusión en noviembre de 2006, enfermo de cáncer.

En un afán de justificar el millonario presupuesto en materia de seguridad y adquisición de armamento, la vida del general había tomado un nuevo rumbo al poner sus dones al servicio de un gobierno sin dirección, enfrascado en ridículos montajes policiacos. Pero sólo unos cuantos años gozó de los aires de la libertad: en mayo de 2010 fue baleado dentro de su automóvil en la colonia Roma del Distrito Federal, y aunque sobrevivió a esa batalla, dos años después, en abril de 2012, en la colonia Anáhuac, una muerte certera le llegó de la mano de un sicario a bordo de una motocicleta.

Modelo de represión

La historia del uso faccioso de los cuerpos militares y las doctrinas aprendidas por altos mandos mexicanos en el modelo de la Escuela de las Américas no puede entenderse sin colocar la mirada en el estado de Guerrero, donde hombres como Acosta Chaparro y Quirós Hermosillo hicieron escuela en materia de represión y abusos contra los ciudadanos, un esbozo de lo que en años futuros se institucionalizaría en buena parte del país.

La Escuela de las Américas, el centro de adiestramiento militar más polémico del continente, se instaló en 1946 en Panamá para formar militares de élite expertos en técnicas de combate, tácticas de comando, inteligencia militar y contrainsurgencia; un modelo de soldado cuyo perfil fue definido por uno de los principales diarios panameños en cuatro palabras: "La Escuela de Asesinos".

De sus cuadros egresaron muchos de los militares que, mediante golpes de Estado, gobernaron países de centro y Sudamérica, otros que en las Fuerzas Armadas mexicanas ocuparon altos mandos y a quienes se les responzabiliza de desapariciones forzadas y ejecuciones extrajudiciales en diversas entidades del país.

Las fuertes críticas y acusaciones a sus egresados por graves violaciones a los derechos humanos obligaron a que la escuela cerrara en Panamá y se trasladara a bases y fuertes estadounidenses, en campus como el llamado Instituto de Cooperación para la Seguridad Hemisférica (SOA/WHINSEC), donde cada año militares mexicanos, al igual que de centro y Sudamérica, son entrenados.

Su modelo de adiestramiento es el que en México se vio desde los años setenta por mano de militares, como los generales Acosta Chaparro y Quirós Hermosillo, quienes lo aplicaron precisamente en entidades como el estado de Guerrero: desapariciones forzadas, ejecuciones extrajudiciales, tortura y violaciones a manos de las tropas, siendo uno de los primeros estados prácticamente militarizados para apabullar movimientos sociales, como luego ocurriría en Chiapas y Oaxaca, y en años más recientes en otras entidades del resto del país.

En Guerrero ocurrieron casos de desapariciones forzadas que a la postre se definirían como emblemáticos. Uno de los más relevantes fue el de Rosendo Radilla Pacheco, detenido y posteriormente desaparecido en Atoyac de Álvarez en agosto de 1974 con la excusa de que aquel líder social, secretario general de la Confederación Nacional Campesina (CNC), componía corridos para Lucio Cabañas y música en la que reivindicaba la lucha del maestro rural. Empeñados en conocer el destino final de su padre, sus hijos impulsaron un proceso legal en el que sólo hasta tres décadas después lograron que la Corte Interamericana de Derechos Humanos (CIDH) juzgara y condenara al Estado mexicano por su desaparición; fue uno de los primeros en que cortes internacionales juzgaron el actuar de las fuerzas armadas mexicanas, de ahí su trascendencia.

Desde aquellos años de *guerra sucia*, el gobierno federal desplegó en Guerrero a un ejército desenfrenado por hacer sentir la dureza de su puño; a partir de 1994, año de su fundación por el antropólogo Abel Barrera Hernández, el Centro de Derechos Humanos de la Montaña, Tlachinollan, ha documentado habituales agravios de militares particularmente en contra de las 120 comunidades de la región de La Montaña.

Se trata del mismo perfil de abusos que ocurren de La Montaña a La Sierra, de la costa Chica a la costa Grande, de Atoyac a Aguas Blancas; de la represión castrense contra el profesor normalista Lucio Cabañas o Genaro Vázquez en los años setenta, o la responsabilidad por colusión u omisión en el caso de los estudiantes normalistas de Ayotzinapa en 2014.

La historia de las fuerzas armadas en esa entidad incluye graves casos que organismos internacionales de derechos humanos pusieron bajo su lupa, como la detención, tortura y encarcelamiento de los ecologistas Rodolfo Montiel Flores y Teodoro García Cabrera, y el asesinato en mayo de 1999 de Salomé Sánchez Ortiz en la comunidad de Pizotla, municipio de Ajuchitlán del Progreso, todos miembros de la Organización de Campesinos Ecologistas de la Sierra de Petatlán (OCESP). El segundo incidente ocurrió bajo una operación dirigida por el teniente coronel de infantería José Pedro Arciniega Gómez, acompañado del capitán Artemio Nazario Carballo y 43 elementos de tropa: el cuerpo de Salomé quedó tirado mientras los militares no permitían que nadie se acercara al tiempo que, sin orden alguna, cateaban casas y golpeaban a sus habitantes.

El caso de los ecologistas tenía mucho fondo: con su defensa de los bosques de Petatlán obstaculizaban los negocios ilegales de tráfico de madera de hombres como Rogaciano Alba Álvarez, quien fue alcalde del municipio de 1993 a 1996 y llegó a dirigir la Unión Ganadera Regional; era un hombre peligroso, pues además de la tala clandestina operaba negocios de narcotráfico. Por muchos años se le denunció reiteradamente, y en vez de que la autoridad hiciera cumplir la ley, sus detractores fueron detenidos, torturados, encarcelados, y en el peor de los casos asesinados. Fue hasta 2010 que el gobierno federal le imputó cargos de tráfico de drogas en conexión con los cárteles de Sinaloa y La Familia Michoacana. *El Roga* fue también identificado por organizaciones de derechos humanos como autor intelectual del asesinato de la abogada Digna Ochoa, defensora de Rodolfo Montiel y Teodoro García.

En Guerrero se registró también una masacre el 8 de junio de 1998 en la comunidad mixteca El Charco, municipio de Ayutla de los Libres: fueron asesinados 11 campesinos, supuestos miembros del Ejército Popular Revolucionario (EPR), que pernoctaban en la escuela del pueblo, además de resultar heridas cinco personas y detenidas otras 21, trasladadas al cuartel de la IX Región Militar en Acapulco a cargo del general Alfredo Oropeza Garnica. El hecho se denunció también ante instancias internacionales, y en junio de 2012 la CIDH le dio entrada para su investigación.

Si en los gobiernos de Gustavo Díaz Ordaz y Luis Echeverría Álvarez los militares protagonizaron agravios tan significativos, en años posteriores su actuar se fue deteriorando aún más. Las fuerzas armadas se convirtieron en uno de los sectores gubernamentales que más han violentado los derechos humanos de los ciudadanos a juicio de la CNDH: desde su creación en 1990, y sobre todo en la década posterior, la CNDH hizo a la Sedena recomendaciones particulares y generales cada vez más frecuentes.

La primera recomendación oficial en contra de militares se emitió en 1990 por violación a los derechos humanos de un ciudadano a favor de Phillip Edward Hastings, un australiano residente en Estados Unidos detenido en Puerto Vallarta, Jalisco, el 12 de agosto de 1988 y sometido a tortura durante un interrogatorio: le fracturaron las muñecas, los tobillos, las costillas y la nariz, aparte de causarle escoriaciones en todo el cuerpo. Phillip quedó con daño cerebral y perdió la movilidad de la mano izquierda. Identificó como sus agresores a los militares José María Navarro Castro y Eladio Bautista Magdaleno.

El segundo señalamiento de la CNDH en contra de militares por tortura llegó dos años después por los agravios a la familia Zúñiga González. El 21 de noviembre de 1990 Julián Zúñiga González, guardia perteneciente a la Defensa Rural, junto con Rafael González López fue citado a presentarse en las instalaciones de la 15/a. Zona Militar en Guadalajara; allí lo retuvieron y luego fue llevado a la casa de su tío Jesús Zúñiga en el rancho Santa Clara, en el municipio de Ocotlán. Frente a sus tíos y primos fue brutalmente torturado para que dijera que eran narcotraficantes; otros dos de sus hermanos también fueron torturados. No se les encontró droga alguna y tampoco había acusación en su contra.

En años posteriores la CNDH acreditó abusos más cotidianos, como ya se mencionó, aunque sería en el sexenio de Felipe Calderón cuando se incrementaron exponencialmente a lo largo y ancho del país, sobre todo en las entidades que el comandante supremo de las fuerzas armadas militarizó en el marco de su fallida guerra contra el narcotráfico.

2

DEL EJÉRCITO DE CALDERÓN
A LOS RANGERS DE PEÑA

Custodiado por el grupo de élite del Ejército Mexicano comisionado al Estado Mayor Presidencial, el 1 de diciembre de 2006 Felipe Calderón Hinojosa fue investido presidente en una tribuna tomada por diputados y senadores de oposición, con un militar literalmente cuidándole las espaldas en un recinto legislativo prácticamente sitiado. Las gráficas que aquel día captó la prensa congelaron el momento justo en que cabizbajo, en medio de los abucheos, el michoacano deslizaba los dedos sobre los dorados hilos bordados a la banda presidencial, insignia custodiada también por las fuerzas militares; aquel halo marcial sería el mensaje tácito del nuevo régimen.

Los eventos oficiales de los siguientes meses mostraron a Calderón vestido con uniforme de campaña, gorra con cinco estrellas negras y escudo nacional. Asiduamente, el comandante supremo de las fuerzas armadas se dejaba ver ataviado con casaca verde olivo junto al general Guillermo Galván Galván, su secretario de la Defensa Nacional. No sólo él emulaba la estampa castrense: en ocasión del desfile del 16 de septiembre de 2007, sus hijos Juan Pablo y Luis Felipe Calderón Zavala aparecieron en el palco presidencial vestidos como oficiales con todo e insignias; ello, dijeron los diputados Alfonso Suárez y Cuauhtémoc Sandoval, era contrario al artículo 404 del Código de Justicia Militar, que prohíbe a los menores portar uniformes militares.

Calderón decretó la creación de un grupo de élite del Ejército y Fuerza Aérea, denominado Cuerpo de Fuerzas de Apoyo Federal, bajo su mando directo para el "manejo de situaciones críticas de perturbación o alteración de la paz social y seguridad pública". Recién iniciado su gobierno, con el envío de 46 mil militares a las calles en diversas entidades del país oficialmente el presidente les delegó el combate al narcotráfico aun cuando según la Constitución las fuerzas armadas no tenían facultades para realizar funciones de seguridad pública, hicieron notar especialistas.

Había comenzado su guerra oficial contra las drogas, una guerra que nunca tuvo pies ni cabeza y que más bien recrudeció los agravios contra la sociedad civil.

La llamada "guerra contra las drogas" en México (2006-2012) puso a las fuerzas armadas bajo la lupa de la opinión pública debido a que numerosos civiles inocentes fueron muertos por balas militares; sin embargo, antes de esa "guerra" había ya en los tribunales marciales numerosos expedientes judiciales en contra de elementos castrenses implicados en homicidios dolosos y culposos en todo el país en circunstancias diversas. Sólo en el periodo de enero de 1990 a diciembre de 2006 ocurrieron 269 homicidios cuya responsabilidad se atribuyó de manera oficial a militares, de acuerdo con cifras proporcionadas por la Sedena en respuesta a la solicitud de información folio 0000700016107.

La sociedad mexicana prácticamente ninguna información tuvo sobre esos crímenes merced al fuero militar, que permitió que los homicidios cometidos por integrantes de las fuerzas armadas —con sus armas de cargo— se discutieran en tribunales castrenses a puerta cerrada; bajo la lógica de que "la ropa sucia se lava en casa" se silenció cada proceso, sin distingo de que se hubiese asesinado a un civil o a otros militares incluso en instalaciones federales. De tales delitos, 226 fueron tipificados como homicidios dolosos con agravantes como alevosía y ventaja, los otros 43 fueron homicidios culposos.

Tan sólo en el primer año de Felipe Calderón como comandante en jefe de las fuerzas armadas la CNDH radicó 367 quejas contra militares: cien por ciento más que las recibidas en el último año de gobierno de Vicente Fox (en el que la cifra fue de 182). En 2008 se llegó a 1 230 denuncias, es decir, los atropellos militares se incrementaron casi 600% con respecto al sexenio foxista a partir de los operativos conjuntos Juárez y Michoacán, con los cuales ni de lejos se logró desmantelar las estructuras criminales.

En el sexenio sumaron más de 100 recomendaciones, varias de ellas generales, de un total de más de 6 mil quejas y denuncias. En 2007 hubo siete; en 2008, 14; en 2009, 30; en 2010, 22; en 2011, 13; en 2012, 15. Aun cuando no todas las quejas y denuncias derivaron en una recomendación, las que sí, son parte de un retrato de cuerpo entero de un ejército cuya esencia y espíritu de salvaguarda del país y su ciudadanía nunca estuvieron tan alejados de la realidad.

El que Felipe Calderón utilizara a las fuerzas armadas en labores de seguridad pública terminó por exhibir el rostro más cuestionable de la milicia, las entrañas de una institución que dejó de generar confianza a sus ciudadanos, y peor aún cuando militares se han visto implicados en acciones más allá del uso excesivo de la fuerza.

Los delitos en los cuales se han visto involucrados, de acuerdo con registros oficiales de la Sedena, son: abuso de autoridad, abuso de autoridad federal y ejercicio indebido de servicio público, abuso sexual, allanamiento de morada, daño en propiedad ajena, delito en contra de la administración de justicia, homicidio, homicidio culposo, inhumación clandestina de cadáver, lesiones, lesiones culposas derivadas de responsabilidad profesional, tortura, violación, violencia contra las personas causando lesiones, violencia contra las personas causando homicidio.

El desastroso resultado derivó en que, en 2012, el comandante supremo de las fuerzas armadas y sus principales mandos —el general Guillermo Galván Galván, secretario de la Defensa; el almirante Francisco Mariano Sáynez Mendoza, secretario de Marina, y el de Seguridad Pública, Genaro García Luna— fueran demandados ante la Corte Penal Internacional de La Haya acusados de crímenes de guerra y de lesa humanidad, denuncia en la que se incluyó también al narcotraficante Joaquín Guzmán Loera, líder de la organización a la que aparentemente favorecieron los operativos gubernamentales, y es que incluso dentro de las propias fuerzas armadas la percepción era que las acciones oficiales no buscaban acabar con el narcotráfico, sino la consolidación de una sola organización y la subordinación de todas las demás; así lo plantearon en tesis internas integrantes de ese sector, y la fuga de dicho capo del Centro Federal de Readaptación Social (Cefereso) del Altiplano en julio de 2015 no ha hecho más que reafirmar dicha percepción, pues durante ésta permaneció en su natal Sinaloa, una entidad aparentemente militarizada donde el capo gozaba de toda suerte de garantías privilegios. Incluso se comentó que en el encuentro que los actores Sean Pen y Kate del Castillo tuvieron con el prófugo Guzmán Loera habría cruzado un retén; aunque la Secretaría de Gobernación oficialmente negó la versión, no extrañaría pues en esa entidad el Cártel de Sinaloa logró cooptar regimientos.

Desde los primeros operativos, realizados en Michoacán, los analistas advirtieron lo erróneo de la estrategia al no atacar las estructuras financieras de los cárteles mediante trabajos de inteligencia que llevaran a desarticular sus circuitos financieros. También notables juristas alertaron sobre los riesgos de utilizar a la milicia para combatir al crimen organizado: sobre todo organizaciones no gubernamentales de derechos humanos, como el Centro de Derechos Humanos Miguel Agustín Pro Juárez (Prodh, entidad con estatus consultivo en la Organización de las Naciones Unidas), advirtieron de los agravios que iban ocurriendo contra civiles inocentes, pero el gobierno hizo oídos sordos. En los años subsecuentes, el resultado sería catastrófico.

Así, por disposición de la Presidencia, los militares dejaron de participar exclusivamente en operaciones de combate y erradicación de cultivos (mariguana y amapola), y tomaron calles, ciudades, estados; se insertaron en amplios espacios de poder civil y actuaron en incursiones sin control en áreas civiles, en operativos carentes de protocolos, sin órdenes ni instrucción; un plan de campaña evidentemente sin pies ni cabeza.

Al operativo en Michoacán siguieron otros en Chihuahua y Guerrero. En 2007 y 2008 el despliegue de las fuerzas armadas se extendió a Sonora y Nuevo León, y en los siguientes años a Baja California, Tamaulipas, Veracruz, Tabasco, Sinaloa, San Luis Potosí, Quintana Roo, Durango, Coahuila, Chiapas, Campeche, Aguascalientes y con menor presencia en otras entidades del resto del país.

Ante la pavorosa numeralia, las terribles escenas de cada día y los crecientes reclamos de la población, Felipe Calderón manifestó una indiferencia inconmovible: aunque su mandato como presidente concluyó en diciembre de 2012, su legado como comandante supremo de las fuerzas armadas dejó en la sociedad mexicana heridas indelebles.

RETENES LETALES

Sin criterio claro para su instalación y sin una coordinación o plan de acción entre sus integrantes, los retenes militares se convirtieron en trampas mortales para la población civil al ser blanco de fuego indiscriminado. No había una supervisión de mando ni ejecución, y a veces los vigías estaban bajo influjo de alcohol y drogas. Sólo entre enero de 2007 y noviembre de 2008 ocurrieron 17 ataques a civiles con arma de fuego "por no detenerse" en los puestos —según argumentaron los militares—, aunque en por lo menos tres casos, documentó el Prodh, ni siquiera había retén: uno de ellos fue el de Marlene Caballero, de 13 años de edad, herida el 29 de junio de 2007 en San Luis la Loma, municipio de Tecpan de Galeana, Guerrero, cuando los soldados abrieron fuego contra el automóvil donde viajaba.

En 2007 la joven hondureña Maritza Bayres fue retenida por siete soldados que tripulaban el vehículo Hummer número 0904170 en un retén instalado en el puente Cahoacán, en Ciudad Hidalgo, Chiapas. Ella viajaba con siete compatriotas: cuando los militares los detuvieron los obligaron a desnudarse para buscarles en los genitales el dinero que traían escondido y robárselos. Tras el hurto, a los siete varones los dejaron seguir su camino; a Maritza la retuvieron y en sus manos desapareció. Según José Armando Pineda, cónsul de Honduras, a pesar de que se identificó la unidad militar con que patrullaban los elementos involucrados, las autoridades mexicanas no fincaron responsabilidades. Incluso a él le negaron acceso a las investigaciones.

Al amparo de la guerra contra el narco, en toda la frontera sur los militares perseguían, agredían y sobre todo asaltaban a los indocumentados; las revisiones corpóreas y los abusos se volvieron cada vez más frecuentes. En los 956 kilómetros de franja fronteriza entre México y Guatemala impusieron su propio código de guerra: detener, interrogar, torturar y robar a aquellos sin papeles, prácticamente cobrándoles *derecho de piso*.

La noche del 26 de marzo de 2008, en la comunidad de Santiago de los Caballeros, municipio de Badiraguato, Sinaloa, soldados rafa-

48

guearon la Hummer H2 en la que viajaban Zenón Alberto Medina López, Manuel Medina Araujo, Edgar Geovanny Araujo Alarcón, Irineo Medina Díaz, Miguel Ángel Medina Medina y Wilfredo Ernesto Madrid Medina. Mataron a Zenón, a Manuel, a Edgar e Irineo, y a Miguel y Wilfredo los dejaron malheridos.

El 12 de mayo de 2008, en la carretera Morelia-Mil Cumbres, en Michoacán, militares dispararon contra Carlos Iván García Calderón y Giovanni Fuerte Hernández. Carlos murió y Giovanni resultó herido.

La tarde del 30 de noviembre de 2008, *Javier* conducía su vehículo por la carretera que va del entronque de La Junta a San Pedro en el municipio de Guerrero, Chihuahua, cuando escuchó un balazo que se impactó en el rin delantero derecho de su automóvil. Incrementó la velocidad para alejarse de allí; como ya oscurecía sólo alcanzó a ver las luces de un vehículo que lo seguía y oyó nuevas detonaciones. Militares de la 42/a Zona, de Hidalgo del Parral, le dispararon seis balas que se impactaron en su automóvil, rompieron el medallón trasero y dos tiros penetraron en el asiento del copiloto: continuó su trayectoria hasta que perdió el control del vehículo y chocó contra otro automóvil que se encontraba estacionado, golpeándose la cabeza. Contundido, intentó bajarse del automóvil; sintió un arma encañonando su sien. Un militar le ordenó que se tirara al suelo; llegaron más soldados y lo patearon en las costillas mientras otros revisaban su coche. Lo dejaron tirado, malherido, y le advirtieron que no se le ocurriera denunciarlos.

La noche del 20 de febrero de 2009, en Ciudad Cuauhtémoc, Chihuahua, Jesús Ayala Ruiz, de 18 años de edad, estuvo bebiendo con sus amigos y antes de la medianoche llevó a uno de ellos a su casa; de regreso hacia su domicilio en la colonia Tierra Nueva, pasó justo cuando un convoy de militares se hallaban cateando una casa. Le ordenaron que se detuviera, pero Jesús llevaba una botella de licor en la camioneta y sintió temor de que lo arrestaran o peor aún, que le quitaran la camioneta, así que no se detuvo. Los soldados le dispararon, lo que lo obligó a frenar metros adelante. Cuando los militares abrieron la puerta del vehículo, el joven cayó herido y perdió el conocimiento; tenía fracturada la cadera y destrozado un testículo. Los militares catearon la camioneta, en la que al final no hallaron armas, droga ni nada ilícito salvo una botella de licor, pero hasta después lo llevaron al centro de salud de Ciudad Cuauhtémoc. Horas más tarde, Jesús despertaba sobre una cama de hospital con la cadera fracturada y un testículo extirpado.

En esos mismos retenes algunos menores también fueron blanco de balas militares. Tal fue el caso de los niños Martín y Brayan Almanza Salazar, de nueve y cinco años de edad, muertos por militares el 3 de abril de 2010 cuando sobre ellos y los 11 familiares con que viajaban en una camioneta se detonó una lluvia de balas y granadas de fragmentación mientras circulaban por Ciudad Mier, a la altura del kilómetro 117 en la carretera de Nuevo León a Reynosa; la familia regresaba de vacacionar el fin de semana en la playa.

En Nuevo León, el 5 de septiembre de 2010, militares dispararon contra una familia que circulaba en su automóvil por la carretera Monterrey-Laredo, entre el libramiento noreste y la carretera a Santa Rosa, municipio de Apodaca, matando a Vicente de León Ramírez, de 45 años de edad, y a su hijo Alejandro Gabriel, de 15, e hiriendo a otras cinco personas, familiares todos.

Ese mismo día, a las 21:10 horas, efectivos que integraban una Base de Operaciones Mixtas (BOM) con personal del 16/o. Batallón de Infantería, así como un vehículo oficial con dos elementos pertenecientes a la Agencia Federal de Investigaciones (AFI), hacían un patrullaje de reconocimiento del campo militar hacia el cuartel de Seguridad Pública sobre la vía federal Nuevo Laredo-Monterrey cuando el sargento de infantería, que viajaba como copiloto en una de las camionetas, advirtió que se aproximaba un vehículo con vidrios polarizados a alta velocidad; los rebasó y eso fue suficiente para que los militares iniciaran su persecución y balearan a sus tripulantes. Continuaron disparando aun cuando el vehículo había detenido su marcha y uno de los tripulantes sacaba la mano y les suplicaban que detuvieran el ataque; luego se acercaron y con lámparas en mano comenzaron a revisar el interior del vehículo. No hallaron nada irregular. "Discúlpenos, fue un error", dijeron simplemente. Dispararon 29 balas "por error".

Otro aspecto problemático en el actuar común de las fuerzas armadas lo ejemplifican los cateos sin orden legal alguna, las detenciones extrajudiciales y las desapariciones. En agosto de 2008 un convoy militar llegó a la comunidad de Santiago Lachivía, municipio de San Carlos, distrito de Yautepec, Oaxaca, y dispararon a los campesinos que limpiaban un terreno; mataron a Cecilio Vásquez Miguel y Venancio Olivera Ávila, y dejaron malherido a Aurelio Ortega Pacheco.

Otro caso fue la irrupción y allanamiento a varias casas del municipio de Unión de Isidro de Montes de Oca, Guerrero. En las primeras horas del 1 de marzo de 2009, cuando los lugareños aún dormían los militares se introdujeron en los domicilios; entraron al de José López, le preguntaron por las armas y a qué se dedicaban sus vecinos. Respondió que no sabía, que no los conocía; lo detuvieron, lo golpearon y le causaron diversas heridas. Cuando fue puesto a disposición del agente del Ministerio Público de la Federación en Acapulco, un perito médico certificó que presentaba lesiones que ponían en riesgo su vida. Los militares torturadores pertenecían al Cuarto Grupo de Morteros, en Zacatula.

En Michoacán, la mañana del 20 de junio de 2009 Edgar Quiroz Zaragoza salió de su casa rumbo a Peribán de Ramos, donde se entrevistaría con el propietario de una huerta de aguacate que tenía intención de comprar. A las seis de la tarde se fue a otro rancho, en Los Reyes; lo recibió la dueña y Edgar le preguntó por la venta de la huerta de aguacate. Quince minutos después, mientras hablaban llegó un convoy en el que viajaban unos 30 militares; entraron al domicilio y sin orden alguna catearon de arriba abajo. Detuvieron a Edgar y lo golpearon mientras le inquirían sobre su identidad y actividades; a la mujer la retuvieron en una de las habitaciones, y al tiempo que la golpeaban en la cara, la cabeza y el estómago, le exigieron datos sobre Edgar.

—Vino para preguntar por la venta de una huerta —insistió ella.

Estuvieron allí hasta la medianoche, tomaron objetos de valor y los subieron a sus vehículos junto con Edgar. Nadie más lo vería con vida. El 8 de julio se encontró su cadáver en la barranca del Rancho 2, situado al borde del camino de Parambén hacia la población de Apo, en Tancítaro; el perito criminalista de la Procuraduría General de Justicia de Michoacán determinó que había muerto hacía ocho o 10 días por proyectil de arma de fuego. La necropsia médico-legal encontró que la causa de la muerte fue desorganización del tejido nervioso central, secundaria a herida producida por proyectil de arma de fuego penetrante en cráneo y tórax. La bala siguió una trayectoria de atrás hacia delante, es decir, su verdugo le disparó por la espalda a quemarropa. En este caso un tribunal militar encontró a varios oficiales y elementos de tropa culpables de delitos de violencia contra las personas causando homicidio, pillaje y falsedad de declaraciones.

Ese mismo 20 de junio, mientras en Michoacán los militares se llevaban a Edgar Quiroz, en Chilpancingo, Guerrero, entre las 21:00 y las 22:30 horas otros militares del 93/o. Batallón de Infantería de la 35/a. Zona Militar, ubicados en un puesto de control en la carretera federal Chilpancingo-Las Peñas-Puebla, tramo Tlapa-Huamuxtitlán, marcaron el alto a un autobús de pasajeros, revisaron la unidad y detuvieron a uno de ellos. El chofer reinició la marcha y los militares le marcaron de nuevo el alto pero no se detuvo, así que comenzaron a dispararle. El camión continuó su marcha; al llegar al poblado de Huamuxtitlán uno de los pasajeros, Bonfilio Ortiz Rubio, estaba muerto por una bala que se le incrustó en el cuello.

Entre 2008 y 2009 los integrantes de la guarnición militar de Ojinaga, Chihuahua, al mando del general de Brigada Manuel de Jesús Moreno Aviña, el teniente coronel José Julián Juárez Ramírez y el mayor Alejandro Rodas Cobón, se vieron implicados en la detención, tortura, homicidio e inhumación clandestina de Esaú Samaniego Rey, José Heriberto Rojas Lemus y Erick Campos Valenzuela; sus cuerpos fueron incinerados y abandonados en un paraje solitario. La misma guarnición protagonizó múltiples detenciones ilegales, extorsión y saqueo de viviendas, se quedaban con vehículos asegurados, recibían sobornos de narcotraficantes a quienes, además, servían como informantes, *halcones* y sicarios, algunos de esos militares fueron vinculados al Cártel de Sinaloa, supuestamente comisionados por esa organización criminal para ejecutar a grupos contrarios; se les llama el Pelotón de la Muerte.

En 2009 varios integrantes de esta organización fueron detenidos y recluidos en el penal militar de Mazatlán para enfrentar acusaciones de homicidio, tortura y desaparición de personas, aunque algunos de ellos reclamaron que fueron torturados por orden de mandos superiores para autoincriminarse o inculpar a otros compañeros. Pero las prácticas del Pelotón de la Muerte de extorsionar civiles no se limitaron a Ojinaga. Por ejemplo, en Guerrero, el mexicano laboratorio militar de la Escuela de las Américas de los años setenta, vivió en tiempos de la llamada "guerra contra las drogas" mas cruentos agravios castrenses.

En 2010 murió también bajo el puño militar el guerrerense Juan Alberto Rodríguez Villa, de 18 años de edad, y su amigo Francisco

Javier González Marquina, un adolescente de 16, fue salvajemente golpeado. Los detuvieron sin razón alguna, exigiéndoles 50 mil pesos para dejarlos libres. La historia ocurrió el 12 de febrero: en la mísera comunidad de Tlacotepec, municipio de General Heliodoro Castillo, a las ocho de la noche Juan Alberto y Francisco Javier caminaban a la altura de una gasolinera en la calle El Calvario cuando un vehículo oficial se detuvo junto a ellos y de él descendieron varios efectivos, les apuntaron con sus armas y comenzaron a golpearlos en todo el cuerpo. Los muchachos echaron a correr y entraron a la primera casa que hallaron con la puerta abierta; sus propietarios conversaban en la calle. Los militares entraron tras ellos y catearon la casa, revolviéndola toda de arriba abajo hasta que hallaron a Juan Alberto, que intentaba ocultarse detrás de un árbol.

—¡Aquí está el hijo de la chingada! —dijo un soldado. En vano fueron sus súplicas y la clemencia que los dueños de la propiedad pidieron para el joven; lo derribaron y ya en el piso, como si aplastaran a un gusano, estrellaron contra él las pesadas botas de campaña, luego lo arrastraron y azotaron varias veces contra un muro de concreto, lo levantaron de los pies y del cuello para dejarlo caer por los escalones de la puerta principal de la casa y a rastras lo sacaron hasta tirarlo en la acera de enfrente, afuera de un negocio de materiales de construcción.

A Francisco lo hallaron a un costado de la puerta; no había tiempo que perder, los esposaron y los subieron a su unidad. Los llevaron hasta una cancha de futbol a un kilómetro de la gasolinera donde los detuvieron, y en el paraje conocido como La Antena los bajaron y allí continuaron torturándolos. Los golpeaban mientras les apuntaban con sus armas largas: "¡Aquí mismo se van a morir!" Desnudaron a Juan Alberto y amenazaron con violarlo y matarlo mientras golpeaban a Francisco. Bajo una lluvia de golpes, reprimiendo sus propios gritos de dolor y tratando de aislar la socarrona voz de sus verdugos,

Francisco alcanzaba a escuchar los lastimeros gemidos de su amigo pero luego se fueron apagando, aunque los golpes y gritos no cesaban. Volvió a pensar en la golpiza que él mismo recibía cuando los militares lo levantaron y arrojaron encima de Juan Alberto, quien yacía desvanecido en el suelo.

—¡Órale, llévatelo porque se muere! —le advirtió un militar.

—Si denuncias, te matamos a ti y tu familia —sentenció otro.

Estaba visiblemente lastimado. Francisco lo cargó con la intención de llevarlo al hospital comunitario de Tlacotepec, pero apenas avanzó unos 15 metros cuando el otro se desvaneció.

—¡Juan…! ¡Juan…! ¿Me oyes…? Voy a buscar ayuda —le dijo recostándolo en el piso con dificultad. Francisco echó a caminar en dirección a Tlacotepec para buscar auxilio; a duras penas intentó acercarse a la carretera para pedir un *raite*.

A las 20:30 horas su mamá recibía un mensaje de celular donde le avisaban que un grupo de militares lo había detenido cerca de la gasolinera de Tlacotepec. La angustiada mujer subió al vehículo familiar y fue a buscar a su hijo. Llegó a la gasolinera pero no lo encontró; avanzó luego sobre la carretera hacia la ciudad de Chilpancingo. Se encontraron en el camino, cerca de La Antena. La madre lo vio muy golpeado; detuvo el automóvil y bajó para ayudarlo a subir, lo trasladó a su casa y luego al hospital comunitario de Tlacotepec. Al día siguiente se enteró de que su amigo había muerto por la golpiza.

Juan Alberto sufrió fractura craneana y derrame sanguíneo subdérmico, fractura de tabique nasal, doble fractura de ambos maxilares, erosiones y laceraciones epidérmicas a todo lo largo y ancho de la espalda, glúteos y extremidades superiores e inferiores, y en la parte interna de ambos muslos, pies y piernas; heridas causadas por golpes con puntapiés, y arrastre con o contra un objeto contundente. Los peritos médicos concluyeron que las lesiones le fueron producidas por traumatismos directos, puñetazos y patadas, y por un mecanismo de contusión con o contra un objeto contundente como una pared, el suelo o escalones, así como por maniobras de arrastramiento, presión y fricción contra el suelo provocadas por terceras personas, lo que le causó la muerte.

Los agresores fueron 11 militares del 50/o. Batallón de Infantería en Chilpancingo; Francisco denunció que les pedían 50 mil pesos por no matarlos. Al comprobarse la detención ilegal, la golpiza a ambos y el asesinato de Juan Alberto, la Sedena pagó su muerte en 167 783 pesos y 20 centavos más gastos funerarios; a Francisco le entregaron 41 945 pesos y 80 centavos. Los militares dijeron que ellos sólo les habían dado un *raite*.

ABUSOS Y MUERTES

A las 16:30 horas del 30 de noviembre de 2009 elementos del Ejército Mexicano detuvieron al campesino Gaspar Aguilera Rosado de 58 años de edad, y a su hijo Gaspar Aguilera Ramos, de 18, en su domicilio en el poblado de El Águila, Balancán, Tabasco; lo hicieron sin justificación alguna, no existía orden de detención ni tampoco acusación en su contra. Los amarraron, les cubrieron los ojos y los trasladaron a las instalaciones de la 38/a. Zona Militar en Tenosique; dentro de esas instalaciones fueron golpeados y torturados. "¿Dónde están las drogas? ¿Dónde están las armas?", les preguntaban sin que las víctimas atinaran a dar respuesta.

"Ya no me pegues, hermano", Gaspar escuchaba a su padre suplicarle al militar que lo fundía a golpes. Luego sólo oyó sus gritos y lamentos.

Les pegaron hasta que un militar advirtió que uno de los detenidos, Gaspar Aguilera Rosado, ya no tenía pulso, que se les había pasado la mano; al día siguiente liberaron al otro. Cuando Gaspar volvió a su casa esperó en vano a su padre; más tarde fue a las instalaciones militares a preguntar por su paradero, pero le negaron información.

Los soldados llevaron el cadáver de Gaspar al Servicio Médico Forense de la Procuraduría General de Justicia de Tabasco; los peritajes determinaron que murió por traumatismos provocados con un objeto contundente en ambos glúteos y muslos, lo que le causó una tromboembolia pulmonar e infarto agudo al miocardio. Se descubrió que hubo omisión o dilación para prestarle auxilio o atención médica de urgencia.

En Durango, el 2 de junio de 2010 los Aguilar llevaron su ganado a los pastizales de Santa María Oates; Vicente Aguilar Calderón, su hermano y su padre se hallaban pastando y arriando el ganado, y levantaron un pequeño campamento en el trecho donde se juntan el arroyo El Nopal y el río Cuanas. Antes del mediodía Vicente se separó, les dijo que iría a buscar pastura para su caballo; se hallaba armando pequeños montículos cuando el soldado de caballería Martín Chagala lo puso en la mira, le apuntó con su Beretta calibre 9 milímetros y le disparó.

Cuando advirtió que Vicente tardaba mucho en volver, su hermano fue en su búsqueda. A lo lejos escuchó un disparo y apuró el paso; al cabo de un rato encontró desbaratados los montones de pastura, halló rastros de sangre y materiales de curación —guantes, gasas, una venda y una jeringa—, los tomó en sus manos y caminó más aprisa. Volvió hasta donde lo aguardaba su padre, le contó que Vicente no aparecía y le mostró los utensilios quirúrgicos manchados; el padre le dijo que siguieran los rastros de sangre y así lo hicieron. Con el alma en vilo, ambos escucharon las aspas de un helicóptero que se elevaba: se toparon con algunos militares y al preguntarles por Vicente dijeron desconocer su paradero. Los soldados les arrebataron los guantes, las gasas, la venda y la jeringa.

Luego se enteraron de que el helicóptero se había llevado a Vicente malherido hasta el Hospital Militar en Mazatlán, Sinaloa, y al día siguiente a las 00:39 fue trasladado a la unidad de cuidados intensivos del Hospital General Dr. Martiniano Carvajal, con diagnóstico de "orificio de entrada y salida en pared abdominal anterior, eviscerado con exposición de asas intestinales". Estaba bajo "efectos de analgesia, hiporreactivo, con palidez de piel, campos pulmonares hipoventilados, abdomen con vendaje compresivo cubriendo herida quirúrgica, genitales con sonda Foley y extremidad superior izquierda con herida de proyectil de arma de fuego en antebrazo". Murió unas horas después.

En Torreón, Coahuila, el 24 de septiembre de 2010 el albañil José Martín Vaquera Morales, de 35 años de edad, fue golpeado por militares y murió a las 9:00 en las instalaciones de la Cruz Roja a consecuencia de las lesiones. Casi una hora antes, a las 8:15, para ser exactos, una veintena de elementos destacamentados en la ciudad irrumpieron en su casa sin orden de cateo y sin que hubiera alguna acusación o indagatoria en su contra; equipados con pasamontañas negros, uniformes verdes camuflados y armas largas, llegaron en dos camionetas verdes. Le ordenaron acostarse en el suelo, donde lo interrogaron. "¡Quién es el bueno...! ¡Quién vende!"; la voz salía de lo alto de una bota militar que una y otra vez se le estrellaba en la cabeza, en la cara, en el estómago. Al no escuchar respuesta le colocaron una bolsa de plástico en la cabeza mientras lo golpeaban con una tabla gruesa en las costillas, con las culatas de las armas en la espalda y con los puños en las piernas y los testículos; luego fueron contra su sobrino, un adolescente de 15 años. Lo golpearon durante unos 10 minutos; José Martín les gritaba que lo dejaran, que era menor de edad. Después los soldados acordaron irse, pero antes les tomaron fotografías.

—¡No se metan! —gritó un militar a los curiosos, y de manera intempestiva un grupo de ellos se fue como llegó.

El adolescente vio que su tío estaba muy golpeado y salió a pedir a sus vecinos que lo ayudaran a llevarlo a la Cruz Roja; no se sorprendieron pues habían observado a los soldados arribar.

—¡Métanse a sus casas! —gritaron algunos efectivos que seguían en el lugar; para asegurarse de que ninguno interviniera, se quedaron apostados afuera con las armas listas para disparar—. ¡Eh, usted, cierre la cortina y no salga! —le gritaron al mecánico de la esquina, quien acababa de abrir su negocio.

Aunque no quisieran, se enteraron de lo que en la humilde vivienda del albañil ocurría; todos escucharon los golpes a José y sus estremecedores gritos. Varios se mantuvieron alertas, no sólo eran vecinos sino sus familiares algunos de ellos, y otros, compañeros de trabajo en obras de albañilería. José Martín Vaquera fue ingresado en estado politraumatizado, y hacia las 8:50 no presentaba signos vitales; 10 minutos después se declaró su muerte. Tenía las costillas rotas, pero la causa directa de su fallecimiento fue una contusión profunda en el abdomen, la cual provocó diversas lesiones además de hemorragia interna aguda y estado de choque hipovolémico irreversible.

A las seis de la mañana del 1 de octubre de 2010 un comando de cinco vehículos del 9/o. Batallón de Infantería, proveniente de Sayula, irrumpió en la vivienda de Jesús Villanueva Hernández, un domicilio de la colonia Lomas Altas en Jilotán de los Dolores, un poblado agrícola en el extremo sudeste de Jalisco; adentro, Jesús, su hermano José Luis y otros siete vecinos se organizaban para ir a trabajar a las aguacateras cercanas al rancho Los Barbechos. Usualmente era allí, en casa de Jesús, donde se reunían para trasladarse al campo de aguacate.

Los militares ingresaron violentamente, los sometieron apuntándoles con sus armas, los abofetearon, los golpearon en la cara, les patearon todo el cuerpo y los amarraron de las manos; hasta las casas cercanas se alcanzaba a escuchar el lamento de aquellos hombres por que los militares dejaran de apalearlos. Los vecinos escucharon también cuatro disparos, y algunos escudriñaron por las ventanas y avistaron a hombres uniformados de camuflaje, armados y con el rostro cubierto. Transcurrieron 60 minutos de martirio y luego los sacaron de la casa, los subieron a los vehículos y se los llevaron con rumbo a la ciudad de Tepalcatepec, Michoacán.

Al llegar a su casa Alondra Mendoza encontró todo revuelto y se enteró de que a su esposo, a su cuñado y los otros amigos se los había llevado el ejército; acudió a la presidencia municipal, a la comandancia de la policía local y a dependencias de Ciudad Guzmán, Tecalitlán, Sayula y Guadalajara, con el fin de investigar sobre el paradero de sus familiares sin poder encontrarlos. Entre las 10:00 y las 10:30 horas de ese mismo día soldados a bordo de tres vehículos oficiales regresaron a su domicilio, entraron y sustrajeron objetos y dinero; volverían días después para advertirle que dejara de denunciar o se atendría a las consecuencias. Tres semanas más tarde las amenazas se extendieron vía telefónica, cuando le ordenaron que se desistiera de la denuncia que presentó contra militares por la desaparición de sus parientes.

Cuando la autoridad investigó el asunto, unos militares dijeron que ellos no se los habían llevado, mientras que otros explicaron que los trasladaron en sus vehículos por la carretera de Jilotlán de los Dolores con dirección a Tepalcatepec hasta llegar a una brecha donde cruzaba un río, lugar donde los abandonaron; otros más admitieron que los habían golpeado pero que en la brecha los dejaron vivos. Luego uno dijo que no era verdad que los hubieran liberado el mismo día de su "aseguramiento", sino que los habían llevado hasta la Base Militar de Operaciones "para obtener más información", y que no fue sino hasta el día siguiente que los dejaron en la brecha. No se supo más del destino de los nueve hombres, de su suerte sólo tienen conocimiento los militares del convoy —un subteniente y sus soldados de infantería— que aquella mañana se los llevaron de Jilotlán.

El 28 de octubre de 2010 el arquitecto Fernando Osorio Álvarez, un joven profesionista de 36 años de edad, egresado del Tecnológico de Monterrey, vigilaba un desalojo de invasores en el predio El Palmital en el municipio de García, Nuevo León, donde se encargaba del proyecto de construcción de una nueva obra, un moderno fraccionamiento en el enorme terreno cercano a las famosas Grutas de García, que durante seis años había estado en litigio; la constructora para la que laboraba pidió el resguardo de la policía municipal mientras se efectuaban el desalojo y posterior limpieza del inmueble. Hacia la una de la tarde llegó un convoy militar, lo que suscitó que la gente se dispersara por miedo a causa de la situación de enfrentamientos y agresiones protagonizadas por elementos de las fuerzas armadas en el estado. Fernando estaba al tanto: apenas en marzo, dos estudiantes de posgrado, Jorge Antonio Mercado Alonso y Javier Francisco Arredondo, alumnos de excelencia académica de su alma máter, habían sido masacrados por el ejército frente al campus universitario.

Sin pensarlo dos veces, subió a la camioneta que la constructora le tenía asignada, una *pick up* Ram rotulada con la leyenda "Poda de árboles"; lo acompañaron dos trabajadores, Hilario e Isaías, y se fue alejando mientras llamaba por radio a sus jefes en la compañía para informarles lo ocurrido. Aún estaba en los linderos del terreno cuando un vehículo militar que lo iba siguiendo le marcó el alto, y abrieron fuego: el copiloto se echó debajo del asiento, y desde allí continuó escuchando los balazos; el arquitecto estaba malherido, pero alcanzó a detener la camioneta. Abrió la puerta, trató de bajar, y luego cayó muerto.

Un *shock* hipovolémico secundario a lesiones torácicas y axilares por proyectiles de arma de fuego se determinó como causa de su muerte. Fueron militares del 16/o. Batallón de Infantería los que dejaron a la familia Osorio Álvarez sin el segundo de sus hijos.

La irrupción en Xocoapacingo, municipio de Zapotitlán Tablas, Guerrero, ilustra también los cateos ilegales: soldados del 93/o. Batallón de Infantería, de Tlapa de Comonfort, llegaron al pueblo la madrugada del 6 de febrero de 2011 con el rostro cubierto con pasamontañas. De forma intempestiva y sin orden de cateo ni arresto entraron a varios domicilios mientras muchas familias aún dormían: a golpes sacaron a los hombres de la cama al tiempo que sus mujeres suplicaban y los espantados hijos lloraban. Aquella mañana la cotidianidad se vio rota por los gritos y el suplicio; unos golpeaban a los hombres mientras otros soldados buscaban las cosas de valor para llevárselas. Pusieron las casas de cabeza, echaron tiros y sacaron a 10 hombres, entre ellos varios ancianos de más de 70 años de edad.

—¿Dónde están las armas? —preguntaban.

Los arrastraron para llevarlos a un costado de la iglesia; allí se reunieron los 40 de la tropa con sus detenidos, 10 en total, y a unos les pusieron armas en las manos con las que los fotografiaron. Hasta los pueblos vecinos se supo de los desmanes; hartos de los frecuentes abusos de militares, la rabia se desbordó. En unos minutos aquello era un hervidero de gente, y unos 500 pobladores se congregaron para exigir que liberaran a los suyos. Los efectivos los retuvieron durante seis horas más y luego los liberaron porque no había delito que perseguir, pero antes les repartieron golpes como despedida y les advirtieron que no les devolverían el dinero ni las cosas sacadas de sus viviendas.

En abril de 2011, en Monterrey, el joven Otilio Cantú Garza fue asesinado a balazos por soldados que después le sembraron un arma en su camioneta para simular un ataque. Los elementos estaban asignados como apoyo a la Secretaría de Seguridad Pública de Nuevo León.

En Nuevo Laredo, Tamaulipas, el 27 de diciembre de 2011, a las 12:30 horas, cuando Enrique Esqueda Rivera y su hijo Josué Manuel Esqueda Nieto se encontraban trabajando en el taller mecánico instalado en su misma vivienda, llegó Gustavo Fuentes Moreno a invitar a comer a Josué; a bordo del vehículo de Gustavo, los dos amigos fueron al restaurante Los Ahuehuetes, ubicado en la carretera a Anáhuac. A la una llegaron al lugar varias camionetas tipo *pick up* color verde, de las que descendieron cuatro militares fuertemente armados con uniforme verde de camuflaje, botas negras, chalecos antibalas y pasamontañas negro. Empezaron a revisar los vehículos ahí estacionados y media hora después ingresaron al restaurante preguntando por el propietario de uno de ellos, a lo que una empleada del lugar les dijo que aparentemente estaba abandonado allí desde la mañana.

Los efectivos sacaron a Josué y Gustavo del restaurante, los llevaron al estacionamiento y comenzaron a interrogarlos sobre quién era el dueño de ese vehículo. Ellos respondieron que no sabían; entonces les cubrieron el rostro con sus propias camisetas y con las cachas de las armas los golpearon en la cabeza y el rostro, los subieron a los vehículos militares y se los llevaron. Durante el traslado a una brecha de la carretera a Anáhuac, a Gustavo lo golpearon con las culatas, lo patearon y le pisaron la cabeza; luego de aproximadamente 10 minutos lo bajaron a golpes, le descubrieron el rostro y logró observar que eran 10 militares, todos con pasamontañas y armados con metralletas.

Uno dibujó en un papel la letra *Z* y le preguntaron si sabía lo que significaba. En la brecha reconoció el edificio de Ciudad Deportiva, y observó que a unos 200 metros se encontraban dos camionetas tipo *pick up* del ejército, donde supuso que tenían detenido a Josué. Posteriormente un soldado le ordenó que se quitara toda la ropa, y una vez desnudo lo tiró al piso bocabajo y lo golpeó con un objeto de metal en la espalda y las nalgas; otro lo hizo con un objeto de madera que parecía una tabla, y luego los demás siguieron con la *tableada*, el clásico castigo militar impuesto desde el Colegio. Gustavo recibía la dura paliza mientras lo interrogaban sobre si formaba parte de un grupo de la delincuencia organizada y el lugar donde ocultaban las armas.

Uno de ellos le dijo que lo mataría, cortó cartucho y disparó su arma tres veces a un costado de su rostro, pero Gustavo no dio dato alguno. Al no obtener respuesta, el jefe del grupo ordenó que lo siguieran golpeando hasta que "cantara" el nombre del propietario del vehículo blanco, el lugar en que escondía las armas y a qué se dedicaba su amigo también detenido. "Es mecánico, como su papá", respondió.

Durante ese tiempo alcanzó a escuchar los gritos de Josué: suplicaba que ya no lo golpearan y decía no saber de quién era el vehículo blanco. Minutos después Gustavo sintió un golpe en la cabeza que lo hizo perder el conocimiento por unos instantes, y en un estado semiconsciente sintió cómo lo arrastraban hacia unos matorrales mientras escuchaba que los elementos decían que se les había pasado la mano con el otro. Cuando recobró el conocimiento, se levantó para caminar hasta donde estaba Josué; su amigo estaba sentado y con voz apagada le dijo que tenía las manos y los pies rotos, que lo habían golpeado mucho y no podía respirar. Con su propio cuerpo molido por los golpes Gustavo lo cargó, pero apenas pudo dar unos pasos pues Josué era casi un peso muerto que le dificultaba andar. Josué le dijo que mejor lo bajara, que lo dejara allí y fuera a buscar ayuda.

Con gran dificultad Gustavo llegó a la carretera. Una pareja que por allí circulaba detuvo su vehículo al observar al joven desnudo que les hacía señas; le dieron una chamarra para que se cubriera y lo llevaron a la casa de Josué en busca de su padre. "¡Agarre la camioneta, rápido, traiga las llaves!", escuchó Enrique Esqueda gritar a Gustavo; cuando lo vio notó que la chamarra que llevaba puesta apenas conseguía cubrirle los genitales y que estaba golpeado, lleno de moretones y sangre. Hacía sólo dos horas que habían salido a comer al restaurante; con palabras cortadas Gustavo le explicó lo ocurrido, y que necesitaban ir rápido a buscar a Josué.

Lo hallaron tumbado en una brecha, lo subieron a la camioneta y lo llevaron a una clínica pero Josué ya no tenía signos vitales, su joven cuerpo de 29 años de edad había sido molido a golpes. La necropsia elaborada por peritos forenses de la Procuraduría General de Justicia de Tamaulipas determinó escoriaciones en ambos pómulos, el cráneo perforado por una herida lineal, otra en el cuero cabelludo, equimosis y escoriaciones en las regiones malares izquierda y derecha. Tenía las costillas rotas, herida la región lumbar y múltiples lesiones y escoriaciones en manos y brazos, además de equimosis en las pantorrillas, fractura de tibias y peroné. Las fracturas y hematomas le fueron provocados con un mazo y la *tableada*. Con su muerte, el joven mecánico dejó cinco hijos en la orfandad.

En Monclova, Coahuila, un mediodía de junio de 2012 un comando militar detuvo a dos albañiles, Lorenzo Fernández Lara y Emanuel Rodríguez Fernández, cuando caminaban en las inmediaciones de un centro comercial en construcción en busca de trabajo; eran tres patrullas del Ejército Mexicano las que los interceptaron.

"Somos albañiles, vamos a pedir trabajo aquí en el centro comercial que están construyendo", dijo Lorenzo. Los militares se los llevaron y los torturaron durante tres horas hasta hacerlos perder el conocimiento; luego los tiraron malheridos sobre el libramiento Eliseo Mendoza. Estuvieron allí por otras tres horas hasta que Emanuel recobró el conocimiento y se levantó en busca de ayuda. Los ingresaron al Hospital Amparo Pape de Benavides, donde dos horas después Lorenzo murió a causa de los golpes recibidos.

Hasta en su simple entrenamiento los militares dejaron víctimas civiles. Así ocurrió en la comunidad El Ídolo del municipio de Petlalcingo, Puebla, el 19 de julio de 2011: Osvaldo Zamora Barragán pastoreaba su rebaño en el paraje Cahuatepec, cuando repentinamente resultó lesionado por la explosión de una granada de fragmentación de uso exclusivo de las fuerzas armadas. Los militares que tomaron aquel campo como su área de adiestramiento la olvidaron en el lugar.

Sorprendido e intrigado por el aparato con que acababa de tropezar en su camino, el niño de 10 años lo tomó entre sus manos y explotó provocándole graves quemaduras; perdió el antebrazo, mano, testículo, pierna y pie derechos, y la falange del dedo índice del lado izquierdo, además sufrió fractura de tibia y peroné.

En ese municipio dedicado básicamente a la agricultura, horticultura y pastoreo los militares acondicionaron la zona como campo de tiro para la 25/a. Zona Militar, pero nunca informaron a los pobladores ni les advirtieron de los riesgos por el uso que hacían de sus zonas de pastoreo con material explosivo, detonación de municiones y empleo de equipo bélico. De manera que aquel pastorcillo jamás habría imaginado que al hacer su faena se hallaría con un artefacto que los soldados dejaron sin estallar en el campo, negligencia que a él lo dejaría incapacitado de forma permanente a corta edad.

Como Osvaldo, la niña Tania Azucena, de 12 años de edad, fue víctima de los hombres vestidos de verde olivo. A las 10:30 del 25 de noviembre de 2008 iba a bordo de una motocicleta para dejar unas tortillas en la Escuela Primaria Alfredo V. Bonfil de la localidad de Felipe Carrillo Puerto, municipio de Buenavista Tomatlán,

DEL EJÉRCITO DE CALDERÓN A LOS RANGERS DE PEÑA

Michoacán, cuando un balazo disparado por militares impactó en su cabeza sin que éstos le prestaran los primeros auxilios.

Tardíamente fue llevada a un consultorio médico del pueblo, luego a una clínica en Apatzingán y al final se le trasladó al Hospital Fray Juan de San Miguel, en Uruapan; fue dada de alta dos días después, sin embargo, en los siguientes meses presentó complicaciones. El 7 de marzo de 2009 fue internada en el Hospital Infantil de Morelia, donde falleció cinco días más tarde, aunque su cerebro ya estaba muerto.

La bala que mató a Tania Azucena fue disparada por militares del 6/o. Regimiento Mecanizado de la 43/a. Zona Militar de Apatzingán.

ROBOS Y SAQUEOS

En la guerra de Calderón algunos militares se condujeron como en los años de la leva, llegando a las casas y echando mano de los objetos de valor: dinero, joyas, celulares, hasta televisiones se llevaron. El robo se ubicó también entre las acusaciones más frecuentes contra elementos castrenses en diversas entidades del país.

El 23 de agosto de 2008 cuarenta militares encapuchados y con armas largas irrumpieron sin orden de cateo en el domicilio de *Sandra,* arrodillaron a su esposo apuntándole en la cabeza mientras registraban la casa para apoderarse de 7 mil pesos en efectivo producto de las ventas de sus negocios, Tacos Tina y una licorería, así como joyas valuadas en 8 mil dólares, celulares, y mil dólares de la caja registradora de uno de sus negocios.

Esposaron a su marido y lo subieron a una unidad militar, llevándose también una camioneta Dodge Durango propiedad de su hermano, a quien de igual forma detuvieron después de buscar en su domicilio y sustraer dinero y una camioneta *pick up* Chevrolet blanca.

En otros casos retenían a familias enteras para que durante el tiempo de detención otros desmantelaran sus casas. En Ensenada, Baja California, por ejemplo, la familia Durán fue blanco del saqueo; en marzo de 2011 militares detuvieron a sus miembros y a lo largo de varios días desvalijaron su casa.

TORTURA

"Para que la cuña apriete tiene que ser del mismo palo", es una de las máximas al interior del ejército, y la tortura física y psicológica fue el método empleado en los interrogatorios al interior de los cuarteles para supuestamente identificar a aquellos que colaboraban con la delincuencia; de tal práctica dan cuenta las denuncias presentadas por los propios miembros de las fuerzas armadas.

Trascendió un caso que incluso derivó en una recomendación de la CNDH contra la Sedena: entre agosto y septiembre de 2009 militares de la Policía Judicial Militar provenientes de la ciudad de México viajaron a Chihuahua y sometieron a interrogatorios al teniente de infantería Fernando Delgado Rivera y al cabo Rubén Martínez Márquez en el 76/o. Batallón de Infantería en Hidalgo del Parral. Ambos fueron torturados con la anuencia de sus superiores: un coronel de infantería, un teniente coronel, un comandante primero y un segundo comandante.

Los hechos ocurrieron así: el 19 de agosto el teniente Fernando recibió la orden de instalar sillas en el Club de Oficiales, cubrir las ventanas con papel periódico, cerrar las cortinas, ventanas y puertas, y restringir el paso en las inmediaciones del lugar; posteriormente, el coronel le ordenó localizar y llevar al Club de Oficiales a los elementos de tropa que solicitara el "personal que venía del Distrito Federal". Una vez cumplida la instrucción, desconcertado Fernando escuchó gritos y súplicas que provenían del lugar. Se lo informó a su coronel y éste le respondió que se trataba de policías judiciales militares, y "que me callara y sólo cumpliera con lo que se me estaba ordenando".

Pero Fernando enfrentó a los judiciales militares, les reclamó que lo que hacían era arbitrario y una violación a las garantías individuales; exigió saber sus nombres, cargos y la dependencia de la que formaban parte, porque los denunciaría. ¿Pero quién era él para exigir, acaso no sabía que en el ejército no se cuestiona…? La suya fue una actitud intrépida, y ya conocería la respuesta.

El 21 de agosto fue requerido por cuatro policías militares, quienes lo trasladaron al dormitorio de oficiales de la Tercera Compañía del 76/o. Batallón, donde lo sometieron a un interrogatorio en el que fue amenazado, según denunció, por órdenes expresas del secretario de la Defensa Nacional. Durante las 12 horas que duró el cuestionamiento le preguntaron sobre conductas ilícitas de elementos militares con los que según él nunca trabajó o convivió. Lo interrogaron mientras lo sometían con los ojos vendados y las muñecas esposadas, lo golpearon en los genitales y la espalda, le colocaron una bolsa de plástico en la cabeza; después cesó la tortura.

Apenas hubo terminado el "interrogatorio", se fue a la oficina de servicios periciales de la Procuraduría General de Justicia del Estado de Chihuahua, donde fue diagnosticado con lumbalgia postraumática y traumatismos en varias regiones del cuerpo, lesiones que con el paso de los días se irían agudizando. Al día siguiente el cabo Rubén Martínez se hallaba trabajando cuando, como cada sábado, llegó Fernando y le pidió que le cortara el cabello; lo observó nervioso y bastante alterado, algo extraordinario a sus ojos.

—¿Qué te pasó? —le preguntó, advirtiendo también la palidez de Fernando.

—Ayer los judiciales me mandaron llamar, me interrogaron, me vendaron, me esposaron y me golpearon; mira, tengo golpes por todos lados, también en la espalda y el abdomen. Aquí en las muñecas se ven las marcas.

El dolor por los golpes se fue agudizando, el día 27 acudió al consultorio médico y fue atendido por el capitán primero médico cirujano, quien le diagnosticó una lumbalgia crónica agudizada, secundaria a espondilolistesis, y lo exceptuó por 96 horas de ejercicios físicos y servicios. El 31 el coronel le ordenó que se presentara a las 10 de la mañana ante el agente del Ministerio Público Militar adscrito a la 42/a. Zona Militar "con el fin de tratar asuntos del servicio", lo cual resultó falso: allí lo esperaba un hombre vestido de civil que lo cuestionó sobre ciertos hechos delictivos atribuibles a elementos militares y le solicitó asentar en su declaración las lesiones y amenazas psicológicas de las que fue objeto, misma que firmó al calce. Fernando promovió acciones legales para denunciar lo acontecido, lo que provocó que su superior lo intimidara y amenazara; las amenazas fueron subiendo de tono a tal punto que la mañana del 6 de septiembre el coronel se le acercó y en forma discreta le dijo:

—Cuando salga del comedor no te quiero ver aquí, y si sigues, atente a las consecuencias.

—No me voy a ir porque no puedo perder mis derechos —espetó el oficial recordando sus 21 años de servicio recién cumplidos, periodo con el cual podría ya tramitar su retiro; no obstante, sintió que su vida estaba en riesgo y ante tal contingencia se vio obligado a abandonar el cuartel ese mismo día.

A las 10 de la mañana del 10 de septiembre de 2009, mientras se encontraba realizando sus labores, Rubén vio acercarse a uno de los policías judiciales llegados de la ciudad de México; le dijo que lo acompañara, que el coronel ya lo había autorizado. Cruzaron el comedor y allí lo esperaban cuatro agentes más; lo condujeron hasta el Club de Oficiales del batallón, le vendaron los ojos, lo esposaron, lo envolvieron en una cobija y lo interrogaron mientras lo golpeaban en la cara y el estómago, preguntándole de asuntos que desconocía; lo arrojaron sobre un colchón y lo mojaron, lo asfixiaron, le aplicaron descargas eléctricas en diversas partes del cuerpo y lo amenazaron con sembrarle armas y droga en su domicilio si se atrevía a denunciarlos o a quejarse ante la CNDH. Luego lo llevaron a las instalaciones del Servicio de Guardia en Prevención, donde se encontraba un sargento primero de infantería que pidió instrucciones por radio y le indicaron que ya se podía retirar.

El cabo buscó al coronel para mostrarle las lesiones que le habían infligido los policías y explicarle cómo lo trataron al interrogarlo, y el superior le aclaró que él no tenía nada que ver en sus investigaciones.

—En el batallón todos son sospechosos —agregó.

Días después Martínez le solicitó elaborar un parte que detallara las lesiones que presentaba y estableciera la actividad que realizaba, si portaba uniforme o vestía de civil, el desarrollo de los hechos y sus consecuencias, el cuadro general de lesiones y las acciones tomadas contra sus agresores, así como un acta informativa para sus superiores que los pusiera al tanto de la tortura a que fue sometido; pidió también ser atendido en el Hospital Regional Militar por los golpes que tenía. No hubo respuesta de su coronel. El 22 de septiembre Rubén insistió en su solicitud, especificando que las lesiones que presentó le fueron infligidas por golpes y tortura el día 10 y reiteró que militares se las habían causado. El 2 de octubre el teniente Fernando presentó una denuncia de hechos ante la Procuraduría General de Justicia Militar, pero no hubo indagatoria alguna.

VIOLENCIA SEXUAL

Inés Fernández Ortega, Valentina Rosendo Cantú, Victoriana Vázquez Sánchez, Francisca Santos Pablo, Delfina Flores Aguilar y Aurelia

Méndez Ramírez saben del rigor marcial: todas torturadas, vejadas y abusadas sexualmente por efectivos militares, sus casos se volvieron emblemáticos porque se atrevieron a denunciar públicamente y encarar a sus agresores, pero no significa que sean los únicos.

El 22 de marzo de 2002 Inés Fernández Ortega, indígena tlapaneca habitante de la comunidad de Barranca de Tecuani, municipio de Ayutla de los Libres, Guerrero, se encontraba en compañía de sus cuatro menores hijos de nueve, siete, cinco y tres años de edad cuando a su casa llegaron 11 militares; mientras se afanaba en su quehacer cotidiano observó a aquellos hombres entrar y preguntarle de dónde había robado la carne que tenía secando en el patio de su propiedad. Inés no respondió, entonces tres de los soldados la metieron a la casa, la sujetaron en el suelo y abusaron sexualmente de ella mientras los otros se llevaban la carne.

No había respondido al interrogatorio porque no hablaba español; la carne que yacía en el exterior era de una vaca que su marido había sacrificado hacía tres días para que pudieran comer en ese tiempo de mala cosecha. Habrían de pasar 10 años para que el jefe del Ejecutivo, a causa de una sentencia internacional, reconociera los agravios en su contra, y aunque el jefe del Estado mexicano estaba obligado a ofrecerle disculpas públicas, en un desplante de soberbia el entonces presidente Calderón delegó la tarea a su secretario de Gobernación, Alejandro Poiré.

La exhibición pública y aun los juicios en tribunales internacionales no inhibieron este delito. En tiempos de Calderón ocurrieron casos tan terribles como el de una mujer de Chihuahua que al mediodía del 23 de diciembre de 2008 vio a ocho militares irrumpir en su casa. La sometieron y golpearon preguntándole por diversos objetos robados, lo que ella no admitió; entonces le vendaron los ojos, le amarraron las manos a la espalda, la sacaron de la casa y la subieron a una camioneta del ejército. Antes de salir, los soldados recorrieron la casa de habitación en habitación y sustrajeron los objetos de más valor, tres televisores.

La llevaron a la guarnición de Ojinaga. En las instalaciones militares fue conducida al cuarto de artillería, en una de las zonas más aisladas; la tiraron sobre un colchón en el piso de una jaula y comenzaron a patearla. La mantuvieron allí durante más de siete días, sometida a tortura física y psicológica con el fin de que "confesara" su participación en diversos ilícitos aparte de exigirle que les proporcionara información respecto de otras personas. La víspera de Navidad los efectivos entraron a la habitación y la golpearon de nuevo.

—Ahorita vas a cantar —escuchó antes de que reiniciara el interrogatorio bajo tortura—. ¡Quítate el pantalón! —le ordenaron; suspendieron su cuerpo sujetándole los brazos a los barrotes con una esposa en cada mano, dejándola colgada. Un soldado se desabrochó el cinturón y se lo quitó, lo extendió en el aire y comenzó a golpearla en las piernas y el abdomen.

—¿En cuánto valoras tu libertad? —gritaba mientras la azotaba—. Ponnos a alguien que venda droga o armas, o danos 50 mil pesos y te soltamos.

Así siguió golpeándola hasta que se desmayó. Estuvo enjaulada dos días, el 27 la levantaron muy temprano, la soltaron y la metieron a bañar, pues su ropa se encontraba manchada de sangre debido a que los golpes en el vientre le habían causado una hemorragia. Mientras sentía el agua recorrer su cuerpo escuchó que uno de los militares entraba encapuchado para atacarla sexualmente de forma repentina. La penetró por el ano violentamente; en un intento de defenderse, ella le sujetó los genitales y lo rasguñó, el militar se irritó y respondió golpeándola en el estómago.

—Espérate, espérate... ya mero acabo.

La soltó. Otro militar entró y le entregó una toalla para que se secara. La envolvieron en cobijas y la llevaron a acostarse sobre el piso;

casi de inmediato se quedó dormida. Entre sueños escuchó la voz de otro soldado que le susurraba:

—¡Levántate, ponte los tenis porque ya te vas! ¿Tienes golpes? —ella asintió con la cabeza—. ¿Dónde?

La mujer exhibió las marcas, hematomas y la lacerada piel; el militar salió y pasados 10 minutos regresó con otro, llevando un cojín de gel que vibraba. Se lo colocaron en la pierna izquierda; estaba tibio, serviría para atenuar las marcas.

—Cuando se enfríe nos avisas.

La vencieron el agotamiento y el dolor. Se quedó dormida y despertó hasta el día siguiente, cuando entraron por la mañana para retirarle el cojín.

—¿Crees que se le quite? —le preguntó un soldado a su compañero aludiendo a los golpes, que aún eran muy evidentes en aquella piel enrojecida e inflamada.

—No —respondió el compañero.

Salieron de nuevo y ella volvió a dormirse. Por la tarde los escuchó entrar otra vez; ahora llevaban gasas con hielo. Al sentir aquel helado fomento sobre su piel, terminó de despertar asustada.

—No se asuste, la vamos a curar —ahora la voz era más suave; ya no había gritos ni amenazas. La mantuvieron todo el día con fomentos helados.

La tarde del día 29 le informaron que la consignarían. Al día siguiente la cubrieron con una cobija y la subieron a un camión militar; la condujeron a las oficinas locales de la AFI. El camión se detuvo en seco, un militar bajó y entró a la delegación mientras otro que iba junto a ella dentro del camión le advirtió en susurros:

—La vas a librar, nada más que te vamos a echar tres paquetitos.

En el umbral apareció el militar que había ingresado a la oficina, subió de nuevo y le preguntó:

—¿Cuándo te agarramos?

—El 23.

—¡No, no, no…! Tú no digas que el 23, te agarramos hoy, ¿entiendes? Hoy, hace un rato.

—No, fue el 23.

—El asunto es así: te agarramos hoy, hace un rato, ¿entiendes?

Asintió. La metieron a la oficina de la AFI; una vez que estuvo frente a las autoridades civiles contó lo que le había ocurrido, que no era verdad que la acababan de detener sino que de ello hacía varios días, que fue golpeada y abusada sexualmente; se bajó los pantalones y mostró las evidencias en su cuerpo. Denunció que no era la primera vez que los militares la detenían y torturaban, que hacía un mes —el 19 de noviembre de 2008— también habían entrado a su domicilio y la vendaron, la detuvieron y la trasladaron al cuartel, donde la metieron a un sótano, la desvistieron, la hicieron bañarse con agua helada y le dieron toques eléctricos con el fin de preguntarle quién era el jefe de una organización delictiva. Aquel día los soldados le dijeron que la dejarían en paz, pero que si tenía información les avisara; además le advirtieron que si presentaba alguna denuncia o queja contra ellos le quitarían la vida. Cuando la jueza de distrito en la causa penal le dictó auto de libertad por falta de elementos para procesarla, identificó como sus torturadores a militares de la Tercera Compañía de Infantería No Encuadrada.

Asesinos con arma de cargo

Fuera de sus horas de servicio, aunque con sus armas de cargo, los militares también se vieron involucrados en homicidios de civiles a sangre fría y con alevosía. Aquí algunos de esos casos, otro apartado en el inventario de la deshonra marcial.

La madrugada del 23 de agosto de 2010, en el prostíbulo Tapas, en la periferia de Tula, los militares Héctor Meneses Pech, teniente de artillería de 31 años de edad, y José Daniel Pech, soldado de artillería de 23 años, se confrontaron con un grupo de parroquianos. Salieron del lugar y de entre sus ropas Héctor sacó su arma y disparó siete tiros dando muerte a Víctor Mata, de 37 años de edad, originario de Ciudad Juárez, e hirió a Gustavo Antonio Alejo, un obrero originario del Distrito Federal de 28 años. Luego los elementos emprendieron su desaforada fuga a bordo de un Volkswagen Lupo sobre la autopista Tula-Jorobas, pero la velocidad excesiva les hizo perder el control y a la altura de la refinería Miguel Hidalgo el vehículo volcó incendiándose.

En julio de 2011, en San Luis Potosí, Joel Alberto Aranda Cisneros, un obrero de 31 años de edad, fue asesinado por un militar. Vecinos del fraccionamiento Valle de Santa Lucía, esa tarde los hijos de ambos discutieron, luego las madres de los niños; como en una sátira negra, la simple pelea infantil culminó con el militar asesinando a su vecino y amagando al vigilante de la caseta del fraccionamiento para huir.

La madrugada del 2 de agosto de 2011, en la colonia Insurgentes, de la zona centro de Hermosillo, el militar Julio Herrera Cabrera, de 28 años, irrumpió en el domicilio de sus vecinas y asesinó a Rebeca Moreno Galaz, Yesenia Yadira Tapia Romero y María Patricia Ochoa Rodríguez, de 45, 18 y 14 años, y baleó en el rostro a una bebé de siete meses de edad destrozándole la mandíbula.

El mismo mes, en el camino a Xmatkuil, la tranquilidad de San José Tzal, en la zona conurbada al sur de Mérida, se rompió con una atroz tragedia: un militar mató a toda su familia y luego se suicidó.

Pasaban de las cuatro de la tarde; en la casa marcada con el número 17 de la calle 161, Gregorio Magaña Cervantes discutió en el comedor con su esposa y comenzó a golpearla; sus pequeños hijos, de seis y siete años de edad, trataron de defenderla. El hombre sacó su arma y le disparó a quemarropa. Ella murió enseguida, su cuerpo quedó tendido en un charco de sangre; se volvió luego contra uno de los niños y truncó su corta existencia cuando descargó sobre él varios disparos como hizo también con el otro chiquillo. Desde el quicio de la puerta observó aquello la hija mayor, de 13 años de edad; tomó a su hermanita en brazos y echó a correr, pero el padre les disparó hiriendo a la niña en el brazo y en el cuello a la pequeña, de 24 meses. Frente a los cadáveres, el hombre se llevó el arma a la cabeza y jaló el gatillo para caer muerto junto a sus víctimas.

En Guanajuato, una madrugada de octubre de 2011 el militar Juan Jesús Balderas González asesinó a un amigo mientras convivían en una fiesta. En la casa marcada con el número 2 de la calle San Pedro, colonia La Luz, ambos departían junto con sus esposas, pero discutieron y afuera se blandieron a golpes, luego Balderas sacó su arma y asestó un balazo en el pecho de Emmanuel Cuéllar Alfaro, de 22 años de edad.

La noche del 6 de noviembre de 2011 la familia Ávila regresaba a Chihuahua procedente de Torreón tras unas cortas vacaciones; a bordo de su *pick up* Dodge viajaban con unos amigos sobre la carretera Chihuahua-Delicias. Ese domingo el reloj marcaba las 10 cuando en el kilómetro 180 rebasaron a un Chevrolet modelo 2007, color gris; iracundo por ese simple hecho, Carlos Vázquez Castillejos, subteniente del ejército y conductor del Chevrolet, metió el acelerador hasta el fondo para alcanzarlos. En pocos minutos les dio alcance, seis kilómetros adelante; tomó su pistola de cargo, una escuadra Beretta calibre 9 milímetros descendió de su automóvil y caminó hasta quedar frente a la camioneta. Apuntó y disparó: asestó un balazo en la cabeza de uno de los tripulantes, Eduardo Ávila Belmontes, un jovencito de 16 años, quien murió horas después. El subteniente, de 30 años de edad, nativo de Oaxaca, estaba asignado a la 5/a. Zona Militar en Chihuahua; aquella noche había estado en Saucillo bebiendo cervezas, 18, según dijo.

El 20 de noviembre de 2011, en Tula, Hidalgo, otro militar alcoholizado, Marco Antonio Michel, adscrito a la 25/a. Zona, estrelló su vehículo contra un taxi e impactó a una vagoneta Pointer cuyo conductor, Fulvio Ramírez Guerrero, de 70 años de edad, quedó prensado.

En Durango, en noviembre de 2012, el militar Alfredo Raymundo González Hernández asesinó a golpes a Aidé Ayala, su pareja, quien tenía siete meses de embarazo; sacó su cadáver y lo ató a la flecha de un camión de carga, sujetándolo con cables y tiras de ropa.

Militares secuestradores

La XI Región Militar, en Coahuila, registraría en su historia uno de los episodios más vergonzantes de las fuerzas armadas; sus elementos, amparados en el fuero y en la propia preparación que recibieron en el ejército, se vincularon con el crimen organizado o redes delincuenciales: los tenientes Ubaldo Gómez Fuentes y Ricardo Albino Navarro Acosta fueron acusados de liderar una banda de secuestradores.

Ubaldo, a quien sus amigos llamaban *Uba*, nació en el municipio de Soconusco, una localidad sureña de Veracruz en la llamada región olmeca, donde se cuenta la historia de que el emperador Moctezuma llegó a esa tierra con su ejército, y para no padecer sed mandó construir un pozo, pero como no brotaba agua ofrendó a sus militares; contrariados por ese sacrificio caprichoso, los dioses lo castigaron enviándole sal en lugar de agua, una sal rosada como la sangre de aquellos desdichados. Desde entonces Soconusco es una tierra que produce en abundancia una sal tenuemente rosada, como la de Himalaya; por ello se conoce a los soconusqueños como *salineros*.

Una de aquellas familias de salineros la conformó el matrimonio entre Ubaldo Gómez Valentín y Cristina Fuentes Fabián, padres de cinco hijos, entre ellos Ubaldo —como su padre—, quien desarrollo gusto por la milicia. Cuando tenía cuatro años de edad sus padres se separaron, y él como el resto de sus hermanos se quedó con su madre en una pequeña casita del humilde barrio de San Antonio. Estudió en la primaria Benito Juárez, una de las doce escuelas de ese municipio donde los que no se dedican a la extracción de sal son jornaleros, y luego en la telesecundaria Lázaro Cárdenas del Río. Más tarde tuvo la suerte de ser uno de los contados muchachos que ingresó en el Centro de Bachillerato Tecnológico Industrial y de Servicios (CBTIS) número 48, sin duda un logro para un adolescente de la región de las llanuras de Sotavento, donde 70% sólo estudia la primaria.

Vislumbró su futuro en la milicia e ingresó al Heroico Colegio Militar de Tlalpan, en el Distrito Federal: tenía 18 años y la ilusión de alcanzar grados, medallas, condecoraciones y, con el tiempo una pensión; pero la vida le tendría deparados caminos más torcidos. A los 22 se recibió con el grado de subteniente, como todos los de su generación. Su preparación académica materializó que sus superiores lo integraran al Destacamento Escuadrón Antinarcóticos de Inteligencia Militar, donde durante 11 años investigó e infiltró a los cárteles de la droga en varias entidades.

En 2008 fue asignado al 33/o. Batallón de Infantería de la XI Región Militar, con sede en Torreón. Allí fue donde todo acabó de quebrarse: Ubaldo oficialmente seguía con su trabajo de inteligencia para el ejército, pero el dinero fácil y el poder lo habían seducido.

Junto con otros militares, colegas del área de inteligencia militar, organizó y lideraba una banda de secuestradores.

La carrera militar de Ubaldo iba a la par de la de su compañero y amigo Ricardo Albino Navarro Acosta, *El Ra*, también subteniente de infantería egresado del Heroico Colegio Militar. En 2009 ambos fueron implicados en varios secuestros; en su grupo participaban los civiles Miguel Ángel Lara Mayorga, *El Mayo*; Carlos Osvaldo Navarro Valadez, *El Niñote*; María de Jesús Guerra Díaz, *La Doctora*, y Carlos Ernesto Palacios Quintero. Se les responsabilizó del secuestro y asesinato del empresario regiomontano Rodolfo Javier Alanís Applebaum, ocurrido el 9 de noviembre de 2008 cuando viajaba de Monterrey a Torreón a visitar a unos familiares en la Comarca Lagunera: al momento de raptarlo se resistió y le dispararon en una pierna, lo que provocó que se desangrara. Lo llevaron a una casa de seguridad en la colonia Torreón Residencial, donde lo remataron. Después llevaron su cadáver al cerro Bola, en San Pedro de las Colonias, una región entre Torreón y Saltillo que ya estaba bajo el control de los cárteles de la droga, y en descampado el teniente Gómez lo roció de gasolina y le prendió fuego. Aun cuando ya lo habían matado, los militares continuaron negociando su rescate por cinco millones de pesos.

El crimen hubiese quedado impune —como 95% de los delitos en México— de no ser porque los militares, quizá confiados, descuidaron los detalles: llevaron a una conocida casa de empeño el Rolex de oro que el empresario traía consigo cuando lo secuestraron. Aunque era experto en inteligencia militar, Ubaldo cometió un error más: utilizó el vehículo de otro de sus secuestrados, un flamante Volkswagen Jetta color rojo modelo 2008 que había sido reportado como propiedad de Dan Jeremeel Fernández Morán, un ejecutivo de Afore ING, secuestrado en Gómez Palacio, Durango, el 19 de diciembre de 2008. La policía lo ubicó y una tarde de domingo, cuando se encontraba en el estacionamiento de un centro comercial de Torreón, su conductor, Ubaldo, fue detenido. En su arraigo en el hotel California denunció a algunos de sus cómplices: Ricardo Albino Navarro y Miguel Ángel Lara lograron escapar, otros tres integrantes de la banda fueron detenidos.

Ubaldo confesó que él y sus cómplices habían raptado al propietario del Jetta; no lo conocían ni sabían si su familia tendría o no posibilidad de pagar su rescate, escogieron a su víctima simplemente porque "nos cayó gordo por mamón". Cuando arrestaron al militar, Yolanda Morán, la madre de Dan Jeremeel, recibió una llamada de Carlos Centeno, jefe antisecuestros de Coahuila, y enseguida acudió a confrontarse con el verdugo de su hijo.

—Sí, nosotros nos lo llevamos.

—¿Por qué? —increpó la madre.

—A ese sólo lo *levantamos* por mamón —le dijo el teniente en una respuesta seca que no abundó en su paradero.

Las autoridades de Coahuila dijeron que la banda de secuestradores comandada por militares era en extremo sanguinaria y violenta, pues aunque cobraran los rescates asesinaban a sus víctimas y calcinaban los cuerpos. Con sus cómplices civiles utilizaban numerosas casas de seguridad en zonas habitacionales en Coahuila, donde guardaban arsenales, equipos de comunicación y vehículos.

Dicen que "el que a hierro mata, a hierro muere"; irónicamente, a *Uba* lo alcanzaría ese destino. Ubaldo, Carlos Osvaldo y Carlos Ernesto fueron ingresados al Centro de Readaptación Social (Cereso) de Torreón, un penal que, como muchos otros del país, durante la guerra oficial contra el narcotráfico de Felipe Calderón prácticamente quedó en manos del crimen organizado. En tales circunstancias, la noche del lunes 9 de febrero de 2009, a las 23:30 horas, frente a la puerta del Cereso se detuvo una camioneta tipo van color blanco: en un operativo milimétricamente calculado descendieron ocho hombres enfundados en trajes negros, con el rostro cubierto por pasamontañas. Amagaron al guardia del acceso principal y sin dificultad alguna, evidenciando un conocimiento preciso de la infraestructura del penal, se dirigieron hasta la aduana principal, donde la autoridad tenía en una especie de resguardo a Ubaldo Gómez, Carlos Ernesto Palacios y Carlos Osvaldo Navarro, y los obligaron a caminar hasta el baño de visitas donde los golpearon, los rociaron con diésel y les prendieron fuego. Sus cuerpos ardientes quedaron sobre el piso. Luego el comando fue hasta el módulo 35, donde seleccionaron a nueve internos que enfrentaban procesos del orden federal por narcotráfico y delincuencia organizada, los liberaron, los subieron a su camioneta y se los llevaron.

Sólo hasta que el vehículo puso ruedas en polvorosa se activó el Código Rojo que alertaba de un intento de fuga en el Cereso. Se hicieron presentes la Policía Federal, el ejército, la Policía Ministerial y Estatal, los peritos y agentes del Ministerio Público del fuero común y federal, y cuanta autoridad había en el estado; a pesar de ello, ninguno fue reaprehendido.

Ubaldo, el soconusqueño que salió de su casa para convertirse en militar de élite, volvió en una caja mortuoria a bordo de un avión que lo trasladó de Torreón al Distrito Federal, del Aeropuerto Benito Juárez al de Minatitlán, y luego vía terrestre hasta su hogar; una larga travesía sufragada por las fuerzas armadas porque hasta el día de su muerte Ubaldo perteneció a sus filas.

Un año después, en marzo de 2010, la mañana del jueves 25, Ricardo Albino Navarro Acosta, *El Ra*, fue detenido en el Distrito Federal. Originario de Zumpango, Estado de México, tuvo en la milicia un historial similar al de Ubaldo; estuvo asignado como teniente de infantería en Hidalgo de Parral, Chihuahua. Su alta en el ejército está registrada el 1° de septiembre de 1988, su baja el 4 de julio de 2009 por "deserción". De hecho, tras su detención la Sedena se desmarcó de su elemento pues Ricardo había tramitado su baja hacía unos meses, aunque cuando cometió los crímenes imputados estaba en activo.

Aceptada su culpabilidad bajo la acusación penal número 11/2009 por el delito de secuestro con circunstancias agravadas por haberse cometido en casa habitación, *El Ra* fue ingresado también al Cereso de Torreón, pero no cumplió ni un solo mes de encierro porque el viernes 23 de abril, por la tarde, fue asesinado por una herida producida por arma punzocortante clavada en su pecho "en una riña", se dijo oficialmente.

Los extraños asesinatos de los militares ocurrieron en medio de indagatorias que las autoridades civiles habían abierto para encontrar a otros cómplices; de hecho, cuando Ubaldo estuvo arraigado dijo que había más elementos castrenses implicados, y a cambio de una pena benévola prometió revelar sus nombres. Ambos se llevaron a la tumba otros secretos, como el paradero de Dan Jeremeel; infructuosas fueron las súplicas que la madre les hizo porque le dijeran la ubicación de su hijo.

En una avenida entre su casa y el aeropuerto, adonde se dirigía a recoger a su mamá, quien regresaba de viaje, un alto en un semáforo truncaría su vida: Dan Jereemel se topó con el vehículo en que viajaban los militares. Su porte de hombre joven, sus 1.70 metros de estatura, o quizá su vehículo deportivo perfectamente encerado les parecieron chocantes, o tal vez los puños perfectamente planchados de su camisa de vestir blanca con líneas grises, sus zapatos lustrados, el pantalón de mezclilla o la chamarra azul marino; cualquiera que fuera el motivo, lo interceptaron y se lo llevaron.

Dan era un joven padre de cuatro hijos —Ana Karla, Dana, Adrián y Dan— y se ganaba el sustento como ejecutivo de afores, aunque su sueño era convertirse en un exitoso empresario. De su ubicación última no se supo nada más.

Como ocurrió con veteranos policías judiciales y de la vieja DFS, que en los años ochenta y noventa terminaron liderando grupos de secuestradores, en tiempos de Felipe Calderón militares llevados a las calles a tareas de seguridad pública también comenzaron a enrolarse en ese actuar delictivo, hasta en la capital del país.

En agosto de 2012, por ejemplo, Héctor Jair Santamaría Neri, soldado de material de guerra, y Darío Díaz Flores, soldado del 103/o, Batallón de Infantería, secuestraron a una adolescente en calles de la delegación Xochimilco del Distrito Federal, y pidieron a su familia un rescate de doscientos mil pesos.

Terrorismo y narcoterrorismo, nuevos retos, mismos vicios

Entre militares que consumen alcohol en horas de servicio, los que trabajan en las nóminas del crimen organizado, y el descrédito de efectivos, la administración de Peña Nieto mantuvo a los miembros de las fuerzas armadas en las calles sin ningún resultado positivo.

De cuando en cuando se supo de casos como el de integrantes de la 22/a Zona Militar implicados en un intento de robo en 2014 a una tienda Coppel, en Tenango. Mientras en México 42 organizaciones criminales se disputaban los negocios que supuestamente combatían las fuerzas armadas, en el mundo se habló cada vez más de terrorismo y narcoterrorismo. Tampoco era ajeno que, pese a la llamada supuesta "guerra contra las drogas", las organizaciones criminales mexicanas hicieran alianzas con grupos terroristas.

Aunque el tema del terrorismo y narcoterrorismo no estuvo en la agenda oficial del gobierno de Peña durante los primeros años de su gobierno, de manera interna el Ejército enviaba militares de diversos rangos a recibir entrenamiento con las fuerzas armadas estadounidenses para combate al terrorismo, narcoterrorismo, y "manejo de consecuencias en un ambiente químico, radiológico, nuclear y explosivo de alta potencia". En enero de 2013, un militar con rango de Mayor, adscrito a la Sección de Inteligencia participó en un Seminario contra Terrorismo y Manejo de Consecuencias en un ambiente Químico /Radiológico, Nuclear y Explosivo de Alta Potencia.

En abril de ese mismo año, otro mayor, dos capitanes y un teniente recibieron el adiestramiento como Analistas de Información Contra el Narcoterrorismo (TAC-10). En octubre a un teniente coronel lo enviaron al Programa de Seguridad Cibernética en el Comité Interamericano contra el Terrorismo (Cicte). En febrero de 2014 mandaron a un teniente coronel y a un mayor de infantería, adscritos ambos al Estado Mayor de la Defensa Nacional, al curso intensivo Respuesta de Seguridad al Terrorismo, mientras que a un capitán de infantería a capacitación en análisis de inteligencia de operaciones trasnacionales. En marzo de ese año se envió a un teniente al adiestramiento Lucha contra el crimen trasnacional organizado. En septiembre, un teniente coronel de infantería, adscrito también al Estado Mayor, recibió el adiestramiento Respuesta de Seguridad Exhaustiva contra el Terrorismo, y otros tres militares de la misma área (dos capitanes y un subteniente) la especialización en "análisis de inteligencia de operaciones trasnacionales".

Otros cuatro militares —un teniente de caballería, un teniente de infantería, un sargento de infantería y uno de la Fuerza Aérea— se adiestraron como Ranger, en el Instituto de Cooperación para la Seguridad Hemisférica (Whinsec), en el Fuerte Benning, Georgia. Se trata de uno de los cursos de élite más valorados en el ámbito castrense, cuya instrucción, especial para regimientos de infantería ligera, también incluye adiestramiento contra el terrorismo, además de misiones especiales, incursiones, infiltración por vía aérea, terrestre o marítima, recuperación de personal y equipo especial, y asaltos aéreos.

Los Rangers como fuerza de élite han participado en operaciones en los países con altos índices de terrorismo como Afganistán, Irak y Somalia; de hecho se les conoce como el Batallón principal de la Guerra Global contra el Terrorismo. Desde tiempos de Fox, de manera interna el gobierno mexicano comenzó a mandar militares para entrenarlos como fuerza de élite antiterrorismo y narcoterrorismo. Entre enero de 2000 a noviembre de 2015, 2926 militares mexicanos recibieron cursos y adiestramiento de distinta índole en territorio estadounidense por parte de sus Fuerzas armadas, en las instalaciones además del Fuerte Benning, en Fuerte Bragg en Carolina del Norte, Fuerte Campbell en Kentucky, Fuerte Lewis en Washington, Birmingham y Alabama. Casi una tercera parte han sido militares con rango de subteniente (890); seguidos de capitanes (730), mayores (405); además de 53 generales; 139 coroneles; 238 tenientes coroneles; 128 subtenientes; 321 sargentos; 21 cabos y un soldado. Algunos de esos militares permanecen aún en zonas militares estadounidenses y concluirán sus actividades hasta junio de 2017. En Fuerte Bennig, donde se entrena a los Rangers, 107 militares, enfocados en áreas de Estado Mayor, Fuerzas Especiales y Mantenimiento de Aeronaves, han recibido ese adiestramiento.

En términos numéricos: en el último año de gobierno de Ernesto Zedillo, 118 militares mexicanos se adiestraron con las Fuerzas armadas estadounidenses. En ese sexenio el gobierno mexicano priorizó la creación de su grupo militar de élite Grupo Aeromóvil de Fuerzas Especiales (GAFE) primordialmente con subtenientes y tenientes entrenados con el modelo de los Rangers de Estados Unidos y los Kaibiles de Guatemala, entre estos los desertores que se reclutaron como brazo armado del Cártel del Golfo, denominándose Zetas. En el modelo de entrenamiento GAFE aún no se hablaba de terrorismo ni de narcoterrorismo, su capacitación se enfocaba en logística de infantería, sistema de armas, y particularmente seguridad aérea y aeromuniciones.

Con Vicente Fox, el número de militares adiestrados por las fuerzas armadas estadounidenses fue incrementándose gradualmente. Fue en ese periodo cuando en Estados Unidos se dio por primera vez entrenamiento a un militar mexicano en temas de terrorismo. Era capitán primero de infantería adscrito al Estado Mayor Militar, quien en mayo de 2004 recibió entrenamiento de Inteligencia Miliar para Combatir el Terrorismo. En agosto de ese mismo año se envió a otro capitán, un teniente y un mayor a la misma especialización; y en abril siguiente, a un capitán de artillería.

Para julio de 2005, dos tenientes coroneles de infantería se integraban al curso Coordinación Interagencial y Contraterrorismo, mientras que tres capitanes (dos de infantería y uno de artillería) se entrenaban como Equipo Especial de Reacción y Antiterrorismo; en agosto un mayor de caballería se especializaba en Preparación y Manejo de las Consecuencias del Terrorismo. En mayo de 2006, un capitán de artillería adscrito al Estado Mayor recibió la especialización de Inteligencia Militar para Combatir el Terrorismo. En junio de 2006, tres tenientes coroneles se adiestraron en Coordinación Interagencial y Contraterrorismo, y dos capitanes y un teniente en Equipo Especial de Reacción y Antiterrorismo.

La administración de Felipe Calderón envió a 1 817 militares para que entrenaran en escuelas de Estados Unidos en áreas diversas, entre ellas Operaciones Especiales contra el Narcoterrorismo, evidentemente sin resultados tan efectivos, dado que los cárteles mexicanos eran, y continúan siendo, unas de las organizaciones criminales más violentas del mundo. En términos de resultados numéricos, el saldo de la llamada "guerra contra las drogas" que Calderón, como comandante en jefe de las Fuerzas Armadas, encomendó precisamente a los militares dejó articulados a los mismos cárteles de la droga y a los nuevos grupos que resultaron de sus escisiones o alianzas.

Oficialmente tampoco Calderón habló de terrorismo en México, sin embargo, sí envío a militares a formar: Equipo Especial de Reacción y Antiterrorismo; Inteligencia Militar para Combatir el Terrorismo; Operaciones Especiales para Combatir el Terrorismo; Desempeño del gobierno en un ataque terrorista; Programa de Contraterrorismo; Aspectos Legales de Contraterrosimo; Coordinación de Interagencias y contraterrorismo; Dinámica del Terrorismo Internacional; Administración de Defensa Contraterrorismo; y Análisis de Información contra el Narcoterrorismo.

En 2007 un mayor de infantería participó en el Seminario de Operaciones Especiales para combatir el Terrorismo; a un mayor de infantería y a diez coroneles de infantería se les instruyó en el seminario Desempeño del gobierno en un ataque terrorista. Ese mismo año 21 militares: coroneles, teniente coroneles, mayores de infantería, capitanes y un teniente recibieron el adiestramiento Aspectos legales de contraterrorismo.

Tener entre las filas castrenses a militares formados con cursos de élite para combate al terrorismo o narcoterrorismo tampoco garantiza a la población mayor eficacia o que se esté a salvo de alguno de esos ataques. Y es que el Ejército Mexicano enfrenta también una crisis interna entre sus deserciones de militares de élite o la captación de sus miembros por parte de los grupos criminales. Allí está el caso de Rogelio López Villafaña, militar enlistado en el ejército en 1986, adiestrado como militar de élite precisamente en el Fuerte Bragg, una de las bases más importantes de Estados Unidos, sede de los famosos Green Beret. Como militar activo López Villafaña se reclutó con Los Zetas y hasta el año 2007 solicitó su baja del ejército, 20 años y 8 meses después de pertenecer a las fuerzas armadas.

Con todo y sus Rangers entre las filas de las fuerzas armadas, en tiempos de Peña Nieto el Ejército se vio involucrado en casos tan delicados como la muerte de 22 civiles en una bodega ubicada en el municipio de Tlatlaya, en el Estado de México. Supuestos delincuentes que, inicialmente, la Sedena dijo habría muerto en un enfrentamiento con sus elementos castrenses. Luego se supo que, prácticamente fueron fusilados.

La continuidad que el gobierno de Peña Nieto dio de atribuciones extraordinarias a las Fuerzas Armadas tampoco se refleja en resultados efectivos. Para muestra, la Procuraduría General de la República (PGR) enlista 45 organizaciones criminales vinculadas a la delincuencia organizada y el narcotráfico, es decir muchos más grupos delincuenciales que hace unos años. En su disputa por zonas de operación y negocios, varias de estas organizaciones incurren frecuentemente en actos considerados como terrorismo, acciones que tampoco han sido evitados por los militares. Además de que organizaciones como el Cártel de Sinaloa, que asociado con narcotraficantes colombianos, surten de droga amplios territorios del continente Africano y Europeo (vía África), y operan en sociedades con grupos como Al-Qaeda; hecho que la Agencia Antidrogas de Estados Unidos (DEA) y agencias como las de Naciones Unidas han documentado.

Por su parte la Oficina de las Naciones Unidas Contra la Droga y el Delito (ONUDOC) ha documentado la protección de grupos como las redes terroristas de Al Qaeda para los cargamentos de cocaína que trafican organizaciones criminales de América, incluidos los cárteles mexicanos para el mercado Europeo y Africano. De manera que el dinero negro de la droga traficada por las organizaciones criminales financia también el terrorismo, que ni los Rangers han podido frenar.

Las transacciones entre las organizaciones criminales mexicanas y grupos identificados como extremistas o terroristas son con compra-venta de drogas y también de armas que trafican mayormente dentro de contenedores vía marítima. El fracaso de los militares desde la llamada "guerra contra las drogas", aún con sus especializaciones en narcoterrorismo, también se evidencia en el elevado número de homicidios, agresiones y violaciones a los derechos humanos de civiles por parte de miembros de las fuerzas armadas y de los violentos ataques de grupos criminales.

3

LOS TRAPOS SUCIOS DE LA CUADRILLA LOCAL

ALCOHOL Y CRIMEN

En las vías del ferrocarril que cruza por Almoloya apareció tirado un cuerpo decapitado; era un militar que formaba parte del comando encargado del puesto de vigilancia de la Sedena en el Cefereso El Altiplano. El hecho, establecido con posterioridad como un crimen y litigado en tribunales militares, evidenció otra vergonzante práctica de miembros de las fuerzas castrenses: el indiscriminado consumo de alcohol en horas de servicio.

El cadáver encontrado sobre los durmientes del tramo Ferrocarril de Acámbaro, en el municipio de Almoloya de Juárez, tenía la mano derecha machacada, con fracturas múltiples y los dedos cortados; a unos metros, sobre uno de los rieles, la cabeza aplastada y desfigurada, la masa encefálica esparcida y líquido hemático derramado sobre el metal y hasta en la grava por debajo de las vías. José Luis, un lugareño, lo descubrió cuando camino a su trabajo cruzaba por aquel paraje boscoso conocido también como Barrio Santa Juana; eran casi las ocho del 29 de noviembre de 2005 pero la bruma invernal aún era intensa en esa parte del Estado de México, así que sólo hasta que lo tuvo de frente vio que aquellos despojos inertes y lacerados portaban un uniforme militar, por lo que corrió a avisar a los elementos del puesto de control a un costado del penal.

El puesto de control Patricio, o El Bosque, pertenece al 8/o. Regimiento Mecanizado y éste a la 22/a. Zona Militar, que tiene su sede en el Estado de México. Sus efectivos están a cargo del resguardo de la zona perimetral de la prisión de máxima seguridad más importante del país, construida en el gobierno de Carlos Salinas de Gortari, y que alberga a famosos narcotraficantes y otros delincuentes del fuero federal, la misma de la que se fugó el sinaloense Joaquín Guzmán Loera el 22 de julio de 2015. El de los militares es el último cordón de guardia en torno al reclusorio, el menos visible, pero supuestamente infranqueable. Sólo que la mayoría de la población ignora la manera en que se desarrollan las noches de vigía, aquellas horas en las cuales los soldados debieran estar con los sentidos prestos a todo lo que ocurre en el área que bordea al Cefereso, conductas que tendrían consecuencias aquel noviembre de 2005 cuando algunos de los que estaban en turno de vigilancia se enfrentaron en una riña; como era frecuente, aquellos miembros de las fuerzas armadas estaban ebrios.

El puesto de control se hallaba a cargo de un subteniente. El día 28 por la tarde la tropa miró televisión y jugaron futbol; a las 20:00 horas se reunieron para que a las 20:30 el subteniente, a la sazón comandante en jefe, asignara los turnos para la guardia. El primero comenzaría a las 21:00 para concluir a las 23:45, y vendrían relevos hasta las 2:30, las 4:30, las 6:30 y después llegaría el pase de lista mañanero para la asignación del nuevo rol; en cada turno había un responsable. En cuanto los distribuyó, los cabos Sánchez —a quien todos llamaban *Bomba*— y López le pidieron permiso para ir "a la tienda"; regresarían con papas, jugo y un *six* de cervezas que dejaron entre el pasto para que el subteniente no las viera. El superior les dijo que una vez que la primera guardia se apostara, el resto podían ver televisión o irse a dormir a sus casas de campaña si querían; él mismo se sentó frente al televisor hasta las 11, cuando se levantó para ir a acostarse. Caminó hacia su casa de campaña; adentro se quitó las botas, subió de nuevo el cierre de las mismas y a lo lejos miró que los cabos encendían una fogata, algo usual para sortear el frío en esa parte del Estado de México que en las horas de la madrugada alcanza hasta los cuatro grados bajo cero. Cerró la entrada y no supo más.

Una de las funciones de un comandante de puesto de vigilancia es inspeccionar que los soldados permanezcan apostados en guardia y no durmiendo; la realidad era que rara vez los supervisaba. Esa noche se despertó únicamente para ir al baño y luego regresó y durmió hasta las primeras horas de la mañana siguiente, cuando un cabo interrumpió su sueño.

El cabo *Bomba* despertó pasadas las siete. Le tocaba montar turno junto con el cabo Arriaga, pero éste no estaba; es más, no había entrado a dormir. Él era el responsable de ése rol, así que se levantó y fue a la casa de campaña del subteniente para notificar la ausencia de su compañero.

El subteniente le ordenó que fuera hacia los parapetos de El Bosque mientras él buscaba también al ausente; caminó hasta la casa de campaña donde Arriaga pernoctaba y en efecto, la miró vacía. Fue de casa en casa preguntando a la tropa si alguien lo había visto o sabía dónde estaba, pero ninguno le supo dar razón. Volvió a su tienda en busca de un radio, luego fue hacia los parapetos y cuando llegaba miró a un civil hablando con el cabo *Bomba*; le decía que en las vías había un muerto, que era un militar.

—¿Qué pasa? —preguntó el subteniente.

—Que en las vías hay un chavo tirado, es un soldado.

—¿Dónde?

—En las vías, por el tramo de Mina México, allí por Santa Juana —precisó José Luis.

—¡Eh, *Bomba*, vamos a ver! —ordenó el subteniente.

Los militares caminaron unos 450 metros hacia las vías del ferrocarril, por donde José Luis los condujo, hasta que su vista topó con aquel cuerpo decapitado.

—¡Es Álvarez, Hilario Álvarez…! —le dijo el cabo a su subteniente, pues aunque el cuerpo y la cabeza estaban bastante apartados, lo reconoció por el suéter con que cada noche se abrigaba.

Hilario Álvarez era parte del comando. Había ingresado al Ejército Mexicano hacía poco más de dos años: el 1 de abril de 2003 está fechada su alta voluntaria. Alcanzó el grado de cabo del arma blindada cuando lo asignaron al puesto de vigilancia en las proximidades del Cefereso número 1. El lugar donde yacía su cadáver era también parte del área bajo resguardo militar; los parapetos donde se apostaban debían estar a unos 100 metros, sólo que cada tarde, después de las seis, los recorrían para acercarlos hacia el claro donde pernoctaban, de manera que cuando ocurrió la muerte el cuerpo quedó fuera de la vista del resto de la tropa; por eso fue hasta entrada la mañana que el subteniente supo que uno de sus subalternos "había sido atropellado por el ferrocarril". Entonces recordó que también faltaba el cabo Arriaga, a quien en el regimiento llamaban *Satanás*.

El subteniente llamó por radio a su jefe de unidad para informar sobre el hallazgo y regresó al puesto de control. Ordenó a su tropa formarse, les pasó lista y cayó en cuenta de que no sólo faltaba Arriaga: tampoco estaba el cabo González, conocido como *Mounstrillo*. Rememoró que la última vez que los vio fue hacia las 00:30, cuando despertó para ir al baño; salió de su casa de campaña y a lo lejos miró que los tres rodeaban una fogata. Aunque sus turnos de vigía no eran los mismos, no era raro que estuvieran allí: "Siempre andaban juntos, y eran los que armaban su relajo, ponían la grabadora a todo volumen, se ponían a bailar o a cantar y era normal".

Usualmente les pasaba lista antes del desayuno pero aquella mañana no lo hizo, por lo que fue hasta que el cabo responsable de turno lo despertó para informarle de la ausencia de Arriaga, y después de ver el cadáver de Álvarez, que a las 8:15 del 29 de noviembre les ordenó hacer formación y tras enlistar a cada uno se dio cuenta de que no sólo el cabo Arriaga sino también González estaban evadidos. Posteriormente se enteraría de que antes de abandonar su servicio los cabos llegaron a una de las casas de campaña para pedirle a otro ropa de civil; éste le había prestado a Arriaga un pantalón. Para entonces ya era demasiado tarde, los dos militares a su cargo no sólo estaban evadidos sino en fuga.

Después de encender la fogata, el cabo Álvarez sugirió *desafanarse*; término popular entre los soldados para referirse al tiempo libre, entre ellos era la clave que usaban para indicar que irían por cerveza. Entre la tropa acostumbraban el consumo de alcohol, sobre todo estos tres militares veinteañeros, todos con el mismo grado aunque Álvarez pertenecía al arma blindada igual que González, y Arriaga era cabo plomero. Compraban la cerveza en la tienda de *El Sargento* Vera, situada en su propio domicilio, como a un kilómetro del puesto de control; junto con su esposa ofertaba también comida, refrescos y dulces, todo para una clientela básicamente de militares. Aquella noche sus últimos clientes antes de cerrar fueron el cabo al que todos llamaban *Bomba* y López, quienes compraron papas, jugo y cerveza.

—Vamos a desafanarnos, por ahí le pago a la señora del *Sargento* lo que le debo —insistió Álvarez y sus colegas lo secundaron; irían por más cerveza aunque esa tarde ya habían bebido tres *six*.

Cuando llegaron a la casa del *Sargento* pasaban de las 00:50 horas; tocaron la puerta con insistencia.

—¡Milagro que vienen en su juicio! —les dijo *El Sargento* al abrir y reconocerlos.

—Es que apenas vamos a empezar, comando —respondieron desenfadados.

Compraron más cerveza; preguntaron si vendían "vino o tequila", pero les dijeron que no. Pidieron tres tortas y Álvarez se quedó a esperarlas mientras los cabos Arriaga y González fueron en busca de más alcohol; caminaron por el rumbo de la caseta de cobro, a un lado del poblado Mina México.

Volvieron con dos botellas de tequila Cabrito de un litro, vasos y dos refrescos, recibieron sus tortas y prepararon sus bebidas para tomarlas de camino, mientras regresaban hacia el puesto de control; al llegar a los parapetos ya sólo les quedaba una botella. Marcharon unos 200 metros hacia el bosque para seguir bebiendo y estuvieron allí hasta terminar el alcohol, que se sumaba a los tres *six* de cervezas que habían ingerido en las horas previas. González sugirió que fueran por otras dos botellas, así que enfilaron hacia Mina México, donde las comprarían. Mientras andaban resurgió entre ellos algún rencor, viejas disputas recordadas con reproches; siguieron caminando mientras discutían. El cabo González intentaba mediar, pero las ofensas subieron de tono hasta convertirse en golpes. Iracundo, Álvarez se lanzó a los puños contra Arriaga, pero estaba tan ebrio que no le alcanzó a pegar; González se metió a tratar de separarlos, Álvarez pensó que estaba defendiendo a Arriaga y quiso golpearlo, aunque también falló. Entonces Arriaga descargó el puño directo sobre su rostro una, dos, muchas veces; el cabo Álvarez trataba de esquivarlo pero sólo se tambaleaba, intentaba responder y soltaba golpes sin atinar, incapaz de devolver alguno. Lo tundió Arriaga, y luego González; le pegaron hasta que ya no pudo tenerse en pie. En el suelo lo patearon hasta dejarlo inconsciente y sangrando. Estaban sobre las vías, Álvarez tirado sobre los durmientes y la grava.

Minutos más tarde los otros caminaban de regreso al puesto de control; Arriaga le dijo a González que acababa de recordar que ese fin de semana sería padrino de vino en una confirmación, que mejor dejaran de beber para no tener problemas. Escucharon el pesado movimiento del ferrocarril al serpentear sobre las vías.

—¡Vámonos, porque a ese cabrón ya se lo cargó a la verga! —acordaron y se fueron de vuelta al puesto de control. Se acercaron a una de las casas de campaña; el cabo Becerril dormía profundamente cuando Arriaga, en susurros, le pidió prestada ropa de civil.

—Préstame un pantalón —le dijo.

—Sí, agárralo de la mochila —le contestó Becerril sin acabar de despertar.

—Me voy a Tenango del Valle —creyó oírle decir.

Meses después, Arriaga diría que no informaron de lo sucedido a ningún superior porque estaban ebrios y temía que si los arrestaban no podría cumplir su compromiso como padrino de bebidas en la confirmación; que no tenía intenciones de matar a Álvarez, que sólo quería madrearlo.

Aquel 29 de noviembre huyeron del puesto de control con rumbo "a donde cayera". Decidieron ir primero a la vivienda donde Arriaga rentaba un cuarto en el barrio La Cruz, municipio de Almoloya; allí se cambió el resto del uniforme a ropa de civil igual que González. La dueña de la casa los miró llegar agitados, con la tez pálida y notablemente angustiados. Le pidieron que les vendiera algo de comer, ella les preguntó si tenían algún problema y contestaron que sí; luego los dos cabos comenzaron a discutir y se liaron a golpes hasta que ella los echó de su domicilio y les ordenó que no volvieran porque no quería problemas. Arriaga terminó de recoger sus cosas, salieron juntos y se fueron al poblado de Villa Guerrero, donde rentaron un cuarto y comenzaron a trabajar en unos invernaderos hasta abril de 2006, cuando fueron detenidos por los delitos militares de evasión en horas de servicio y por el homicidio de Hilario.

Los peritos determinaron que cuando Álvarez quedó tirado sobre las vías aún estaba con vida, y que su cuerpo fue colocado en forma paralela a los durmientes, con la parte superior de su extremidad cefálica apoyada sobre un riel en forma perpendicular; al paso del tren fue arrastrado y machacado bajo las ruedas y molido por las piedras que forman el terraplén. Los cabos dijeron que no era su intención causarle la muerte, que no imaginaban que el convoy pasaría a esa hora, pero el resto de la tropa señalaría después que todos en el puesto de control sabían que cada noche pasaba dos veces: entre la medianoche y la una, y entre las cinco y las siete de la mañana. Además, que todos se percataban cuando el tren se acercaba porque podía escucharse perfectamente a la distancia.

La necropsia dice que Hilario falleció a consecuencia de "traumatismo craneoencefálico, facial y toracoabdominal profundo". El acta médica que hizo el perito oficial de la Procuraduría General de Justicia del Estado de México dice que a ese cuerpo con rigidez cadavérica en los miembros torácicos y lividences en partes posteriores se le halló "fractura expuesta por aplastamiento de la bóveda craneal, con exposición de tejido encefálico, con pérdida de su anatomía, laceración de las meninges. Fractura cerrada radiocubital y humeral, en tercios medios del lado izquierdo. Fractura expuesta tibioperonea, con heridas del lado izquierdo de cincuenta por cuarenta milímetros y de cuarenta por veinte milímetros en cara anterior sobre su tercio medio, del lado derecho con heridas de quince por diez milímetros y de treinta por diez milímetros, en la cara anterior, sobre su tercio medio... fracturas en falanges, herida contusa en dorso de mano derecha, escoriaciones por fricción en hombro derecho, escoriaciones en abdomen, cadera, piernas, muslos, región lumbar izquierda y espalda…"

El dictamen en materia de química forense dice que el alcohol etílico en su cuerpo tenía una concentración en sangre de 273.48 mg/dL. Para tener una idea del grado de alcoholemia, la Enciclopedia de la Biblioteca Nacional de Medicina de Estados Unidos dice que bastan 0.05 mg de alcohol en la sangre para disminuir las inhibiciones, 0.10 para que se presenten dificultades en la pronunciación, 0.20 para provocar euforia y deterioro motriz, 0.30 para provocar confusión, 0.40 para el estupor.

El cabo Arriaga, quien al momento del crimen tenía una antigüedad de tres años en ese comando de vigilancia del Cefereso, con sus mismos vicios y problemas de alcoholismo, dijo: "Todo fue una pelea de ebrios". Pero la conclusión de los peritos destaca que "para que el cuerpo [de Hilario] haya sufrido este tipo de lesiones […] el mismo fue colocado en forma paralela a los durmientes de la vía, con la cabeza apoyada en uno de los rieles, para esperar el paso del tren". Lo anterior lo reveló la ubicación anatómica de las lividices y la presencia del lago hemático así como las características de sus lesiones, algunas de ellas hechas con un arma cortante en vida y momentos antes de ser arrollado por el paso del tren.

Los peritos definieron dos momentos cruciales en esta historia: el primero cuando Hilario inició una pelea, fue golpeado y cayó inconsciente en el lugar donde los peritos encontraron una mancha hemática, para luego ser llevado hacia las vías; el segundo cuando fue atropellado por el ferrocarril. Al final se determinó que Hilario "estando inconsciente fue colocado de manera perpendicular sobre las vías del tren, con su extremidad cefálica sobre el riel del lado noroeste y sus extremidades inferiores sobre las piedras y durmientes… el primer contacto del ferrocarril con el cuerpo produjo la fractura expuesta por aplastamiento de la bóveda craneana y la fractura cerrada en el maxilar superior, después de eso es arrastrado entre los durmientes. Al momento de ser arrastrado el cuerpo fue girando, y en esos giros se produjeron las escoriaciones por fricción en mentón, cuello, hombros, hemotórax, miembros superiores e inferiores, abdomen, crestas iliacas, fractura en pierna derecha, brazo izquierdo, heridas en dedos de mano izquierda".

Pero Arriaga se defendía: "Los tres tomamos parejo, todo fue una pelea de ebrios".

El caso del militar asesinado en el puesto de Almoloya evidencia el problema de violencia y crimen generados por el consumo de alcohol por parte de miembros de las fuerzas armadas en sus horas de servicio. No se trata de un caso único: de acuerdo con datos de la Sedena obtenidos para esta investigación, en la reciente década 46 efectivos han sido ultimados por sus compañeros de forma imprudencial o dolosa durante las horas de labor y algunos de ellos, además, estaban bajo influjo del alcohol.

En ese mismo periodo 51 elementos fueron descubiertos por sus superiores consumiendo alcohol en horas de servicio; capitanes, tenientes, sargentos, soldados y cabos bebiendo en destacamentos, bases de operaciones, puestos de vigilancia, centros de adiestramiento, cuarteles, durante sus patrullajes, en su ruta de abastecimiento de materiales de guerra, en sus unidades móviles, durante sus horas de fajina, en sus servicios como escoltas, en sus agrupamientos y hasta en las oficinas administrativas. Aunado a ello, 121 militares se han evadido en horas de servicio: soldados de sus agrupamientos y puestos de vigilancia, sargentos de sus regimientos, tenientes de sus bases de operaciones, subtenientes de sus destacamentos, capitanes de los batallones de fuerzas especiales, y hasta cadetes del Heroico Colegio Militar.

La evasión es considerada un delito militar y puede generar una "baja forzada". Éstas son otro talón de Aquiles de las fuerzas armadas. Se trata de militares destituidos "con motivo de la sentencia que se ha dictado en el tribunal competente", es decir, como resultado de resoluciones de tribunales castrenses que hallaron responsables a sus elementos de supuestos delitos.

Muchos militares son destituidos por este motivo: capitanes, tenientes, subtenientes y cabos principalmente, han sido dados de baja por conductas como evasión, pero también por delitos más graves como cohecho, malversación, abuso de confianza, fraude, extorsión, entre otras. Otros motivos son infracción de deberes comunes, desobediencia, insubordinación, delitos contra la salud, abandono de servicio, lesiones graves y portación de arma de fuego sin licencia, o por homicidio, delitos contra el honor militar y delitos contra la salud en su modalidad de comercio y fomento para posibilitar el tráfico de narcóticos.

Según el Código de Justicia Militar, la deserción de las fuerzas armadas supone una pena temporal privativa de la libertad de dos a ocho meses, aunque en la práctica es reducido el número de efectivos que en realidad son detenidos o sometidos a proceso por el delito de deserción, y que por ello enfrentan cárcel en alguna de las tres prisiones militares que hay en México: en el Campo Militar Número 1 del Distrito Federal; en Mazatlán, Sinaloa, y en La Mojonera, Jalisco.

La numeralia es la siguiente: entre los años 1990 a 2011, del Ejército Mexicano salieron 345 344 efectivos, de acuerdo con información oficial proporcionada por la Sedena. Lo mismo altos mandos condecorados que soldados de tropa decidieron abandonar las filas castrenses: de los primeros, 2 coroneles, 12 tenientes coroneles y 63 mayores; entre los oficiales, 239 capitanes, 1 105 tenientes y 1 529 subtenientes; de la tropa, 10 851 sargentos, 31 426 cabos y 284 343 soldados.

En ese desglose, 8 828 fueron dados de baja porque alcanzaron su tiempo de jubilación, 4 999 porque solicitaron su baja anticipada, 517 por "mala conducta", 1 007 por defunción, 22 649 pasaron "a la reserva correspondiente", 331 bajo el Artículo 24 fracción IV de la Ley del Instituto de Seguridad Social para las Fuerzas Armadas Méxicanas (ISSFAM) por incapacidad, 21 por "desaparición", y 40 234 desertaron.

En el sexenio de Calderón, el de la guerra oficial contra el narco en la cual el Ejecutivo Federal encomendó a las fuerzas armadas las tareas de seguridad pública del país, se registraron 55 129 deserciones: 49 471 efectivos del Ejército, 4 671 de la Armada y 987 de la Fuerza Aérea. El mayor número tuvo lugar en 2007, con 16 250. En 2013, el primer año del nuevo gobierno desertaron 2 022 efectivos.

Más allá del quebrantamiento del orden militar, un grave problema, sobre todo para la población civil, es que las fuerzas armadas consideran que en cuanto un efectivo depone las armas no es más su asunto y no tienen un seguimiento sobre el actuar de sus desertores, algunos de ellos altamente capacitados en el uso y manejo de armas, lo que a la postre hace común que muchos de esos hombres entrenados para matar se vean implicados en delitos de toda índole, desde asaltos comunes, homicidios y extorsiones, hasta su reclutamiento en el crimen organizado. En esa falta de vigilancia hay casos gravísimos como el del ex militar David Rodríguez, quien el 25 de junio de 1986 intentó asaltar a Fernando González Palacios en la colonia Pantitlán, del municipio de Nezahualcóyotl. González le rompió una botella de cerveza en la cara e intentó huir, pero Rodríguez lo golpeó hasta matarlo. Luego se vio implicado en robos y delitos contra la salud; por años estuvo prófugo hasta que lo detuvieron en marzo de 2012.

El 18 de noviembre de 2008, en Monterrey, el ex militar Oziel Ventura Durán Herrera asesinó a su esposa, Martha Lilia Ríos García, y ocultó el cadáver bajo la cama de uno de sus hijos, huyendo luego.

El ex militar Juan José Hernández Pérez fue cabo por varios años hasta que un día abandonó el servicio e intentó asesinar a un civil con un arma de fuego de la que no tenía licencia para portar. En octubre de 2009 violó y asesinó a la anciana Silvia Barrón Ortega, de 82 años de edad; entró a su vivienda con facilidad porque era abuela de su esposa. Después de atacarla sexualmente, la asfixió con una almohada sobre el rostro. Originario de Silao, Guanajuato, donde nació en 1978, desde niño era aficionado al boxeo y proyectaba dedicarse a ese deporte, aunque trabajó como obrero, plomero, y después se reclutó en las fuerzas armadas. Tras desertar en 2009 fue admitido como policía municipal del ayuntamiento de Irapuato. El de Silvia Barrón no fue su único ataque, según le imputó la autoridad estatal de Guanajuato: en octubre de 2011 habría violado y asesinado a Griselda Olivares Rodríguez, una mesera cuyo cuerpo dejó en un terreno de cultivo a unos doscientos metros de una universidad privada.

En julio de 2012 se identificó al ex militar Paulino Cadena Estrada como uno de los atacantes de un grupo de campistas que hacían un retiro espiritual en el parque El Colibrí en Ixtapaluca, Estado de México; durante la agresión varias menores de edad fueron abusadas sexualmente. Ese mismo mes, también en el Estado de México, un ex militar, Alberto "N", fue detenido en Ecatepec por robo a transeúntes. Desde hacía un año se dedicaba a asaltar pasajeros en la ruta México-Pachuca.

Está también el caso de Filiberto Hernández, ex subteniente que tras dejar las filas de la milicia donde se especializó en aeronaves, en Tamuín, San Luis Potosí, abrió un gimnasio donde él impartía las clases de karate y zumba. Filiberto secuestró, violó y estranguló a por lo menos cinco personas del sexo femenino, cuatro de ellas niñas, cuyos cuerpos enterró en caminos vecinales y un cañaveral.

Otro es el caso del capitán de infantería Eduardo Isidro Gutiérrez Sánchez, recién retirado del ejército, quien en septiembre de 2012 asesinó a su esposa María Guadalupe Pérez de cuatro balazos, dos en la espalda y dos en el pecho, para luego suicidarse; cometió el homicidio con su arma de cargo. Gutiérrez trabajaba dirigiendo a la policía municipal de Cozumel, pero fue destituido ante los delicados señalamientos de su supuesta implicación con la delincuencia organizada en esa zona; su esposa laboraba también en el ayuntamiento, en el área jurídica.

Al capitán Gutiérrez se le vinculó en la protección del narcotraficante Mateo Gabriel Domínguez Bouloy, identificado como jefe de plaza para el Cártel de Sinaloa. Antes de su retiro de la Sedena había trabajado cinco años en la guarnición militar de Cozumel, precisamente en tareas de investigación y operativos antidrogas.

4

MILITARES DE ÉLITE:
ENTRENADOS PARA MATAR Y FUERA DE LA LEY

Para el gobierno mexicano sus soldados de élite se convirtieron en un arma de doble filo; de hecho, durante la llamada "guerra contra las drogas" algunos de los peores descalabros los tuvo el ejército de sus propios desertores, como el asesinato del general brigadier Mauro Enrique Tello Quiñónez y su asistente, el teniente de infantería Getulio César Román Zúñiga, y junto con ellos el civil Juan Ramírez Sánchez, sobrino del alcalde Gregorio Sánchez Martínez. En febrero de 2009 fueron torturados y asesinados en Cancún, y sus cuerpos aparecieron en un paraje en la periferia de esa ciudad. Se identificó a sus agresores como un grupo de Zetas en una operación dirigida por Octavio Almanza Morales, *El Gori 1*, ex militar que actuaba como jefe de plaza en Cancún: incorporado al ejército en 1997, desertó en 2004, con una trayectoria militar similar a la de sus hermanos Raymundo, *El Gori 2*, Eduardo, *El Gori 3*, y Ricardo, *El Gori 4*. Todos ocupaban una importante posición en el cártel; Eduardo Almanza, *El Gori 3*, por ejemplo, tenía a su cargo las operaciones en Guatemala y Belice.

El general Tello había encabezado la 21/a. Zona Militar, con sede en Morelia, durante el llamado Operativo Conjunto Michoacán, con el que Felipe Calderón oficializó en 2006 su guerra contra el narcotráfico; semanas antes de su muerte se había puesto al frente de un grupo especial de militares contratados por el alcalde del municipio de Benito Juárez, Gregorio Sánchez Martínez, para labores de seguridad pública.

Junto con su hermano Eduardo y con Sigifredo Nájera Talamantes, *El Canicón*, *El Gori 1* también sería señalado como corresponsable en la ejecución de nueve militares en octubre de 2008 en Monterrey.

De la llamada "guerra contra el narcotráfico", la Sedena registraría además la desaparición de 109 militares de sus filas. Algunos de los asesinatos de militares, lo mismo que sus desapariciones, se vinculan con operaciones ejecutadas por desertores que en el argot miliciano fungen para sus ex compañeros de armas como *carnada* o *trampas*.

LA AMENAZA DE LOS ZETAS

¿Quiénes eran esos militares y ex militares que poco a poco se volvían el azote de las tierras mexicanas septentrionales? ¿Quiénes, aquellas hordas temibles para tantos polizones de *La Bestia*? El ideólogo del grupo fue Arturo Guzmán Decena, un elemento que en el Ejército Mexicano alcanzó el grado de teniente. Puso a las órdenes del narcotraficante tamaulipeco Osiel Cárdenas Guillén el más sofisticado entrenamiento experto en operaciones aéreas, anfibias y terrestres, y en manejo de armas, inteligencia y sistemas de comunicación; los elementos que se unieron al Cártel del Golfo destacaban en combate urbano, en selva y cualquier terreno, y sobre todo estaban sumamente especializados en trabajo de contrainteligencia. Irónicamente, el gobierno los había capacitado con los mejores métodos en operaciones directas contra el crimen organizado.

Emigrado del estado de Puebla, Guzmán Decena llegó a las filas del ejército en la ciudad de México el 12 de mayo de 1992 para hacer carrera y se graduó dentro del GAFE, militares de élite expertos en explosivos y trabajo de inteligencia y contrainteligencia. Durante cinco años recibió el mejor entrenamiento que puede tener un soldado hasta que desertó, el 27 de septiembre de 1997, para trabajar para el poderoso narcotraficante Osiel Cárdenas Guillén, un violento mafioso que de *madrina* de la Judicial del estado y *camello* de cocaína se convirtió en jefe del Cártel del Golfo.

Guzmán y otros militares contribuyeron a construir ese emporio relámpago que Osiel cimentó sobornando a funcionarios corruptos y a hombres formados por las fuerzas armadas. Era manifiesta la astucia del traficante nacido en mayo de 1967 en una cuna humilde; con estudios únicamente de secundaria, a los 19 años se casó con una jovencita como él, Celia Salinas, y trabajó como ayudante de mecánico para sostener a la familia. Por aquellos años incursionó en el mundo de las drogas vendiendo grapas de cocaína; pocos años después todo se rendía a su poder.

La deserción en las filas de las fuerzas armadas no era entonces ni es ahora un caso excepcional; sólo entre los años 1996 y 2003 más de 60 mil efectivos desertaron "por falta de su adaptación al medio militar", de acuerdo con información oficial de la Sedena, y entre ellos varios lo hicieron para reclutarse en las filas de la delincuencia, al servicio del narcotráfico. Sólo que en ese mundo el caso de Guzmán Decena tomaría otras dimensiones cuando el astuto y bien entrenado combatiente se convirtió en el infalible y eficaz reclutador de un pequeño ejército que con el tiempo se erigiría como una de las organizaciones criminales más poderosas del orbe, un cártel con una rápida expansión internacional al ser el mejor armado y el más violento.

En ese año de 1997 igualmente desertaron o pidieron su baja en activo y alta en la reserva 38 integrantes del GAFE y del Grupo Anfibio de Fuerzas Especiales (Ganfe), la tropa de élite que la administración de Ernesto Zedillo creó en el seno de las fuerzas armadas para combatir la guerrilla y la delincuencia organizada, emulando el modelo Kaibil de Guatemala. Entre ellos, muchos respondieron a la convocatoria de Guzmán Decena para su propia milicia, entonces al servicio del Cártel del Golfo.

Desde las aulas del Heroico Colegio Militar, todos los muchachos vislumbraban ingresar al GAFE y al Ganfe como la meta más preciada; recibían uniforme especial, armamento y capacitación casi sobrehumana, entrenamiento híbrido modelado a partir de comandos de élite —los Rangers de Estados Unidos y los Kaibiles de Guatemala— para convertirse en expertos en tácticas de supervivencia y reacción inmediata, capaces de combatir "contra cualquier fuerza hostil" y superar enfrentamientos en todo terreno manejando armas de cualquier calibre, desde una pistola hasta lanzacohetes, pero sobre todo en sofisticadas tareas de inteligencia y tácticas de organización e incursiones. Aprendían también el uso de trampas, como las usadas en la guerra en Vietnam para empalar a los enemigos con afiladas estacas de bambú camufladas a varios metros de profundidad y cubiertas con ramas.

"Ni la muerte nos detiene, y si la muerte nos sorprende, bienvenida sea. Todo por México", era su lema. Los primeros graduados fueron asignados a tareas de contrainsurgencia en el sureño estado de Chiapas, enfrentando al Ejército Zapatista de Liberación Nacional (EZLN), y luego en Guerrero y Oaxaca contra el Ejército Popular Revolucionario (EPR). Les fue encomendado también apoyar la lucha contra el narcotráfico en Tamaulipas, Sinaloa, Quintana Roo, Campeche, Chiapas, Michoacán y otras entidades consideradas entonces como focos rojos en la materia; como era un asunto que competía a las autoridades civiles, operaban en coordinación con el Centro de Investigación y Seguridad Nacional (Cisen) y la Procuraduría General de la República (PGR) en sus distintas subsedes, además de corporaciones policiacas civiles y militares. Precisamente en esas tareas encubiertas de combate al narcotráfico en Tamaulipas, comisionados en las subsedes de la PGR, varios de esos militares se vincularon con el Cártel del Golfo, primero como escoltas y brazo armado del jefe, Cárdenas Guillén.

El Z1, como se autodenominó Guzmán Decena, había cumplido ya cinco años en el ejército cuando decidió trabajar de tiempo completo con el narcotraficante matamorense encargándose de su seguridad y de eliminar a la competencia, incluidos otros miembros del cártel y militares que, Osiel suponía, le estorbaban en el negocio. Poco a poco Guzmán Decena fue nutriendo su grupo con otros desertores compañeros de armas como Jesús Enrique Rejón Aguilar, Jorge López, Gonzalo Geresano Escribano, Braulio Arellano Domínguez, Eduardo Estrada González, Salvador López Lara, Mateo Díaz López, Alfonso Lechuga Licona, Omar Lorméndez Pitalúa, Daniel Pérez Rojas, Jaime González Durán, Luis Alberto Guerrero Reyes, Óscar Guerrero Silva, Luis Reyes Enríquez y Germán Torres Jiménez.

Otros efectivos que pidieron al ejército su "baja voluntaria" fueron Galdino Mellado Cruz, Sergio Enrique Ruiz Tlapanco, Flavio Méndez Santiago, Carlos Vera Calva, Rogelio Guerra Ramírez, Lucio Hernández Lechuga, Miguel Ángel Soto Parra, Nabor Vargas García, Raúl Alberto Trejo Benavides y Efraín Teodoro Torres. Unos más oficialmente no desertaron sino que se mantuvieron activos en el ejército o pidieron su alta en la "reserva", como Heriberto Lazcano Lazcano, Víctor Nazario Castrejón Peña, Prisciliano Ibarra Yepis, Isidro Lara Flores, José Ramón Dávila López y Ernesto Zatarín Beliz.

Los primeros militares agrupados con Guzmán Decena fueron reclutando a otros más, incluidos aquellos que el gobierno federal envió a combatir al Cártel del Golfo y a hacer trabajo de investigación en el mundo de las drogas y los *giros negros*, infiltrados en las redes de la mafia. Mateo Díaz López, tabasqueño, se enlistó en el ejército el 16 de septiembre de 1996; apenas a unos meses de su ingreso fue asignado al 15/o. Regimiento de Caballería Motorizada con sede en Reynosa, Tamaulipas. En 1997 fue comisionado a la subdelegación de la PGR, también en Tamaulipas, a trabajos de inteligencia, y tan sólo unos meses después se reclutó como Zeta.

En sus palabras: "[…] Me comisionan para llevar a cabo actividades de inteligencia en relación con las actividades que dichos sujetos llevaban a cabo, como lo era si gastaban en dólares, si andaban en carros robados, si arreglaban tiendas o si tenían jales, con el fin de establecer si andaban metidos en algo malo y dar parte, por lo que con tales actividades conocí en la ciudad de Miguel Alemán [Tamaulipas] a Arturo Guzmán Decena, con clave *Z1*, quien se desempeñaba como 103 [vigilante] en dicha plaza, así como a su comandante, de nombre Víctor Nazario Castrejón Peña. Al darse cuenta de mis constantes visitas me cuestionó que si había sido enviado para *ponerlos*, indicándole que sí, por lo que me dijo que qué quería, diciéndole que una parte de lo que recibían y así empecé a hacer *jales* con ellos. Incluso durante esa época supe que *El Hummer* [Jaime González Durán] aseguró varios kilos de cocaína, los cuales puso a disposición incompletos ya que se quedó con varios.

"A finales de 1997, en Miguel Alemán *levantaron* a un señor junto con su camioneta en la cual llevaba como quince cuadros de cocaína, mismo del cual posteriormente me enteré que habían encontrado la camioneta enterrada hasta la mitad y que le habían *dado piso* al señor, así como que a mí me estaban echando la culpa de ese *levantón*, lo cual nunca me pudieron comprobar.

"Pero con esa situación lo único que provocó fue que mi superior desconfiara de mí, máxime que varios de mis compañeros le habían dicho que yo ya andaba gastando dólares, por lo que en una ocasión al llegar al hotel en el que me estaba quedando me dijeron que había ido el coronel a buscarme, por lo que de forma inmediata agarré mis cosas y me fui con mis padres a Tabasco, permaneciendo en dicho lugar aproximadamente un mes para después regresar directamente a Matamoros, procediendo a buscar a Arturo Guzmán Decena, quien ya trabajaba para Osiel Cárdenas."*

Mateo pidió trabajo a Guzmán Decena, y *El Z1* le asignó como primera misión custodiar a Osiel Cárdenas y su familia en una casa que habitaban en una zona residencial de Matamoros; gracias a Los Zetas el capo prácticamente se movía con libertad por el estado desafiando incluso a los temibles agentes de la Drug Enforcement Administration (DEA). Así fue como Mateo, alias *Comandante Mateo*, ingresaría al grupo, que entonces todavía era reducido; escoltaba al narcotraficante y le hacía encargos personales. Guzmán Decena le asignó el número 10 dentro del grupo, volviéndose *El Z10*.

"Asimismo durante el tiempo que pertenecí a la organización y cuando aún no era detenido Osiel Cárdenas Guillén, me tocaba estar a dos cuadras del lugar en el que éste se quedaba, ya que la casa de seguridad en la cual se quedaba tenía siempre a su alrededor doce cinturones de seguridad conformados por doce camionetas en las cuales se encontraban cuatro miembros de Los Zetas para encargarnos de su seguridad, y el que siempre estaba al frente de la casa era Arturo Guzmán Decena."

Como parte de esa seguridad Los Zetas eliminaron incluso a otros militares que representaban un riesgo para el líder del Cártel del Golfo o lo desafiaban, como Jaime Rajid Gutiérrez Arreola, un teniente comisionado a la PGR que en 1999 disparó al auto donde viajaba Cárdenas cuando éste con su escolta de Zetas se trasladaba al tamaulipeco municipio de Miguel Alemán. Según las versiones fue *El Z3*, Heriberto Lazcano, quien se encargó de eliminarlo.

---

* Declaración ministerial, averiguación previa PGR/SIEDO/UIEDCS/122/2006.

Hay en la historia de estos ex militares un episodio que ejemplifica el control que tenían desde aquellos años de las ciudades norteñas de México, aunque con el tiempo se volverían cotidianas la violencia y la crueldad extrema como su método de demostrar su poder; en los años que aquí se cuentan se atrevieron, como nunca antes hizo criminal alguno, a amenazar directamente a agentes de *las tres letras*, las temidas DEA y FBI, las agencias policiacas que ponían a temblar incluso a los más sanguinarios capos colombianos. Ésta es, en la historia del ámbito policiaco y del hampa, una de las más grandes hazañas o afrentas de un grupo delincuencial. Ocurrió en 1999, el 8 de noviembre; los agentes de la DEA, Joseph Marion Dubois, y del FBI, Daniel Fuentes, y su informante, José Luis, un periodista tamaulipeco, llegaron al exclusivo fraccionamiento La Aurora, en Matamoros, a bordo de una camioneta Ford Bronco con placas diplomáticas. Se detuvieron justo frente a la casa de Osiel Cárdenas; su intención era tomarle fotografías a la residencia, pero antes de que la cámara soltara el primer disparo fueron avistados por Juan Carlos de la Cruz Reyna, *El JC*, uno de los hombres encargados de la vigilancia del capo. Al verse descubiertos, los agentes intentaron huir, pero quedaron cercados por 15 robustos hombres blindados con chalecos antibalas y armados con fusiles de asalto Kaláshnikov o AK-47.

—¿Quiénes chingados son…? —les grita Manuel Vázquez Mireles, *El Negro*, y tras echar una mirada al interior del vehículo él mismo responde—: ¡Pinches gringos cagados! ¡Dales piso a esos cabrones! —le ordena a Rogelio García, jefe de la seguridad de Osiel.

Si algo aprendieron en el ejército estos hombres es que las órdenes son para ejecutarse, pero antes de que García acate el mandato escuchan el chirrido de los frenos del vehículo del jefe: Osiel Cárdenas llega en su lujoso Lincoln Continental. Frenéticamente se abre la puerta y de él desciende el corpulento capo, da un violento portazo y camina hacia la troca de los agentes; a medida que avanza, detrás de él el mismo *JC*, Manuel Vázquez Mireles, Adrián Medro, Alejandro Estévez García, Arturo Meléndez Reta y Saúl González López se colocan como su escudo, táctica militar que conocen a la perfección.

Osiel se acerca al borde de la camioneta y se asoma por la ventanilla para ver a los intrusos; inmediatamente identifica a José Luis, el incómodo periodista que desde hace meses le sigue las huellas.

—¡Ah!, eres tú, cabrón… Andas con el FBI… ¡salte, cabrón! —le grita furioso.

—Sí, soy yo, y qué, cabrón —responde un José Luis desafiante, quien apenas puede disimular su miedo.

No es la primera vez que Osiel intenta intimidarlo, ni tampoco la primera que José Luis lo confronta. Meses atrás el periodista entrevistó a Cárdenas Guillén en las oficinas de *El Diario de Matamoros*, y fue en aquel encuentro donde su paisano le aseguró que él era el líder del Cártel del Golfo y lo amenazó de muerte; recién había ocurrido el asesinato de Ángel Salvador Gómez Herrera, el traficante que ascendió como mando del cártel tras la detención y extradición de Juan García Ábrego.

—Mira, cabrón, si quieres vivir agarra el billete y ya no publiques pendejadas. Te voy a dar 500 dólares por mes; piénsalo, éste es otro pedo.

—Lo voy a pensar —respondió mientras miraba el *cuerno de chivo* bañado en oro que Osiel portaba, los dos cargadores y una refulgente pistola calibre .45, con sus cachas también doradas. El mafioso iba acompañado por Manuel Vázquez Mireles, *El Meme Loco*, de su grupo de Zetas, quien cargaba un arma calibre .38 Súper igualmente con cachas de oro, que no dudaría en disparar si el jefe lo requería.

No acabó allí la temeraria propuesta de Osiel. Tres días después de la visita del capo al periódico, *El Galo*, un agente de la Policía Judicial del estado, llegó a aconsejar al periodista:

—Agarra el billete, todos lo están agarrando. Tú sabes que la mafia es más pesada que todo, si quieres más sólo pídelo.

—Cada quien su pedo, tú en el tuyo y yo en el mío —le contestó José Luis.

Un mes más tarde el reportero vio a Osiel en la casa de Rolando Gómez, primo de Ángel Salvador Gómez Herrera, *El Chava*. Entonces publicó que Salvador, líder temporal del Cártel del Golfo tras la captura de García Ábrego, había sido asesinado por órdenes de Osiel para desplazarlo del cargo, de allí el famoso apelativo del capo como *El Mata Amigos*.

En 1998, cuando realizaba un reportaje precisamente sobre García Ábrego, José Luis contactó a los agentes estadounidenses, quienes investigaban a la organización mexicana. A lo largo de los siguientes meses negoció con ellos convertirse en testigo protegido; bajo esa condición e identidad, acordaron verse aquel mediodía frente al bar García's, un local cerca del Puente Nuevo de la avenida Álvaro Obregón, en Matamoros. Puntuales, Dubois y Fuentes llegaron al local a recoger al reportero, que allí los aguardaba; *Tiburcio* —el nombre clave que le asignaron— subió a la Bronco color blanco y partieron. Dubois manejaba, a su lado iba el agente del FBI y en el asiento posterior el informante, se dirigieron a la casa de Osiel Cárdenas y ahora estaban cercados por el capo y sus ex militares.

—Bueno, pinches güeritos, ¡denme a ese cabrón! —ordena Osiel cortando cartucho.

—¿Por qué chingaos te lo voy a dar? Chínganos a los tres si quieres, pero te vas a meter en un pedo —le espeta Dubois, el agente de la DEA.

—¡Me vale verga, bola de bueyes! —grita Osiel.

—Somos agentes de la policía internacional, de la DEA y del FBI, pendejito. Te vas a meter en un pedo grande, pendejito —responde Dubois envalentonado.

—¡Bajen a ese cabrón y ustedes se van a chingar a su madre, porque los vamos a matar por culeros! —grita el capo.

—Osiel, piénsalo bien, te estás metiendo en un pedo de la chingada —dice el agente de la DEA.

—¡Dales piso a esos cabrones! —presiona Rogelio García, uno de Los Zetas más impulsivos y sanguinarios.

Al interior de la camioneta todo es confusión; el tiempo se ha detenido. Los tres tripulantes se miran entre sí sin saber qué hacer. Osiel ha perdido la paciencia y está a punto de descargar su arma; si no lo hace él, cualquiera de esos Zetas puede soltar la ráfaga que acabe con ellos. De pronto Dubois rompe el instante de letargo; toma su teléfono celular y comienza a marcar. Afuera, el grupo compacto de Osiel merodea, golpea el vehículo, Los Zetas están ansiosos por dispararles a los intrusos, olisquean su sangre, desbordan adrenalina, sólo esperan la orden superior. Osiel parece perder la paciencia, pero no dispara; mientras, enmudecido por el pánico, Daniel Fuentes sólo atina a sacar su pasaporte diplomático de agente del FBI y lo muestra a través del cristal. Osiel mira con desprecio el documento y le grita:

—¡Me vale madres quién eres, salte!

Sonríe burlón, pero luego su risa se vuelve una mueca de ira como si se enfureciera consigo mismo.

—¡Si te vuelvo a ver a ti, pendejo, te voy a matar! —amenaza a José Luis—. ¡Váyanse a chingar a su madre los tres! ¡Váyanse de Matamoros porque yo soy la mera ley, pendejos!

Fuentes sigue con su pasaporte diplomático en alto, pero no atina a pronunciar palabra.

—Te vamos a dar piso si te volvemos a ver en Matamoros —secundan Jorge Costilla y Rogelio García golpeando el parabrisas del lado del agente Dubois.

Osiel los mira con ira y desprecio, y sin quitarles la mirada de encima dirige su voz a sus hombres:

—Son agentes del orden, ¡vámonos a la chingada!

Los Zetas rompen el escudo, abren paso pero aún flanquean a Osiel. Se mantienen alertas mientras ven a Dubois conducir por la calle Sexta, la principal de Matamoros, y luego acelerar hacia el Puente Nuevo con dirección a Brownsville, Texas.

Con perfil de implacables, estos ex militares, reclutando colegas y civiles ejecutores de las más temerarias acciones a las que antes que ellos ningún mafioso se había atrevido, su sombra se fue advirtiendo, terrorífica, por los poblados y terruños por donde corría *La Bestia*, el tristemente célebre ferrocarril que los inmigrantes centroamericanos abordaban para dirigirse hacia Estados Unidos. En efecto, en ese momento el Cártel del Golfo y su brazo armado, Los Zetas, controlaban cada punto de Tamaulipas, incluida toda la franja fronteriza, los cruces formales, los accesos a las aduanas y la parte del río Bravo que a la entidad corresponde, asimismo iban expandiéndose en los estados aledaños. Los hombres del cártel patrullaban las inmediaciones del río vigilando a sus *grameros* —vendedores de cocaína por gramo— y cobrando cuotas a los *polleros*, a quienes también suministraban los vinos y licores que contrabandeaban. Sus *halcones* registraban el arribo de lanchas cargadas con indocumentados, droga o cualquier mercancía ilegal para asegurarse de que nadie ni nada entrara o saliera sin pagar *piso*.

En 2002 tsunamis de balas y sangre bañaban esa *plaza*, de por sí violenta; permanecía *muy caliente* porque los escoltas de Osiel Cárdenas limpiaban el territorio de sus competidores, los cárteles de Juárez y de Sinaloa, y andaban además tras los pasos de Dionicio Román García Sánchez, *El Chacho*, y Juvenal Torres Sánchez, *El Juve*, lugartenientes del mismo cártel a quienes Osiel quería *darles piso* para tener el control de las 600 *tienditas* de distribución de cocaína, heroína y mariguana que según la DEA tenía la organización criminal fundada a finales de los años setenta por los tamaulipecos Juan Nepomuceno Guerra y Juan García Ábrego, y de la cual Cárdenas Guillén, un humilde mecánico empleado de un taller, se había convertido en cabeza principal.

Cárdenas pretextaba "traición" de *El Chacho* y *El Juve* y decidió eliminarlos (cual antes hizo con *El Chava*), frío y sanguinario como era él, un rasgo habitual en quien ostentaba el mote de *El Mata Amigos*. Militares y ex militares hicieron de Tamaulipas y la frontera un polvorín; para finales de ese año, en noviembre, Arturo Guzmán Decena sería muerto en Matamoros. Lo acribillarían las mismas balas del ejército al que se enlistó cuando sus sueños y ambiciones eran los galones y las estrellas; cuatro impactos recibió un día en que llegó a dejar a su novia Ana Bertha a su domicilio y él mismo inició el tiroteo. Asumiría entonces el mando Jesús Enrique Rejón Aguilar, *El Z2*, su compañero de clase, quien se enlistó en abril de 1993 y desertó en noviembre de 1999. Rejón Aguilar, a quien llamaban *Z2* o *El Mamito*, dirigiría a Los Zetas hasta 2004, cuando alcanzaría el liderazgo Heriberto Lazcano Lazcano, un joven hidalguense enlistado el 5 de junio de 1991 y que siete años después tramitó su alta en la "reserva", en marzo de 1998.

El ascenso de Lazcano ocurriría en medio del descontrol que en el grupo provocaría la detención de Osiel Cárdenas en marzo de 2003; capturado su jefe máximo Los Zetas se creían acabados, sin aún vislumbrar que los suyos eran los cimientos del emporio criminal que bajo el liderazgo del joven Lazcano forjarían en muy pocos años. Lazcano fue desde siempre un muchacho impulsivo y valiente pero sobre todo muy ambicioso, así lo recuerdan en su natal Tezontle, un pequeño y empobrecido poblado de sembradíos de frijol, nopales y tunas a unos 15 minutos de Pachuca, de donde emigró hacia la ciudad de México para hacerse militar como su padre. Al cabo de los años se forjaría como un hombre inclemente y sanguinario, lo que le ganó el mote de *El Verdugo*. Al frente de Los Zetas, la organización que fundó su compañero de armas, con astucia reclutaría a más compañeros de distintos grados y antigüedad (que es como en el ejército se habla del año de ingreso de sus miembros), entre ellos Francisco Gómez Leija, los hermanos Raúl y Víctor Manuel Hernández Barrón y Rogelio López Villasana, este último destacado entre el grupo debido a su entrenamiento de mucho más nivel en Fort Bragg que, como se mencionó, es una de las escuelas más sobresalientes del mundo para soldados de élite, y donde se entrenaron otros mexicanos como el general Mario Arturo Acosta Chaparro.

Con Los Zetas se reclutarían familias completas ligadas a la milicia como los hermanos Almanza Morales y otros más, quienes, como en sus orígenes, a las órdenes de Osiel obedecen una sola consigna: ser implacables con los enemigos como sus competidores en el negocio de drogas, y también con contrabandistas y *polleros* en cuanto al pago de *piso*.

Pero todo ello ocurriría luego, ya que para el momento Heriberto Lazcano, el hijo de Gregorio y Amelia Lazcano, aún era solamente *El Z3* o *Lazca*, como le llamaban sus compañeros desde los días de la *potrada* en el Colegio cuando su ilusión era lucir en traje de gala cada 16 de septiembre, mientras los espectadores arrojaban papeles tricolor, pero nada de *Patrón* ni de *Verdugo*. Era entonces el tercero al mando del grupo y estaba bajo las órdenes de Guzmán Decena y de *El Mamito*, todos ellos bajo los designios del impulsivo Cárdenas Guillén. Osiel reinaba en Tamaulipas gracias a que sus temibles Zetas expandían su poderío como plaga, en una tónica cada vez más violenta al recibir entre sus filas capacitación de otros militares de élite entrenados en Guatemala, los Kaibiles.

ASESINOS DE ÉLITE

Para comprender el potente coctel de semejante asociación militar debemos remontarnos a los años de la guerra civil en Guatemala, cuando los militares de élite llamados Kaibiles protagonizaron unas 600 matanzas principalmente en contra de poblados indígenas además de violentas incursiones y desapariciones forzadas. De ese conflicto, que terminó en 1996, se contabilizaron más de 200 mil víctimas, muchas a manos de Kaibiles.

De todas, la masacre de Dos Erres fue la más cruenta y reveladora del perfil de esos soldados. Explica el porqué de la historia negra que se ha cernido sobre ese comando cuyo modelo de incursión reproducirían militares, ex militares convertidos en Zetas y sus socios Kaibiles en México tres décadas después en zonas como San Fernando, Tamaulipas, en Cadereyta, Nuevo León, y en distintos puntos de Veracruz con ejecutados, destazados, desollados, decapitados o víctimas asesinadas a mazazos.

En 1960 indígenas campesinos emigrados de otras regiones de Guatemala llegaron al departamento de Petén, al norte de Guatemala y sur de México, para poblar y cultivar tierras de selva virgen; levantaron sus chozas al noreste del municipio de La Libertad y llamaron al sitio Dos Erres porque los primeros encargados por parte del gobierno de controlar la distribución de los terrenos se llamaban Federico Aquino Ruano y Marco Reyes, cuyos apellidos comenzaban con esa letra. La comunidad se convirtió en una de las más organizadas de Petén; el trabajo en el campo donde sembraban frijol, maíz y piñas, los domingos de iglesia y las mañanas en la escuela comprendían sus actividades.

Desde finales de los años setenta las comunidades indígenas del Petén, el territorio selvático fronterizo con México —de 35 854 kilómetros cuadrados—, estaban bajo vigilancia del Ejército de Guatemala al descubrirse la presencia de las Fuerzas Armadas Rebeldes (FAR). El ejército estableció un programa de adoctrinamiento de la población que al mismo tiempo era parte del proyecto de infiltración de la guerrilla. El despliegue militar en la zona avanzó acompañado de detenciones arbitrarias, torturas, asesinatos y la desaparición de civiles acusados de pertenecer a la guerrilla mediante el modelo marcial que precisamente en la Escuela de las Américas aprendieron los militares guatemaltecos que fundaron la escuela Kaibil, la llamada *guerra de baja intensidad*; como parte de esa estrategia, el grupo Kaibil asentó un destacamento en la aldea Las Cruces, aledaña a Dos Erres. Durante siete años sometieron a las comunidades a un estado de sitio, agrediendo y acosando a los lugareños y creando y entrenando grupos paramilitares como las llamadas Patrullas de Autodefensa Civil (PAC).

En este ambiente llegó el año de 1982, especialmente convulso para Guatemala. En marzo, en un golpe de Estado los militares derrocaron al presidente Fernando Romero Lucas García, erigiéndose como presidente un general, Ángel Aníbal Guevara, nativo del municipio La Democracia, en el departamento de Escuintla, aunque no pudo asumir el cargo porque antes de que pudiera colocarse la banda presidencial llegó el golpe de Estado del general Efraín Ríos Montt, mandatario de facto a partir del 23 del mismo mes.

Nacido en Huehuetenango el 16 de junio de 1926, Ríos Montt inició su carrera castrense a los 16 años de edad como policía militar, luego fue cadete en la Escuela Politécnica, y después acudió a la Escuela de las Américas en Fort Gulick, en la zona del canal de

Panamá. En 1973, con el grado de general de brigada, fue designado jefe del Estado Mayor General del Ejército de Guatemala y director de la Academia Militar.

La política presidencial de Ríos Montt fue fortalecer las acciones de contrainsurgencia en todo el país y arrasar con los poblados rurales donde se suponía la presencia de rebeldes, estrategia ejecutada precisamente por la milicia de élite, los Kaibiles. Los militares tenían a Dos Erres en la mira; el teniente Carlos Antonio Arias integraba un grupo de autodefensa en el esquema paramilitar ideado por la milicia para restar fuerza a los insurgentes, pero los hombres de Dos Erres se negaron a participar en él, entonces el oficial los acusó de proteger guerrilleros y exhibió como supuesta evidencia un costal de cosecha donde estaban escritas las letras FAR. Una mala pasada de la vida, porque el costal pertenecía a Federico Aquino Ruano, fundador y uno de los jefes de la parcela, pero sus iniciales coincidían con las del grupo guerrillero; para los militares fue el pretexto ideal para atacar la aldea.

En octubre tuvieron un enfrentamiento con un grupo armado en el cual murieron varios soldados, llevándose los guerrilleros 20 rifles de los militares; éstos dijeron luego que las armas estaban en Dos Erres e irían a recuperarlas. El 5 de diciembre el comando Kaibil salió de Santa Elena a las 10 de la noche; a bordo de camiones particulares cubiertos con lonas, los militares iban vestidos de paisano para que ni la guerrilla ni los civiles los identificaran; para reconocerse entre sí se colocaron un listón rojo en el brazo.

Al mando de esa patrulla iban los Kaibiles Óscar Ovidio Ramírez Ramos y Pedro Pimentel Ríos. Ramírez Ramos, con grado de teniente, se graduó en 1975 con el número de Kaibil 155 en una generación donde se colocó como el mejor de su clase; recibió también entrenamiento con los Lanceros, los militares de élite de Colombia, expertos en combate irregular en la jungla, y operó además como parte del equipo militar del dictador Anastasio Somoza en Nicaragua en 1978. Dentro del comando era llamado *Cocorico*; respetado y admirado por sus compañeros por ser entre los Kaibiles uno de los más sanguinarios y crueles, eficaz para efectos del perfil de su milicia, tuvo por ello varias condecoraciones.

Arribaron a la aldea a las dos de la madrugada y sitiaron los caminos; derribaron las puertas de las casas para sacar a las familias. "Si creen en Dios, recen, porque nadie los va a salvar", sentenciaron. Llevaron a los hombres a la pequeña escuela, les vendaron los ojos y los torturaron para que "confesaran" el destino de los rifles; en la iglesia violaron a todas las mujeres y niñas en presencia de los demás pequeños. Hubo tortura y violencia al límite, pero los Kaibiles no tuvieron la respuesta que buscaban sobre la ubicación de los rifles simplemente porque allí no había nada. Hacia las ocho recibieron la instrucción de "acabar con el objetivo".

Inició la masacre, el macabro ritual de muerte; un bebé de unos meses de nacido fue lanzado a un pozo de 12 metros de profundidad, y luego casi todos los niños. Mientras los arrojaban, a los hombres los tenían encerrados en la pequeña iglesia acondicionada como centro de tortura. Algunas mujeres fueron sacadas del templo y, llevadas hasta el borde del pozo, como querían ahorrarse las balas les daban un garrotazo en la cabeza para luego echarlas; para las embarazadas, golpes en el vientre con las armas y después también lanzadas. Mataron a los hombres y los echaron al mismo pozo, unos degollados, otros a martillazos.

Quedaron aún algunas mujeres y adolescentes vivas, y les ordenaron prepararles el almuerzo. Los militares comieron en turnos, de cinco en cinco; mientras esperaban, los Kaibiles continuaban con los abusos sexuales y los golpes. Algunos que habían quedado fuera de la comunidad, sitiándola, fueron llamados a comer; al llegar observaron que ya casi no había gente y las mujeres que preparaban la comida lloraban. "¡Sólo los estamos vacunando!", les dijeron los Kaibiles ejecutores.

—¡No somos perros para que nos maten en el monte! —gritó una de las mujeres.

—Sabemos que nos van a matar, ¿por qué no lo hacen aquí mismo? —desafió otra.

A la masacre de Dos Erres inicialmente cinco personas sobrevivieron: tres adolescentes y dos niños. Cuando recibieron la instrucción de salir de la aldea, los militares se los llevaron con ellos pero no volvieron a las instalaciones castrenses, sino que se resguardaron en un campamento en la misma área del Petén. En las horas siguientes violaron a las adolescentes, luego las asesinaron.

De pronto el teniente Ramírez sintió antojo de comer carne. Le ordenó a un subordinado, Fredy Samayoa Tobar, que se la consiguiera, pero en aquel trecho selvático el cabo Samayoa no avistó animal alguno; allí lo único que se movía eran ellos y el guía que los había conducido por la zona. Pero para el Kaibil no hay misión imposible. Samayoa cumplió la orden: tomó su bayoneta, deslizó la afilada arma por la espalda del guía y obtuvo 30 centímetros de carne, un grueso y jugoso corte que saciaría el antojo del teniente. Malherido, el guía se convulsionó de dolor hasta que el teniente ordenó acallar sus alaridos.

Días después, en el área aterrizó un helicóptero para recoger a Pedro Pimentel Ríos y trasladarlo a su nueva misión. Lo llevarían a Panamá, a la Escuela de las Américas, donde se incorporaría como instructor; al cabo de los años, el gobierno de Estados Unidos lo condecoraría por sus servicios. El resto de los Kaibiles volvieron a su destacamento. Para esos momentos los dos niños eran los únicos sobrevivientes y los militares se los llevaron consigo, incluso a uno de ellos Óscar Ramírez lo hizo pasar por hijo suyo.

Tales eran los tiempos del señorío de Efraín Ríos Montt; la masacre de Dos Erres, como muchas otras, se mantuvo "en secreto" por varios años. Bajo la dictadura guatemalteca los Kaibiles continuaron siendo enviados a operaciones antiguerrilla y a entrenar a efectivos de la región —mexicanos incluidos— con su mismo perfil. Como militar, el general apoyó su gobierno de facto en la tropa y sobre todo en el grupo de élite, la Brigada Kaibil, de allí la protección y el silencio oficial ante la masacre de Dos Erres.

Los cadáveres permanecieron en el pozo por más de una década hasta que la Organización de las Naciones Unidas (ONU), con la Comisión de la Verdad de Guatemala, ordenó entre 1994 y 1995 su exhumación. Llevó a cabo la difícil tarea un grupo de los prestigiados antropólogos forenses argentinos, quienes aun bajo asedio de los militares de la zona, de aquella fosa clandestina de 12 metros de profundidad extrajeron 162 esqueletos de hombres, mujeres y niños.

¿Cuál fue el plan de campaña de la incursión Kaibil en Dos Erres? El recuento anterior sigue el testimonio de César Franco Ibáñez, un ex Kaibil —cabo especialista— que participó en la masacre y luego se convirtió en testigo protegido; fue por cierto uno de los testigos clave en el histórico juicio contra los generales Ríos Montt y José Mauricio Rodríguez Sánchez, este último ex titular de Inteligencia Militar. En dicho proceso, en un brevísimo ejercicio de la justicia, en mayo de 2013 se citó condena de 80 años de prisión contra Ríos Montt por genocidio, sin embargo, a los pocos días la Corte de Constitucionalidad de ese país anuló la sentencia.

Franco Ibáñez ingresó al ejército en noviembre de 1976, en la 23/a. Zona Militar; después de tres meses como recluta se incorporó como soldado y luego ingresó al curso Kaibil. Se especializó en paracaidismo y otras técnicas de comando de élite que le valieron volver al centro de adiestramiento como especialista subinstructor: impartía las clases de aeromóviles, patrullas, base de patrulla, natación y tiro ofensivo. El día en que el general Ríos Montt dio el golpe de Estado para hacerse con el gobierno en Guatemala, a los Kaibiles se les instruyó concentrarse en la escuela para luego salir de emergencia en una nave que iría a recogerlos pero no llegó ninguna, sin embargo debían esperar. Tres días después les indicaron volver al curso y recibieron la nueva instrucción de que en patrulla entrarían en combate con la guerrilla en la zona de Quetzaltenango; luego, en diciembre ocurrió la masacre de Dos Erres.

En el trascendental proceso de finales de los años noventa que culminó con las primeras sentencias dictadas en agosto de 2011, varios militares miembros del grupo Kaibil fueron llevados a juicio por su participación en masacres contra civiles. Los testimonios reunidos por la asociación Familiares de Detenidos-Desaparecidos de Guatemala (Famdegua) y el Ministerio Público asignado a la investigación identificaron entre los responsables a los coroneles Roberto Aníbal Rivera Martínez y César Adán Rosales Batres, el teniente de infantería Carlos Antonio Arias López, el sargento mayor Reyes Colín Gualic, y el sargento Carlos Humberto Oliva Ramírez, todos ellos oficiales y subinstructores Kaibiles, junto con patrullas de Kaibiles del destacamento de Santa Elena.

Aunque para entonces y desde hacía unos años la ONU llevaba brigadas Kaibiles a colaborar como fuerza de paz en conflictos en Medio Oriente, y a otros como observadores a Sudán, Angola, Burundi, Costa de Marfil, Congo y Haití, el esfuerzo por limpiar la imagen de esa milicia de élite se veía empañado de nuevo: los narcotraficantes y desertores militares reclutaban Kaibiles para trabajar del lado de las mafias mexicanas. Cualquier esfuerzo parecía insuficiente porque los *cazatalentos* —militares y civiles— de los cárteles mexicanos viajaban a Guatemala, hasta el municipio de Poptún (vecino de las instalaciones militares) en el departamento de Petén, donde habitan buena parte de los Kaibiles, para reclutarlos; fue en esa época cuando para documentar los casos que aquí narro me interné en el llamado "Monasterio" de Kaibiles, aquel que entre la milicia del mundo se conoce también como *El Infierno*.

El umbral del *Infierno* Kaibil se abrió con repetidas explosiones de un cuarto de libra de TNT e incontables bengalas y balas trazadoras que iluminaban el cielo bajo estruendos que amenazaban con romper los tímpanos, además del penetrante olor a carbón y azufre que intoxicaba el ambiente y provocaba el vahído. Estaba en La Pólvora, una aldea del municipio de Melchor de Mencos donde se ubica el destacamento de los Kaibiles; si quería escribir sobre estos militares que tanto temor inspiran tanto a mexicanos como a los migrantes centroamericanos, entonces debía cruzar ese umbral y entrar allí.

EN *EL INFIERNO*

La Escuela Kaibil, o Centro de Adiestramiento y Operaciones Especiales Kaibil, se ubica en el norteño departamento de Petén, entre Belice y México, en el municipio de Melchor de Mencos, a 630 kilómetros de la ciudad capital; una región tan paradisiaca como peligrosa e inhóspita.

El municipio Melchor de Mencos fue fundado el 26 de abril de 1962, cuando Guatemala vivía bajo el régimen presidencial del general Miguel Ydígoras Fuentes; recibió tal nombre en memoria de un sargento mayor de quien se cuenta que luchó contra piratas ingleses que desembarcaron en la laguna de Coba, en las costas de Petén, aunque hoy es parte de Belice. Lo que se hizo al establecer dicho asentamiento fue agrupar como urbe a las aldeas y caseríos que desde tiempos remotos existían en la zona, muchos acasillados en la explotación chiclera.

Como selva en trechos virgen, la prolífica naturaleza pasa factura; sin guía, difícilmente se podría sobrevivir en esta comarca donde los ríos están colmados de cocodrilos entre los manglares, con reptiles y feroces felinos en la floresta. En la milicia se le conoce como el "Monasterio" militar por el aislamiento en que se halla en el corazón de una espesa selva, en gran proporción en su salvaje esencia. Para adentrarse en esta zona se debe arribar desde la ciudad de Guatemala, trajinando un mínimo de seis horas por estrechos caminos en el terruño que alguna vez albergó parte del imperio maya; en este puente natural entre Centroamérica y México se respira fuerte la presencia de los barones del narcotráfico.

"¡Yo, Kaibil, pertenezco a la élite de las tropas de choque, por lo que seré el más resistente, el más veloz y el más duro combatiente…!", entonan en portentosa voz al unísono. Es el credo Kaibil; con él, los militares ensalzan su pertenencia a su unidad. Con su nombre, la milicia evoca la figura del mítico indígena Kaibil Balam, cuyo nombre en maya quiché significa "el que tiene la fuerza de dos jaguares". Kaibil Balam fue el gran señor del reino Mam, el imperio más grande de la Guatemala prehispánica, y emblema de la resistencia a la conquista española.

"¡Si avanzo, sígueme; si me detengo, aprémiame; si retrocedo, mátame!", es el legendario lema reproducido en los rostros convertidos en sombras con traje de camuflaje que avanzan firmes por el campo militar. El lema Kaibil, por cierto, parafrasea a Henri du Vergier, conde de La Rochejaquelein, general del Ejército Católico y Real que en el siglo XVIII participó en la guerra de la Vendée contra la Revolución francesa y dio la famosa orden: "Mes amis, si j'avance, suivez-moi! Si je recule, tuez-moi! Si je meurs, vengez-moi!" (¡Amigos, si avanzo, seguidme; si retrocedo, matadme; si muero, vengadme!)

El suelo parecía resquebrajarse. Tras ligeros movimientos de tierra, de las entrañas de la selva y los pantanos emergieron extrañas figuras que, a medida que se acercaban, se convertían en montículos de pasto y ramas; sólo a muy corta distancia se les distinguía como francotiradores. A unos metros, el resto de la brigada se entrenaba para viajar a Líbano como mediadores de guerra, fuerza de apoyo de la ONU. En un ambiente monástico, otros más rendían honores ante el Cerro del Honor, la montaña más alta del campo, sobre la que yace la figura de un Kaibil que permanentemente vigila los cuatro puntos cardinales, y frente a él otros Kaibiles entonaban su himno, recordaban su credo, gritaban su lema y juraban lealtad a su patria, Guatemala.

En sus orígenes la Escuela Kaibil, o Centro de Adiestramiento y Operaciones Especiales Kaibil, se llamó Escuela de Comandos y fue ideada por los Green Beret y subsidiada por la Escuela de las Américas; de hecho la primera brigada —de 1974— la formaron guatemaltecos egresados precisamente de la Escuela de las Américas, en Panamá. El primer Kaibil (la boina 001) fue el general de brigada Pablo Nuila Hub, quien a su vez fundó la Escuela de Comandos. Guatemala era ya un país con fuerte influencia castrense, oficiales de alto rango habían ocupado ya varias veces la presidencia, como el general Miguel Ramón Ydígoras Fuentes (1958-1963); luego de ser agregado militar en Washington, durante su mandato ordenó un ataque aéreo a embarcaciones pesqueras mexicanas que navegaban en aguas guatemaltecas. Promovió el entrenamiento de tropas anticastristas en la finca La Helvetia, en Retalhuleu, y en Petén facilitó la construcción de pistas aéreas para ayudar a la invasión estadounidense a Bahía de Cochinos, Cuba, en 1961. En su gobierno comenzó a gestarse la idea de que en Petén se instalara un centro de entrenamiento de comandos similar a la Escuela de las Américas en Panamá con el modelo de los Green Beret o los Rangers, estos últimos los soldados de élite desarrollados por el ejército estadounidense a partir de la guerra de Corea, o mejor aún, combinados.

Bajo ese esquema, en agosto de 1959 el ala de infantería convocó a los oficiales que habían efectuado el curso Ranger y formaron una unidad que bautizaron como Los Escorpiones, pero el proyecto debió suspenderse temporalmente cuando varios de ellos se integraron a las filas de la guerrilla en un frente insurgente que denominaron Movimiento Revolucionario 13 de Noviembre (MR-13). Luego, en 1962, un grupo de oficiales de la Fuerza Aérea guatemalteca recibió un curso similar al de los Green Beret, más tarde la *expertis* de ambos se aplicaría en la Escuela Kaibil.

En el "Monasterio" de Kaibiles, en el que se aleja al militar "de las comodidades del mundo terrenal", el reclutamiento es voluntario, aunque sólo se tiene oportunidad de acudir si el militar es seleccionado en su país de origen. Los lugares se disputan férreamente porque los graduados saben que a su egreso se contarán entre los militares más cotizados del mundo, pero en cada curso, de 64 aspirantes en promedio no se gradúan más de 10; sólo unos cuantos, capaces de resistir y aprobar los 60 días de entrenamiento extremo en *El Infierno*.

Desde su creación, 4 mil Kaibiles ha graduado este "Monasterio", un centenar de ellos extranjeros; hasta 2014, 39 mexicanos habían logrado graduarse como Kaibiles, 29 del Ejército y 10 de la Marina, volviéndose expertos en operaciones antiguerrilleras, lectura de mapas, operaciones psicológicas, inteligencia militar y contrainteligencia. Su entrenamiento técnico incluye defensa personal, transmisiones, supervivencia, cruce de obstáculos, alpinismo militar, armamento, demoliciones y medicina de urgencia, mientras el táctico incluye operaciones aeromóviles, navegación terrestre diurna y nocturna, formación de combate, patrullaje diurno y nocturno, establecimiento de campamentos y su seguridad, evasión y escape, incursiones y emboscadas.

Además de su calidad reconocida como grupo de choque anti-guerrilla, ahora, igual que los Rangers, los capacitan también como especialistas en antiterrorismo, antisecuestro y lucha antinarcóticos, "acorde con las necesidades actuales", en palabras del teniente coronel Hugo Marroquín, jefe de la escuela, lo que me llevó a comprender por qué son tan codiciados por la delincuencia organizada.

El curso inicia con un ritual en que los oficiales se degradan retirando de los uniformes toda insignia que dé cuenta de su carrera militar; dejan de ser subtenientes, tenientes o capitanes para convertirse simplemente en tropa, pero aspirantes a lo que en la milicia se denomina "un soldado superior" o "el soldado mejor entrenado del mundo". Ésa es también la primera oportunidad para que los aspirantes deserten. Ninguno se anima, todos se dicen dispuestos al desafío; toman sus fusiles y dan los primeros pasos en un ambiente de detonaciones de pólvora y tiroteos con R-15 y fusiles Galil.

Cuando el humo de la pólvora de las primeras detonaciones se desvaneció, entre el fuerte y espeso olor acre quedó al descubierto un letrero pintado sobre una manta: una calavera con una boina púrpura y la leyenda "Bienvenidos al Infierno".

"No todos los que entran al *Infierno* pueden salir vivos", dirá el Kaibil 252, Jorge Ortega Gaytán, un coronel de infantería convertido en alto funcionario del gobierno de Otto Pérez Molina (2012-2015, presidente actualmente sometido a proceso por corrupción, también militar y también Kaibil), designado en 2012 agregado militar de la embajada de Guatemala en México. Su dicho no es una metáfora; una veintena de oficiales han muerto en las arriesgadas pruebas, como nadar en un río lleno de cocodrilos; otros resultaron con severos trastornos psicológicos. Cuando visité la brigada, un subteniente mexicano había presentado afectaciones cardiacas y psicológicas y fue retirado del curso.

El mayor Marvin Baudilio Ochoa, jefe del curso, me puso al tanto del fracaso del militar mexicano en su intento de convertirse en Kaibil: "Desde las primeras marchas empezó a trastabillar; no era normal, se le colocó oxígeno y luego regresó al campo. En los entrenamientos empezó a mostrar trastornos, no quería soltar su fusil y la cara se le empezó a deformar, mantenía los músculos rígidos y perdía el control. El médico dice que fue por la descompensación de líquidos, aquí no se les permite hidratarse, y tenía ya problemas del corazón. Lo retiramos porque se veía desorientado, empezó a perder el control mental; estaba en presión extrema y un Kaibil no puede perder el control, eso acá es muy peligroso".

Dentro de este modelo de entrenamiento, a cada Kaibil se le asigna un *cuas* (vocablo kekchí que significa "hermano" o "compañero", aunque los Kaibiles le dan su propia connotación como acróstico de "Compañerismo, Unión, Agresividad y Seguridad") que desde que inicia el curso se convierte en su pareja. El Kaibil y su *cuas* permanecen siempre juntos, duermen en la misma litera, comen en la misma mesa y si uno se equivoca el otro sufre las consecuencias, arrastran los mismos castigos.

En esos 60 días no hay tregua en el entrenamiento ni de día ni de noche; los militares pierden la noción del tiempo, no duermen más de tres horas diarias, y si acaso se ganan el derecho a comer dos cucharadas de arroz cocido, frijoles negros y pan blanco, a condición de correr dos kilómetros, hacer 10 abdominales y el mismo número de dominadas en una barra, todo en menos de 18 minutos cargando su equipo en la espalda. En las interminables jornadas bajo un sol brillante en lo alto, se curte la piel a 38 grados centígrados y se escuece sumergida en las saladas aguas del bravo río Mopán; aislados en la salvaje jungla, entre tigres y víboras, los aspirantes a Kaibiles amaestran su estómago para comer todo lo que se mueva, porque así se templa el carácter de estos hombres implacables con sus enemigos.

Las primeras deserciones llegaron, exhaustos por caminar, trotar y correr con 18 kilos a la espalda —mochila y armas— vueltos plomo sobre sus huesos, dentro de las toscas botas los pies heridos, carne viva llagada y sangrante a consecuencia de correr de día y de noche fusil en mano, subir la montaña, hundirse en el fango y surcar pantanos, todo bajo la presión de la brigada de hostigadores que a bordo de *pick ups* azul marino, megáfono en mano, incesantemente los incitan a renunciar, a abandonar el curso, desertar, "porque todos ustedes son unos buenos para nada, unos malos para todo".

En la zona la tortura psicológica se aplica las 24 horas. El mayor Ochoa Morales me explica que 70% del modelo Kaibil se basa en tratamiento psicológico donde al soldado regular se le inculca ser "un soldado superior" y que sólo la mente puede dominar el cuerpo; que la fortaleza de un soldado especial radica en que puede enfrentar cualquier obstáculo y que sólo la muerte puede detenerlo de cumplir su misión, porque "los Kaibiles no tratan de cumplir una misión, ¡la cumplen!"

En la tercera semana de curso, llamada *semana negra* porque todos los ejercicios son a oscuras y no hay distinción entre el día y la noche, llega la psicosis colectiva; muchos militares son presa de confusión mental y colapsos nerviosos, lo que desata nuevas deserciones voluntarias o forzadas, pero sobrevivir tiene como recompensa aprender a andar, moverse y actuar sin necesidad de un solo atisbo de luz; se agudizan los sentidos, se olfatea y distingue a ciegas la presencia de cualquier ser vivo u objeto inanimado. El término de esos 10 días de entrenamiento en penumbras se anuncia con descargas de ametralladoras y explosiones de bombas detonadas mientras caminamos entre la negrísima selva, que súbitamente se ilumina con una antorcha resplandeciente para dejar ver una calavera pintada sobre un enorme escudo con la daga Kaibil contra un fondo negro y celeste. Nuevas ráfagas detonan y la brigada entona su lema:

—¡Si avanzo, sígueme; si me detengo, aprémiame; si retrocedo, mátame!

Cuando la calavera estuvo completamente iluminada, Eduardo Morales Álvarez, comandante en jefe, apareció flanqueado por dos oficiales de alto rango del Ejército de Guatemala para entregar a dos de los aspirantes una madera entintada con los colores de la bandera Kaibil.

—¡Ustedes han concluido la semana negra! ¡Ahora dominan la noche! —decía, y los Kaibiles al unísono repetían su credo:

—Yo, Kaibil, pertenezco a la élite de tropas de choque, por lo que seré siempre el más resistente, el más veloz y el más duro combatiente…

El resto de aquella noche los Kaibiles cantaron, recordaron su credo y juraron lealtad hasta que la brasa de la última antorcha se apagó. Llegó el alba, y con ella la claridad del sol reveló una tumba recién cavada con una cruz de madera y la tinta lista para inscribir el nombre de su morador, junto a ella una caja de muerto también en espera de su huésped, y es que la llamada *semana de agua*, que recién comenzaba, es una de las etapas más mortíferas del curso; de allí el tétrico escenario, advertencia de lo que vendría. La prueba exige que desde los riscos más altos el aspirante camine sobre un delgadísimo cable tendido de orilla a orilla del embravecido afluente que une los ríos Chiquihuil y Mopán; a 78 metros de altura, se lanza al vacío entre filosos peñascos y luego nada entre cocodrilos hasta la orilla. Impactarse así en la embravecida corriente equivale a estrellarse en una pared de cemento, el agua raja la piel con más filo que una catana o que la daga Kaibil. Si el militar sale airoso de la prueba, al final se cuadra humilde ante sus oficiales para dar cuenta de que a pesar de su proeza aún es "un bueno para nada". "¡Me entrenaré día a día con audacia, intrepidez, ingenio e iniciativa, porque reconozco que en la agresividad radica el éxito!"

En el "Monasterio" Kaibil la muerte no sorprende a nadie y quizá es el menor de los males, lo más desquiciante es el acoso que procuran los instructores al tantear la psique de su aspirantes. Cualquiera tiene claridad de que su siguiente minuto en *El Infierno* puede ser el último, incluso cada aspirante a su ingreso debe firmar una responsiva donde exime a la escuela de toda responsabilidad si acaso muere en su afán de convertirse en el "soldado superior".

"¡Me endureceré para soportar los sufrimientos, el trato duro, el dolor, el hambre, la fatiga, la sed, el calor y el frío, porque soy un soldado superior a cualquier otro!" En esta etapa, el entrenamiento físico contempla largas jornadas de natación militar en las que los reclutas cruzan el río Mopán cargando todo el equipo de combate y el fusil —40 kilogramos—, siempre con su *cuas* al lado y librando juntos cualquier obstáculo, evitando el mínimo ruido y que se perciba su presencia dentro del agua.

La última etapa, la de "sobrevivencia", es la que requiere mayor temple. En ella deben demostrar su capacidad para destazar cualquier ser vivo; abajo prejuicios, fuera repulsión, porque "lo que se mueve se come", incluido un perro que cada aspirante recibe al ingresar al curso y al que le procura los mejores cuidados como su mascota fiel, pero que un día habrá de salvarle el hambre. Ya entonces el Kaibil habría aprendido a beber la sangre de todo ser vivo; las leyendas negras dicen que son capaces de comerse a sus enemigos y aquí nadie desmiente la versión, el Kaibil come lo que se mueva.

Superada la prueba de sobrevivencia llega la graduación, un ritual en lo alto de la montaña presidido por la cofradía de los militares de más alto rango del Ejército de Guatemala, todos Kaibiles. Los graduados descienden con su boina púrpura, parche y escudo distintivo que cada uno coserá al hombro izquierdo de su uniforme, henchidos de orgullo por salir airosos del *Infierno*.

LOS KAIBILES MEXICANOS

Después de Guatemala, México tiene el mayor número de Kaibiles; de los extranjeros que se gradúan en *El Infierno*, 30% son oficiales del Ejército y la Armada nacionales. Para los miembros de las fuerzas armadas que aspiran a graduarse como Kaibiles, son modelos dos oficiales que alcanzaron puntajes muy altos en el curso: Enrique Oyarbides, oficial de la Armada originario de Campeche, egresado con mil puntos, y Jesús Villar Peguero, del Ejército, ambos graduados en la promoción número 48 del curso internacional Kaibil en 1997 y que en su momento incluso fueron condecorados por el entonces jefe del Estado Mayor de la Defensa Nacional de Guatemala, Sergio Arnoldo Camargo.

En aquella visita a la Escuela Kaibil presencié el entrenamiento de un militar mexicano, bautizado en el "Monasterio" precisamente con el mote de *El Mexicano*: "¡Ésta es su noche, Kaibil, ésta es su noche!" "¡La ambulancia llegó por usted, Kaibil, ya lo verá, ya lo verá...!"

Esa noche Rigoberto García se consumiría en la hoguera del Petén. La tradición militar en su familia lo animó a convertirse en un soldado de élite; era la primera vez que Rigoberto salía de México. Cuando llegó al lugar de la eterna tortura le entregaron su uniforme, un rifle de asalto, su equipo y un casco con el número 14 que usaría hasta que se graduara como el Kaibil mexicano número 38.

—¡Corra, Kaibil, corra, que de todos modos se va a morir corriendo! —le gritaba el coronel Hugo Marroquín al joven de 24 años de edad, seis de ellos en la milicia.

El nativo de Lázaro Cárdenas, Michoacán, corría con el fusil en las manos; a medida que avanzaba, las gruesas botas le hacían los pies de plomo. Si se retirara el calzado, ni él mismo podría reconocer sus pies, que en sólo unos días se volvieron una masa deforme teñida de rojo al quebrarse cada ampolla que los recubría del talón a la punta.

—¡Le tengo una sorpresa tan grande como el mundo, que yo le juro que se va a arrepentir! —arremetía de nuevo el entrenador.

El cebo de res revuelto con pomada Capent que el subteniente se untó en las plantas de los pies durante más de dos meses no fue suficiente para librarlo de las llagas producidas por correr con las botas en la humedad de la selva, entre el agua y el lodo; la piel en carne viva y aun así Rigoberto se deslizaba paso a paso, a ratos veloz, a ratos a trote. Aquella madrugada correría 19 kilómetros con el fusil en la mano, sus botas de plomo y su carga a cuestas, puesto el grueso uniforme bajo el calor sofocante y con los oídos taladrados por la chirriante voz de los acosadores; mientras ejecutaba su misión, pensaría en la hija a la que apenas pudo ver apagar la vela de su pastel de un año, y seguiría al trote pensando en que si se hacía Kaibil seguramente tendría un mejor lugar en la Marina y un sueldo mayor a sus 10 mil pesos quincenales, con los que nunca alcanzaba para mantener a sus padres y su propia familia.

—¿Dónde está su *cuas*…? ¿Dónde lo dejó…? ¡Así lo va a dejar él cuando usted se esté muriendo en la montaña! —le gritaban los hostigadores por el megáfono que atronaba en los oídos de Rigoberto, harto del monótono sonido.

—¡Para el Kaibil lo posible está hecho y lo imposible se hará. Siempre atacar, siempre avanzar…! —respondía defensivo.

Rigoberto forjaba su ímpetu, buscaba en la familia ausente la motivación para seguir corriendo. Le pesaba el fusil y parecía que a cada paso se derrumbaría; para esas horas el uniforme, las botas, el arma, la mochila, habían ganado peso en proporción directa a su cansancio, pero entonces recordaba que de ninguna manera podía volverse fracasado a la base naval, y menos darle a la familia la vergüenza de que su primogénito fuera un desertor, como tantos de sus compañeros de armas. El abandono no era para él, pensaba el marino García y seguía corriendo.

La noche parecía perfecta para la tortura y la azarosa persecución. Desde las bocinas que complementaban al altavoz, la *Pequeña serenata nocturna* de Wolfgang Amadeus Mozart era la pieza elegida por los hostigadores para la sesión; no pude evitar recordar a "Paulina Escobar" (Sigourney Weaver), torturada bajo las estremecedoras notas de *La muerte y la doncella* de Schubert en la película del mismo nombre, o al *drugo* Alex de Large con la *Novena sinfonía* de Beethoven en *La naranja mecánica*, pero ésta no era una película sino la vida real, el método de entrenamiento de la milicia de élite. Luego se oían *Chicken Feed* y *Alley Cat*, del danés Bent Fabricius Bjerre.

Ninguno de los aspirantes a Kaibiles atinaba a identificar al autor de aquellas piezas, pero les recordaba a los vendedores de helados en las colonias populares de México y Centroamérica.

Los hostigadores aprovechaban el cansancio de los pupilos para jugar con su mente:

—¡Helados, Kaibiles, vengan, vengan por sus helados! ¡Usted, *Mexicano*, venga, venga, que aquí le tengo su helado!

En la sofocante noche, el andar sigiloso de las bestias se acompasaba con las notas de Mozart al tiempo que los hostigadores seguían a los Kaibiles. Rabiosos, jejenes y tábanos traspasaban los gruesos uniformes verde olivo para chuparles la sangre y clavarles el aguijón; sus manos ocupadas cargando el fusil, ellos habrían de resistir sin chistar la molesta plaga pegada a su piel como soportaban la tortuosa y desquiciante voz del acosador a sus espaldas, persiguiéndolos megáfono en mano para recordarles su insignificante y trivial existencia, así como aquella música angelical usada para sonorizar su tormento.

—¡Ya viene solo, otra vez…! ¡El Kaibil no abandona al *cuas*, ya lo verá, ya lo va a ver, cuando usted esté agonizando en la montaña así él lo va a dejar!

Su *cuas*, salvadoreño, se rezagó y el mexicano habría de sufrir las consecuencias. Los hostigadores lo acorralaban, buscaban que el Catorce, *El Mexicano*, suplicara su baja, ¡un alto a la música! Pero Rigoberto no se rajaba; no, no, durante cinco largos años se preparó para ese curso, y casi no lo creía cuando de entre 65 aspirantes lo eligieron a él.

En la negrura de la noche los hostigadores encendían de pronto alguna linterna para sorprender el rostro cansado de los aspirantes; bastaba que parpadearan para ser objeto de castigo, unos kilómetros más por correr, algunas decenas de abdominales o sentadillas, o quedarse sin la ración de comida. Rigoberto delataba su estrés, transpiraba en tal medida que la tosca tela de su casaca se le pegaba al cuerpo empapando sus huesos rígidos.

—¡Si avanzo, sígueme; si me detengo, aprémiame; si retrocedo, mátame! —repetía una y otra vez con el tono más alto cuando percibía a su lado el discreto rodar de las llantas y motor de la *pick up* azul marino que a cinco kilómetros por hora se desplazaba por el sinuoso camino.

—¡Esta noche usted se muere, *Mexicano*!

—¡Kaibil! —respondía.

A orillas del Mopán las pesadas botas comenzaron a hundírsele en el lodo, retrasando su marcha; para esos momentos la temperatura había descendido súbitamente, el ambiente se tornó helado y en las hojas de los árboles comenzó a aparecer escarcha.

—Su pesadilla, Catorce, acaba de empezar —le gritó el acosador.

Su cuerpo acabó por sumergirse en las pantanosas aguas, sólo la cabeza fuera y los brazos en alto para poner a salvo el fusil. La humedad y el intenso frío habían tornado de un blanco parduzco su piel morena; se le veían contraídas las mejillas y trabada la quijada, pero Rigoberto se abría paso entre el agua podrida, las rocas, los troncos muertos, los helechos y lirios, los cayucos y algunas fieras que camufladas pasaban muy cerca de él. Padecía hipotermia, de manera que el entrenamiento en estos humedales de inframundo lo aniquilaba lentamente.

—¡Hoy hay bajas, hay bajas…! ¡Usted, *Mexicano*, se va a morir, ya le tenemos la tumba! —decía el mayor Marvin Ochoa, secundado por el capitán Marco Antonio Castillo. Los hostigadores se ensañaban con el Catorce, conocían sus debilidades y aprovechaban sus flaquezas; su misión era conducirlo a la deserción—. Ésta es su noche, *Mexicano*, hoy cavamos su tumba. ¿Ve esa caja? ¿Ve esa tumba…? Son para usted, *Mexicano*.

—¡Kaibil! —se defendía Rigoberto.

KAIBILES RECLUTADOS POR LAS MAFIAS

Está tan cerca del lugar al que los militares llaman *El Infierno*, que bien podría llamarse *Purgatorio*: se llama Poptún y es un pequeño pueblo rodeado de cerros aislados, colinas bajas y una inmensa llanura selvática. Es el principal municipio del Petén, zona geográfica que en los últimos años se ha convertido en una de las más importantes de América por servir de bodega y centro de producción de cocaína, trasegada por narcotraficantes locales y sus socios mexicanos. Poptún es más que un pedazo de selva agreste; es el principal punto al que arriban los *head hunters* del narcotráfico internacional en busca de "los mejores soldados

del mundo". En esta aldea vive 80% de los integrantes del grupo de élite del Ejército de Guatemala: la Brigada Kaibil.

Con la detención en agosto de 2006 en Comitán, Chiapas, de siete
guatemaltecos entre los que se encontraban los Kaibiles José Armando León Hernández, Selvin Camposeco Montejo, Edin José Aragón
y José Ortega, quedó al descubierto el reclutamiento que de ellos
hacían los narcotraficantes mexicanos; sin embargo, me explicó una
fuente de la sección de inteligencia de la Brigada Kaibil, el gobierno mexicano sabía desde hacía varios años que operaban en el país
porque fue incluso su primer reclutador; la administración de Carlos Salinas de Gortari fue la que solicitó en un principio los servicios de esos militares asignándolos, como luego hizo con los GAFE, a
tareas de contrainsurgencia en Chiapas. Luego los fueron cooptando
los narcotraficantes; primero el guatemalteco Otto Roberto Herrera García García y después Los Zetas, más tarde les haría el Cártel de
Sinaloa. Reclutaron primero a ex militares y luego a Kaibiles en activo como Carlos Martínez Méndez, quien se desempeñaba como jefe
de la Tercera Sección de la Primera Compañía de la Brigada Kaibil
en Poptún cuando fue detenido en México.

Aquel año, la vinculación pública de Kaibiles con grupos del narcotráfico provocó roces en el ámbito militar entre ambos países, incluso se
canceló de manera temporal el envío de oficiales del ejército que aspiraban a ingresar al curso, aunque el gobierno mexicano enfrentaba su
propio descalabro con la deserción masiva de los GAFE que se integraron como Los Zetas, brazo armado del Cártel del Golfo. En ese tiempo
Daniel Guerrero, jefe del Servicio de Análisis e Información Antinarcó-
tica (SAIA) de Guatemala, me explicó que los Kaibiles que operan en las
filas del narcotráfico no sólo venden protección a los narcotraficantes
sino que desplazan grandes cantidades de droga, armamento y municiones para los cárteles mexicanos. El SAIA había recibido información

de grupos de inteligencia de la División de Investigación Criminal (Dinc) de que Kaibiles al servicio de Joaquín Guzmán Loera movían hacia México un cargamento de lanzagranadas, municiones y fusiles de asalto; el SAIA realizó un operativo para decomisar el cargamento, pero fracasó y las armas cruzaron exitosamente la frontera sur.

El comandante en jefe de la Brigada Kaibil, Eduardo Morales Álvarez, me explicó que el Ejército guatemalteco no había podido frenar el reclutamiento de sus soldados por grupos delictivos. "Es una realidad que algunos de nuestros Kaibiles están trabajando con narcotraficantes, y frenar esas deserciones es ahora nuestra principal línea de acción; trabajar la mente de nuestros soldados, convencerlos de que ellos tienen un objetivo, y que es un compromiso con la patria."

Para combatir la cooptación de Kaibiles por la delincuencia organizada, el Ejército de Guatemala comenzó desde 2007 trabajo de contrainteligencia para detectar la infiltración en la Brigada Kaibil. Muchas prácticas de esa milicia se generalizaron como parte del entrenamiento de los cárteles de la droga, e incidieron para que algunos de ellos consolidaran su poderío a nivel mundial: ahora los ex militares de élite convertidos en delincuentes negocian con las mafias europeas y asiáticas, lavan su dinero en grandes bancos internacionales y mantienen numerosos activos en México, Estados Unidos, Guatemala y parte de Centroamérica. Sus jefes pasean libremente por Europa, confiados porque su dinero se lava lo mismo en compañías petroleras, negocios de construcción, casas de cambio, o en los famosos derbis de Estados Unidos, con caballos pura sangre de millones de dólares.

Los capos exhibían su señorío con magníficas residencias levantadas entre míseros poblados de chozas de bejuco y paja, como las que se hizo construir Otto Roberto Herrera García, *El Ingeniero*, el capo más importante de Guatemala, negociador entre narcotraficantes colombianos y mexicanos e identificado por la DEA como el operador clave en la región para trasegar toneladas de cocaína hacia Estados Unidos y Europa por lo menos entre marzo de 1996 y octubre de 2003. Herrera proveía de coca al Cártel del Golfo, con Osiel Cárdenas al frente de éste, y al de Sinaloa, dirigido por Joaquín Guzmán Loera; abastecía a los mercados mexicano, estadounidense y europeo de droga sudamericana. A sus socios mexicanos les enviaba en promedio siete toneladas mensuales de polvo blanco, y otras veces lo comercializaba de manera directa desde Colombia vía El Salvador hasta Guatemala, y de allí a México y Estados Unidos. Su droga viajaba en lanchas rápidas, helicópteros y aeronaves que volaban a baja altitud para no ser ubicadas por los radares, lo mismo que en furgones con compartimientos ocultos, pipas de transporte de hidrocarburos y en camiones de refrescos; esto hablaba de su ingenio pues las unidades de abarrotes, como en las provincias de cualquier país pobre, abastecen de refrescos, pan procesado y otros alimentos chatarra hasta los poblados más recónditos.

Otto Herrera fue precisamente el primer narcotraficante que contrató Kaibiles como su guardia personal. Lo acompañaron antes y después de ser detenido temporalmente en la ciudad de México en abril de 2004, cuando llegó procedente de Cancún para encontrarse con su novia que viajaba desde Guadalajara, siendo apresado en el Reclusorio Preventivo Varonil Sur, de donde poco después, en mayo de 2005, se fugó con apoyo de sus socios mexicanos que repartieron sobornos a diestra y siniestra para que saliera por la puerta principal del penal, tal como lo hizo Joaquín Guzmán.

Apoyado en sus temibles Kaibiles, *El Ingeniero* convirtió el Petén en bodega de droga y armas para cárteles mexicanos, a quienes suministraba coca colombiana que a su vez le proveían organizaciones como el Cártel de Cali; además lavaba dinero en Centroamérica, México y Estados Unidos. En la exuberante selva, apenas a unos kilómetros de donde acababan sus propiedades, comenzaban las instalaciones militares.

Mientras Los Zetas se expandieron por Coahuila, Tamaulipas y Nuevo León gracias a su disciplina militar, su potente arsenal y su amplia capacidad de vigilancia —consideran las agencias estadounidenses—, pero además porque a poco tiempo de su surgimiento supieron establecer alianzas con poderosas pandillas de la Unión Americana como la Mexican Mafia, Texas Syndicate, MS-13 y Hermanos Pistoleros Latinos, aunque su verdadero acierto para fortalecerse en términos marciales fue reclutar a otros militares de élite altamente capacitados, los Kaibiles, caracterizados por su táctica y estrategia, pues de hecho los instrumentos básicos para el Kaibil no son las armas de fuego sino la soga y la daga. A diferencia de otros desertores de distintos ejércitos del mundo convertidos en mercenarios, el reclutamiento de Kaibiles y su capacidad de organización contribuyeron a la fuerza de Los Zetas.

Con el apoyo de Kaibiles y sus habilidades de milicia de élite, Los Zetas se convertirían en uno de los cárteles con mayor poderío internacional y presencia operativa en todo el continente americano y parte de Europa, Asia y África, logrando con ello asociaciones criminales con mafias italianas, libanesas, chinas y rusas para sus negocios de narcotráfico, tráfico de armas, de indocumentados, trata de personas, piratería, secuestros, extorsión, cobro de *derecho de piso*, contrabando de minerales, de combustible, de madera, de automóviles robados y lavado de dinero en giros empresariales de todo tipo; hicieron de Guatemala —igual que con muchas zonas de México— su bastión y bodega de drogas y armas, centro de reclutamiento y puente de operaciones hacia toda Centroamérica y el sur del continente.

Reclutar Kaibiles se debió a que siendo militares sabían que éstos estaban mejor preparados incluso que los GAFE, refirió el tabasqueño Mateo Díaz, *El Z10*; la idea, según su versión, fue de *El Iguano*, un integrante del cártel que murió junto con otros tres Zetas en un accidente automovilístico en Nuevo Laredo. Para entrenarse y entrenar a sus reclutas, Los Zetas, quienes aún trabajaban para el Cártel del Golfo, instalaron en México, en Nuevo León (en el rancho Las Amarillas, en China), Tamaulipas y Coahuila, centros de adiestramiento donde replicaban tácticas y estrategias que se enseñan en el Centro de Adiestramiento y Operaciones Especiales Kaibil de Guatemala.

La traición de La Víbora

Hasta antes de la aparición de Los Zetas todavía se hablaba en México del inquebrantable honor militar que supuestamente hacía a las fuerzas armadas invulnerables a la corrupción, no obstante que había antecedentes de casos como el del general Humberto Mariles Cortés o que, por lo menos desde tiempos de la presidencia de Carlos Salinas de Gortari (1988-1994) y a medida que el gobierno federal les iba dando mayor margen de operación en tareas de combate a las drogas y labores de seguridad pública, había evidencias de una hidra de corrupción agazapada en la milicia, apoderada lo mismo de altos mandos condecorados a quienes militares y civiles rendían loas y honores, que de encargados de grupos operativos comisionados a la detención de importantes capos; la venalidad permeó también entre la tropa asignada a la erradicación de cultivos, patrullaje o vigilancia en retenes.

La colaboración de militares ayudó a la consolidación de emporios del narcotráfico. Fue precisamente por medio de ellos que algunos cárteles lograron infiltrarse en instituciones y sectores del Estado que antes les habían resultado impenetrables, como el Centro de Investigación y Seguridad Nacional (Cisen), y la propia área de Inteligencia Militar, el cerebro de las fuerzas armadas, donde se recaba la información considerada como clasificada y de mayor trascendencia; así los narcotraficantes entraron hasta la cocina donde se guardan los secretos de Estado, se evalúan los riesgos y se diseñan las estrategias para proteger a la nación. Por supuesto, militares de distintos grados y armas colaboraban ya entonces con organizaciones dedicadas al tráfico de drogas como parte de un prolongado *statu quo*; algunos inclusive sabotearon importantes operativos planificados durante meses, que tenían como objetivo la detención de importantes capos.

Un caso en el que asomó el aire de la sospecha entre las filas de las fuerzas armadas fue el ocurrido en Veracruz en 1991, que implicó a un general de división, Alfredo Morán Acevedo, y siete policías federales murieron por las balas de militares acusados de supuesta protección a narcotraficantes colombianos. El 6 de noviembre, alrededor de la una de la tarde, un grupo de efectivos del 13/o. Batallón de Infantería llegaron a La Víbora, un terreno en el ejido del mismo nombre en el municipio de Tlalixcoyan; en él iba un oficial, el teniente de infantería José Alfredo Coronel Vargas, y 14 elementos de tropa: Víctor Carmona Carmona, sargento de sanidad; Pablo Pérez Hernández, sargento de infantería; Lucio Málaga Escribano, cabo de transmisiones; los cabos de infantería Cruz Gil Herrera y Noel Guzmán Cuevas; Alberto Hernández García, cabo conductor, y los soldados de infantería Antonio Pascasio Palacios, Gerardo Gómez Alvízar, Rafael Ortiz Castillo, Santos Aguirre Flores, Jorge Alberto Palacios López, Pedro López Hernández, Gilberto Cruz Carmona y Antonio Peñaloza Paz.

El teniente les ordenó que se desplegaran en el llano y ocuparan posiciones estratégicas de mayor visibilidad para encarar "cualquier eventualidad". En otro punto, a la 1:10 del 7 de noviembre Armando Arteaga, comandante de la Policía Judicial Federal (PJF) y subdirector de Intercepción Aérea de la PGR, se comunicó telefónicamente con Eduardo Salazar Carrillo, jefe de grupo de la PJF adscrito a la Dirección General de Intercepción, con base en la ciudad de Mérida; le dijo que habían detectado un vuelo sospechoso, que preparara dos aviones para interceptarlo y uno más para el personal de PGR.

Arteaga había sido notificado por el Sistema Hemisférico de Información acerca de que un avión procedente de Sudamérica, el cual se encontraba en esos momentos frente a las costas de Nicaragua, se dirigía hacia el territorio nacional. En respuesta, Salazar organizó el operativo Halcón; a las 2:40 despegaron de la base de Mérida los aviones Cessna 550 Citation, matrícula XC-HHA, y King Air 200, matrícula N68KA, rastreador e interceptor respectivamente.

Para las cuatro, el interceptor de la PGR localizaba la aeronave que llegaba de Centroamérica cuando volaba a unas millas al sur de Tuxtla Gutiérrez; media hora después, del aeropuerto de Tapachula despegó el avión Turbo Commander matrícula XC-HGG para apoyar a los aviones de la PGR que en esos momentos perseguían al aparato sospechoso.

Una Cessna matrícula XA-LAN logró llegar al espacio aéreo de Veracruz; sobrevoló La Víbora durante 45 minutos hasta que finalmente aterrizó. Eran las 6:50 horas. De la avioneta bajaron los tripulantes, quienes caminaron hasta donde se encontraba una camioneta Ford placas LR-7393 que llevaba gasavión; se trataba de una mujer de pelo rubio y un varón de aspecto "negroide", identificados como narcotraficantes. A un lado de la camioneta estaba el vivac del pelotón de infantería. Ocho minutos después de aquel aterrizaje arribó el King Air N68KA, pilotado por Jesús Rodríguez García y el copiloto Jorge

Héctor Orring Urista; viajaban en él el comandante Eduardo Salazar Carrillo y siete agentes de la PJF, Roberto Javier Olivo Trinker, Juan José Arteaga Pérez, Ernesto Medina Salazar, Óscar Hernández Sánchez, Miguel Márquez Santiago, Francisco Zuviri Morales y Abel Ángel Acosta Pedroza. Apenas hubieron aterrizado descendieron y sorpresivamente los militares comenzaron a dispararles.

Los policías habían salido en dos columnas, y la lluvia de balas en su contra arreció sin que entendieran lo que ocurría; intentaron infructuosamente protegerse, piloto y copiloto lograron resguardarse en una pequeña zanja. El comandante Salazar Carrillo logró acercarse a la Cessna haciendo algunos disparos; desde la proximidad de la aeronave observó estupefacto que no eran los narcotraficantes quienes les disparaban sino los militares que resguardaban la zona. Corrió hasta donde estaban sus compañeros y alarmado les dijo que era el ejército el que los atacaba. La versión de los soldados fue que ellos gritaban: "¡Ejército Mexicano!", y que exigían a los recién llegados que se identificaran, pero que parecían hostiles y sospechosos y no respondieron.

Una hora duró el tiroteo. Con un radio que logró sacar del avión de la PGR, el comandante Salazar contactó con los pilotos de las otras naves de la Procuraduría que sobrevolaban la zona, les informó de lo que ocurría y les dijo que entraran en contacto con la oficina de la PGR para que los jefes llamaran a la Zona Militar de Veracruz y que algún mando ordenara a esos militares el alto al fuego. En la oficina central Beatriz Sánchez Palacios, agente de la PJF, estaba en turno; a las 7:10 recibió el mensaje y llamó entonces a la 26/a. Zona Militar cumpliendo la desesperada petición de su superior y buscando evitar cualquier riesgo a la vida de sus compañeros. El general Alfredo Morán se puso al teléfono; sorprendentemente, según versión de la PGR, el mando respondió que no podía dar esa orden porque las personas se negaban a identificarse. Más aún, ya había enviado refuerzos a sus efectivos, dijo, y colgó el aparato.

Los refuerzos llegaron a La Víbora y el propio general Morán Acevedo encabezó la operación; ordenó a sus hombres que "flanquearan" a los elementos que consideraban hostiles, esto es, en términos militares, que ocuparan posiciones estratégicas a manera de "envolverlos". Todos los subordinados involucrados pertenecían al 13/o. Batallón de Infantería: el general brigadier Humberto Martínez López, el capitán Víctor Manuel Jiménez Azcona y los tenientes Enrique Zúñiga Gerardo y José Alfredo Coronel Vargas.

Las pesquisas oficiales que se hicieron del caso documentaron que a la llegada del general Morán Acevedo aún no había un solo muerto. Una hora después, hacia las nueve, cuando concluyó el llamado "operativo envolvente" o "flanqueo" ordenado por él, había siete muertos, todos agentes federales, quienes sucumbieron bajo las balas militares y quedaron tendidos en el campo.

La versión del mando militar no pudo sostenerse, ya que para su infortunio un avión de vigilancia pilotado por oficiales de la DEA que acompañaba a los policías mexicanos filmó desde el aire el ataque contra los agentes.

LOS MILITARES AMIGOS DE AMADO CARRILLO

También mandos y tropa verde olivo trabajaron para el Cártel de Juárez, la organización que bajo el liderazgo del narcotraficante Amado Carrillo Fuentes, *El Señor de los Cielos*, en los años ochenta y noventa fue la más poderosa del norte del país; controlaba la droga que comercializaban capos como Juan José Esparragoza Moreno, alias *El Azul*; Ismael Zambada García, *El Mayo*, y su hermano Reyes Zambada García; también José Albino Quintero Meraz, *El Beto*, Eduardo González Quirarte y los hermanos Beltrán Leyva, entre otros.

148

La propia Sedena ha debido reconocer que efectivos de todos los rangos —generales, coroneles, capitanes, tenientes, sargentos, cabos y tropa— han sido cooptados por los cárteles del narcotráfico; el dinero ofertado por los barones de la droga ensombreció el honor castrense, el último baluarte de las instituciones nacionales que parecía intocado por la corrupción. Los generales José de Jesús Gutiérrez Rebollo y Francisco Humberto Quirós Hermosillo fueron los primeros militares de alto rango enjuiciados en cortes marciales por su supuesta colaboración con la estructura de Carrillo Fuentes. Gutiérrez Rebollo ocupaba en la milicia el grado más alto, el de general de división; en su gobierno (1994-2000), el presidente Ernesto Zedillo lo designó comisionado del llamado Instituto Nacional para el Combate a las Drogas (INCD). Como primer *zar antidrogas* del país, Gutiérrez Rebollo tenía acceso directo a las áreas de inteligencia tanto de la Sedena como de la PGR, y a toda la información que desde Estados Unidos se proporcionaba al gobierno mexicano, incluidas las investigaciones de las agencias de ambos países, las revelaciones hechas por informantes, las confesiones de testigos protegidos y también las escuchas telefónicas.

En 1997 fue acusado de recibir sobornos del Cártel de Juárez a cambio de facilitar el trasiego de droga; posteriormente detenido, enjuiciado y condenado a 40 años de prisión, su cargo fue encomendado entonces a un civil, Mariano Herrán Salvatti, pero en mayo de 2012, en medio de la polémica generada por las acusaciones oficiales del gobierno de Felipe Calderón contra otros militares de alto rango por supuesta protección al cártel de los hermanos Beltrán Leyva, la familia de Gutiérrez Rebollo aparecería en la escena pública para insistir en su supuesta inocencia. En ese contexto, en amplias entrevistas con la periodista Carmen Aristegui, sus parientes revelarían algunos entretelones de la Sedena, pugnas palaciegas en las fuerzas armadas a las que atribuyeron el encarcelamiento del general.

Entre otras cosas dirían que en su calidad de *zar antidrogas* Gutiérrez Rebollo investigaba los supuestos vínculos de familiares del entonces mandatario con integrantes de la organización Amezcua Contreras —también llamada Cártel de Colima—, que lideraban los hermanos José de Jesús, Adán y Luis Amezcua Contreras, quienes controlaban el tráfico de drogas sintéticas, de allí el mote con que se les conocía de *Reyes de las Anfetaminas*; la boda en Colima, en 1997, entre León de Jesús Zedillo Hernández, primo hermano del presidente de la República, y Miriam Vielma Tostado en una finca propiedad de un lugarteniente del narco, era una de las relaciones que supuestamente indagaba.

Con un militar —el general Rafael Macedo de la Concha— al frente de la PGR (diciembre de 2000 a abril de 2005), otros altos mandos castrenses fueron vinculados al crimen organizado. Francisco Humberto Quirós Hermosillo, general de división, y Mario Arturo Acosta Chaparro, general de brigada, fueron señalados como parte de la red de efectivos que daban protección al Cártel de Juárez; ambos comenzaron a ser investigados en 1998, en la averiguación previa PGR/UEDO/067/98. Quirós Hermosillo fue llevado ante un consejo de guerra que el 1 de noviembre de 2002 lo declaró culpable y lo degradó; tres años después fue absuelto del delito de operaciones con recursos de procedencia ilícita, pero le fue ratificada su culpabilidad en el "fomento en cualquiera de sus formas al tráfico de drogas". En su condición de preso, en noviembre de 2006 murió de cáncer en el Hospital Central Militar.

El subteniente delator

En la historia de la infiltración del narcotráfico en las fuerzas armadas un subteniente, Juan Galván Lara, jugó un papel muy relevante por las revelaciones que hizo de lo que, según él, vio y supo cuando fue chofer del general Gutiérrez Rebollo. Se convirtió en uno de los 300 testigos protegidos del llamado *Caso Cancún* o *Maxiproceso*, en el cual se identificó a un amplio número de políticos, funcionarios públicos, integrantes de corporaciones policiacas y militares que colaboraban con el Cártel de Juárez, entre ellos el gobernador de Quintana Roo Mario Ernesto Villanueva Madrid (1993-1999), quien protegía, apoyaba y lavaba dinero de esa organización. Las declaraciones ministeriales de Galván Lara entre 1997 y 1999 desentrañaron la colaboración de sus colegas y mandos con aquella estructura criminal que aglutinaba a muchos de los narcotraficantes que con el tiempo estarían entre los capos más notorios de México y del mundo: "Trabajan para Carrillo Fuentes muy cercanamente once que conforman el cártel, de los que recuerdo a: Ismael Zambada García, alias *El Mayo* Zambada, que controla Sinaloa; Juan José Esparragoza, alias *El Azul*, controla Cuernavaca; tres hermanos de apellido Beltrán al parecer controlan Mazatlán…"

"De 1993 al año 2001 participé en una conspiración para organizar transacciones financieras, sabiendo que se trataba del producto de una actividad ilícita, para ocultar el carácter y el origen de ese producto", admitiría Mario Villanueva en tribunales de Nueva York en agosto de 2012. Acordó con el cártel permitir el trasiego de toneladas de cocaína procedente de Sudamérica a través de Quintana Roo; el gobernador contaba en su círculo cercano con militares que lo apoyaban en esas tareas de colaboración con el narco. Su administración proporcionó asistencia y protección policiaca además de logística para la descarga, almacenamiento y transporte de los embarques de cocaína a cambio de pagos de entre 400 mil y 500 mil dólares por cada uno, lo que dio al quintanarroense ganancias multimillonarias que invirtió en propiedades —fastuosas residencias, ranchos y otros bienes inmuebles— y en numerosas cuentas bancarias en México, Estados Unidos, Panamá, Suiza, y en paraísos fiscales como las Bahamas o Delaware por conducto de renombradas instituciones financieras como Lehman Brothers o el Chase Manhattan Bank de Nueva York.

El subteniente Alcides

Otro hombre formado en las aulas de las fuerzas armadas fue clave para que en los años noventa Amado Carrillo y su Cártel de Juárez controlaran el tráfico de cocaína colombiana que arribaba a México por las costas de la península de Yucatán y el Caribe, zona que entonces era el principal punto de ingreso de la droga que, vía México, abastecía 50% del consumo mundial, además de que Cancún era ya el principal destino de playa del país, donde legendarios y nuevos capos lavaban su dinero.

Ramón Alcides Magaña era un subteniente de infantería que operaba para el cártel con todo un séquito de efectivos, varios de ellos sus ex compañeros de escuela; por la plaza que Amado Carrillo le asignó se trasegaba la droga colombiana, que distribuían capos como Albino Quintero Meraz, Eduardo González, Juan José Esparragoza y los hermanos Ismael y Reyes Zambada García, entre otros. Oriundo del pequeño poblado de Punta Brava en el porteño municipio de Paraíso, Tabasco, y más conocido por sus alias de *El Metro* o *El Teniente*, Magaña ingresó al Heroico Colegio Militar el 1 de septiembre de 1976 y aprobó los cuatro años del curso de formación de oficiales, graduándose el 1 de septiembre de 1980 con el grado de subteniente de infantería; en los siguientes cuatro años no tuvo ascenso alguno, así que con esa misma jerarquía desertó el 27 de abril de 1984. Luego ingresó a la Policía Judicial Federal, corporación en la que alcanzó el escalafón de comandante como jefe del grupo antinarcóticos, y en tal condición comenzó a trabajar para el cártel en Chihuahua.

El ex militar ayudó a *El Señor de los Cielos* a evadir detenciones planificadas por el FBI, además de librar tiroteos. Amado Carrillo le tomó especial aprecio y confianza desde aquel 24 de noviembre de 1993 cuando Alcides, capacitado como experto en combate frontal, enfrentó a los sicarios que los hermanos Arellano Félix, sus acérrimos rivales del antagónico Cártel de Tijuana, enviaron para matarlo mientras comía plácidamente en el restaurante Bali Hai de la avenida Insurgentes, al sur de la ciudad de México; *El Metro* echó mano de los fusiles que cargaba en su Chrysler Voyager, en la que también llevaba una bayoneta, granadas de mano y cartuchos y explosivos de uso exclusivo del ejército. La proeza de salvar la vida del primogénito del capo le valió que el poderoso capo lo hiciera su hombre de confianza.

Tuvo en el grupo de Amado Carrillo un lugar tan relevante que éste le asignó su plaza más importante, incluidas las negociaciones de alto nivel; Alcides era precisamente el encargado de remitir los sobornos al gobernador Villanueva, el funcionario de mayor jerarquía acusado de favorecer a la organización, y a otros colaboradores del cártel. Aun después de la muerte de Carrillo, ocurrida el 4 de julio de 1997, *El Metro* y su cercano círculo de militares y ex militares siguieron trabajando para la estructura delincuencial. De hecho, el Departamento de Estado del gobierno de Estados Unidos lo identifica como el segundo hombre al mando, sólo por debajo de Carrillo y al nivel de Vicente, hermano del capo, y de su propio hijo, Vicente Carrillo Leyva, y señala que al fallecimiento de Amado y apoyado por el gobernador Villanueva, "en connivencia con los restos del cártel, había estado coordinando envíos de varias toneladas de cocaína desde Colombia hacia la península de Yucatán".

José Alfredo Ávila Loureiro, hermano de la esposa de *El Metro*, Yolanda, y miembro también del cártel, se convirtió en el principal testigo protegido de la DEA para desentrañar la estructura criminal bajo el nombre de *Enrique*, y contó: "A mediados de 1983 ingresé a la Procuraduría General de la República como agente de la Policía Judicial Federal. En el mes de diciembre del mismo año fui adscrito a la plaza de Nogales, Sonora, lugar al que llegué junto con el comandante Héctor Espino Anguiano y con el jefe de grupo José María Ramírez… Aproximadamente a finales de 1989 y principios de 1990 sucedió un hecho muy trascendente que tuvo como resultado la separación de todos nosotros de la Policía Judicial Federal: en compañía de un ayudante mío de nombre Leopoldo Murrieta Maldonado, *El Correcaminos*, hermano del conocido narcotraficante de nombre Carlos Murrieta Maldonado, un día salí muy temprano de Los Mochis rumbo a Culiacán con objeto de ir a recoger el pago quincenal que el comandante Espino me entregaba para repartir a todos los compañeros del retén. Llegamos a la oficina de Culiacán aproximadamente a las nueve de la mañana, [y] me percaté de la presencia de elementos del Ejército Mexicano, quienes tenían tomadas las instalaciones. Estaba estacionándome con mi *jeep* frente a las oficinas cuando el comandante [Ramón Alcides] Magaña me indicó que me jalara en chinga a la casa del comandante Espino a recoger su vehículo Grand Marquis; esa casa, por cierto, fue obsequiada al comandante Espino por *El Mayo* Zambada. Nos dirigimos al mencionado domicilio y no alcanzamos a abrir todavía las puertas cuando fuimos detenidos por elementos de PGR provenientes de la ciudad de México. De ahí fuimos trasladados junto con los vehículos a las oficinas de la PGR en Culiacán, Sinaloa, [y] nos pusieron a disposición de quien iba al mando de ese grupo de policía, el comandante Manuel Peceguin, en esos días encargado de la oficina de Interpol México.

"…Quien tenía la tarea de rentar los vehículos era un sujeto que fue militar de apellido Victoriano, él fue escolta personal del presidente José López Portillo y perteneció a la generación de Alcides Magaña, *El Metro*, en el Colegio Militar. Recuerdo perfectamente que como no devolvíamos los vehículos en los plazos que la arrendadora Hertz nos había puesto, después le llegaban cuentas muy elevadas y eso motivaba su molestia.

"A los dos meses de haber llegado Alcides Magaña y todo el grupo, empezamos a trabajar muy fuerte con grandes cantidades de droga, llegaban casi diariamente lanchas con cargamentos de cocaína de entre una y dos toneladas. Se recibían cargamentos que pertenecían tanto a Alcides Magaña, José Albino Quintero Meraz, Eduardo González Quirarte, [como] a Juan José Esparragoza Moreno, *El Azul*; Ismael Zambada García, *El Mayo* Zambada; Reyes Zambada García, hermano de *El Mayo*, quien se encuentra casado con una colombiana de nombre Patricia, y otros miembros de la organización, por órdenes expresas de Amado Carrillo Fuentes.

"La región de Cancún, Quintana Roo, se convirtió en la 'puerta común' para la entrada de toda la cocaína proveniente de Colombia bajo el control absoluto de la organización de Amado Carrillo Fuentes. En la región de Cancún no podía trabajar ningún otro grupo sin el conocimiento y autorización de Amado Carrillo por conducto de Alcides Magaña, de tal manera que si alguien quería trabajar clandestinamente era ejecutado. Después de Amado Carrillo Fuentes los jefes eran Ramón Alcides Magaña, *El Metro*, en el estado de Quintana Roo, concretamente en Cancún; Albino Quintero Meraz, a quien llamábamos *Albinillo*, quien trabajaba en Cancún pero controlaba Mexicali y San Luis Río Colorado; Ismael Zambada García, *El Mayo* Zambada, quien domina el estado de Sinaloa; Eduardo González Quirarte, *El Flaco* Quirarte, quien trabaja en Guadalajara y en la ciudad de México, y Vicente Carrillo, quien tiene bajo su mando la plaza de Ciudad Juárez…"*

---

* Testimonios presentados el 19 y 21 de diciembre de 1998 en el consulado de México en Texas, Estados Unidos.

Para su "exitosa" carrera mafiosa, a Alcides le fueron esenciales sus contactos dentro y fuera del ejército y su capacidad para corromper militares y civiles por igual; de hecho, su primer círculo de colaboradores eran también egresados del Colegio Militar, de su promoción. Contó el testigo protegido *Enrique*: "El grupo de Ramón Alcides Magaña que trabaja en Cancún, Quintana Roo, y al que yo pertenecí, se integra con las siguientes gentes: Eduardo Mancera, *El Amansador*, quien era efectivo del Instituto Nacional de Combate a las Drogas y a quien correspondía hacer las ejecuciones y *levantar* gente, era el jefe del grupo armado de Ramón Alcides Magaña; a Mancera le correspondieron, por ejemplo, las ejecuciones del Ajusco. Un sujeto ex militar, al que conocemos como *El Pucha*, es el cocinero personal de Ramón Alcides Magaña. Otro individuo de nombre Héctor, que también es ex militar y funge como escolta de Ramón Alcides Magaña. Otro individuo al que apodamos *El Filo* y es ex militar también estaba muy cercano a Ramón Alcides Magaña como escolta al igual que Toño, también ex militar. Entre estos ex militares se decían que eran 'de la antigüedad' porque junto con Ramón Alcides Magaña habían formado parte de la misma generación del Colegio Militar.

"Además de la función de seguridad, a todos nos correspondía auxiliar en las labores de descarga y carga de la droga cuando era recibida en las lanchas y transportada en vehículos a las bodegas y en pipas hacia el norte del país; todos la hacíamos de todo. Otros integrantes del grupo de Ramón Alcides Magaña eran Adán Segundo Pérez Canales, a quien correspondía organizar las convivencias con las personas [con] que Magaña tenía que quedar bien y para ello, por ejemplo, contrataba a [las mujeres] que mantenían entretenidas a las personas; Francisco Armenta padre y Francisco Armenta hijo, al que apodábamos *El Quico*, a él le correspondía una función de jefe dentro de la organización. [A] dos tíos de Alcides, de los cuales no recuerdo su nombre… les correspondía cuidar las casas y los automóviles, misma función que desarrollaban cinco o seis sobrinos de Ramón Alcides Magaña, quienes se encargaban además de llevar a sus hijos a la escuela. A uno de los primos de Alcides le corresponde una función muy importante, que es la de administrar y llevar la contabilidad privada de todas las propiedades de Ramón Alcides Magaña; su nombre es Epifanio, *Papanio*…"

Con Mario Villanueva en el gobierno de Quintana Roo, los retenes, incluidos los de los militares, eran controlados por el Cártel de Juárez. Otro testigo dentro del *Caso Cancún*, Erasmo Gabriel Elizondo Hernández, reveló cómo el gobernador, quien traficaba por su cuenta, lo hacía gracias al apoyo que le daban militares. Negociaba embarques de cocaína que bajaban y subían por una pista construida en terrenos de su propiedad, custodiada por soldados: "El gobernador Mario Villanueva trabajaba por su cuenta y traficaba cocaína, tenía una pista en su casa y jalaba sólo con los guachos. Los guachos tenían resguardada su casa; cuando hablo de guachos me refiero a militares…"

Villanueva tenía también en su círculo cercano a ex militares influyentes como Óscar Benjamín García Dávila, *El Rambo*, sobrino del general Marcelino García Barragán, el poderosísimo secretario de la Defensa de Gustavo Díaz Ordaz; el mandatario estatal lo hizo encargado de un grupo especial de la Policía Judicial de la entidad que le reportaba directamente a él y sólo a él. *El Rambo* fue identificado como otro contacto del gobernador con el cártel, le hacía trabajos a Villanueva y también a Ramón Alcides Magaña. Dentro del llamado *Caso Cancún* se le imputaron delitos contra la salud y delincuencia organizada.

Enrique fue el testigo más importante en los señalamientos contra Mario Villanueva Madrid por sus vínculos con el narcotráfico.

Sus declaraciones fueron la base con la cual las autoridades estadounidenses fundamentaron su acusación contra el ex gobernador y su extradición, que llevó a que finalmente, ante cortes estadounidenses, en agosto de 2012 Villanueva se declarara culpable de lavado de dinero para el cártel.

Otro testigo protegido, Ramón Gumaro Garza, detalló la influencia y control de *El Metro* sobre autoridades civiles y militares: "…un individuo de nombre Mario Silva, alias *El Coyote*, es quien trabaja en la Unidad de Delincuencia Organizada; también conozco a Óscar García, alias *El Rambo*, y […] tienen contactos por medio de Ramón Alcides, *El Metro*, dentro de esta corporación. Tiene contactos con gente del ejército, sin saber los nombres, pero por ejemplo mandaron a entrevistarse a Fernando Graciano con unos militares que iban a arreglar la plaza de Campeche, y le pusieron un cuatro a Fernando, por lo que lo detuvieron y se encuentra en el Reclusorio Oriente; también Alejandro Bernal es compadre de Amado Carrillo…"*

En la organización, Gildardo Muñoz Hernández era quien se encargaba de administrar y distribuir los pagos a integrantes del cártel y sobornos a funcionarios, policías y militares. Convertido en testigo, el 15 de octubre de 1998 entregó documentos de esos pagos entre los que se incluían cohechos a militares y ex militares que colaboraban con *El Metro*; uno de ellos, apodado *El Biólogo*, un hombre de entre 55 y 60 años de edad y 1.80 metros de estatura, a menudo recibía pagos de hasta 100 mil dólares por instrucciones de Magaña.

Entre 1998 y 2001, 17 militares en activo fueron vinculados como presuntos integrantes y cómplices del Cártel de Juárez, entre ellos el capitán de infantería Luis Rey Abundis Murga, sentenciado el 14 de mayo de 2001 por el juez quinto de distrito de Procesos Penales

---

* Declaración del 15 de febrero de 1999.

Federales del Distrito Federal a 17 años de prisión por su responsabilidad penal en delincuencia organizada y operaciones con recursos de procedencia ilícita; también Paulino Mendoza Contreras, acusado de brindar protección y proporcionar seguridad a la célula del grupo a cargo de Eduardo González Quirarte, principal lugarteniente del cártel en Jalisco e identificado como encargado de las "relaciones públicas" además de enlace con militares de alto rango; Mario García García, señalado como jefe de la escolta de la familia de Eduardo González Quirarte y encargado a la vigilancia de la hacienda Camichines en Jalisco, centro de operaciones del narcotraficante; Víctor Wilfredo Soto Conde, mayor del Ejército Mexicano, quien cuando laboraba en la 9/a. Zona Militar en Culiacán, Sinaloa, facilitaba la operación del cártel y les filtraba información que les permitía evitar decomisos de droga o detenciones; se le identificó como el responsable de que Amado Carrillo escapara de un operativo preparado por el Ejército Mexicano para detenerlo durante la boda de su hermana en el rancho El Guamuchilito en Navolato, Sinaloa, en enero de 1997. Fue sentenciado a 60 años de prisión e inhabilitado para ejercer cargo público alguno durante 36 años.

Militares y narco: Tijuana

Durante aquella misma década de 1990 agrupaciones como el Cártel de Tijuana, también llamado cártel de los Arellano Félix u Organización Arellano Félix (OAF), como lo identifica la DEA, cooptaron a elementos del área de inteligencia militar y los comisionados al Cisen.

En esa época el Cártel de Tijuana se erigió como una de las organizaciones de tráfico de drogas más importantes; proveía por lo menos 20% de la cocaína y mariguana consumidas en Estados Unidos, e

incursionó también en el negocio de las drogas sintéticas contraban-
deadas desde Europa. Su emporio contó estrechamente con apoyo de
militares, además de corporaciones policiacas y expertos en manejo
financiero; los hermanos Arellano Félix llegaron a infiltrar incluso el
área de inteligencia militar, y por medio también de militares el Cisen.

Su estructura consistía en un sistema de células cuyos jefes supremos eran Benjamín y Ramón Arellano Félix y bajo su mando se
encontraban Jesús Labra, *El Chuy*; Manuel Aguirre Galindo, *El Caballo*; Ismael Higuera Guerrero, *El Mayel*, como brazo operativo, armado y lugarteniente de la plaza, y el hermano de éste, Gilberto Higuera
Guerrero, *El Gilillo*; Efraín Pérez Pasuengo o Efraín Pérez Arciniegas,
El Efra; Jorge Aureliano Félix, *El Macumba*; Rigoberto Yáñez Guerrero, *El Primo*; Armando Martínez Duarte, *El Loco*, y David Barrón
Corona, *El Ch*.

Los miembros de las fuerzas armadas les facilitaban el traslado de
sus embarques de droga de Colombia a Estados Unidos en los barcos, aeronaves y vehículos del cártel, como el aterrizaje en noviembre de 1995 del *jet* de pasajeros francés Sud Aviation SE 210 Caravelle
que cargado con 10 toneladas de droga arribó al paraje Llanos de
Baturí en La Paz, Baja California Sur; el aeroplano, con dos turbi-
nas y sin asientos, descendió, pero una vez en tierra no pudo volver a
emprender el vuelo. Los hombres del cártel y sus colaboradores des-
cargaron la coca y la llevaron a guardar a un rancho al sur de La Paz;
el avión, que registró una explosión y se quemó en parte, fue destrui-
do y semienterrado.

Fue el primer cártel que tuvo vínculos de negocios con las Fuerzas
Armadas Revolucionarias de Colombia (FARC), que les abastecían las
drogas que los Arellano cruzaban por la franja fronteriza entre Tijuana y Mexicali en aviones privados, helicópteros y aerolíneas comercia-
les, en botes, yates y barcos, en vehículos particulares y tráileres. Esto

supondría un escalamiento en la complejidad del comercio ilícito, a lo que se ha sumado la aparición de guerrillas dedicadas a la producción de enervantes en otros países de Sudamérica como Uruguay, Paraguay y Perú, resguardadas en la profundidad de la selva amazónica.

Uno de los militares de alto rango vinculados al cártel fue Antonio Hermenegildo Carmona Añorve. El capitán se desempeñaba como secretario de Seguridad Pública de Mexicali, con el panista Eugenio Elorduy Walther como alcalde (1995-1998), de quien fue uno de sus principales colaboradores; incluso las cabezas del cártel hablaban de la conveniencia de tenerlo colaborando con ellos y consentirlo con regalos dada la influencia que, evaluaban, tendría con Elorduy como gobernador, según revelaciones de testigos protegidos. Sin embargo, esta proyección se frustró cuando en agosto de 2001 Carmona fue detenido en Mexicali, enjuiciado y encarcelado.

Gran parte de la indagatoria en su contra se basó en revelaciones de testigos protegidos también integrantes del grupo de los Arellano que para obtener sentencias o acuerdos benévolos para ellos desnudaron a la organización, proporcionando nombres de algunos de sus miembros y la función que cada uno desempeñaba. Policías de distintas corporaciones colaboraban con el cártel, incluso agentes federales del Grupo Beta, cuya función era la orientación y el auxilio a migrantes, y que transportaban cocaína y mariguana en vehículos oficiales, pero sobre todo, los Arellano recibían apoyo de la policía municipal, dirigida precisamente por un militar, el capitán Carmona Añorve; vestido con su uniforme de gala en una fotografía en poder de la autoridad federal, Antonio Hermenegildo Carmona fue plenamente identificado como cómplice del Cártel de Tijuana y sentenciado a 36 años de prisión.

La protección militar era también medular para que el cártel bajara sus cargamentos de droga que en aeronaves llegaban desde Colombia para ser trasladados a Estados Unidos, así como embarques de drogas sintéticas europeas. Los testigos protegidos identificaron asimismo las rutas de trasiego de drogas —terrestres, aéreas y marítimas—, las pistas clandestinas, las casas de seguridad y los retenes oficiales militares y civiles cuyos vigías estaban en la nómina. Uno de ellos, *Alejandro*, detalló la colaboración de militares con el cártel: "Estando como agente de la Policía Judicial del estado en Baja California quedé comisionado dentro de un grupo considerado como de fuerzas especiales, cuyo comandante era René Gaume [...] Ya encontrándome en Mexicali empecé a acompañar a *El Gilillo*, apoyándole en una ocasión a bajar en el ejido de nombre La Hechicera un avión del que después supe iba cargado con mariguana, en esa ocasión nos acompañó un comandante de apellido Durán. Ese avión era pequeño y al parecer llevaba trescientos kilos. En ese tiempo *El Gilillo* se juntaba con una persona a quien le decían *El Ingeniero*, que tenía enterrado *perico* en San Felipe. Un militar de la Fuerza Aérea se puso su uniforme y al pasar por el retén dijo que era una mudanza de un capitán, de esa forma trasladó una tonelada de cocaína hasta Mexicali. A ese *Ingeniero* lo mataron en Culiacán, en un parquecito.

"A *El Mayel* lo conocí en Mexicali en una casa que se ubica en la colonia Los Pinos. En esa ocasión llegó con unos agentes de la Policía Judicial Federal, dentro de los que recuerdo a uno que le decían *El Ruso* y otro que le decían *El Pequeño*, que no era del gobierno. *El Gil* me presentó con *El Mayel* diciéndome 'Te presento a mi hermano, mi carnal'. En ese tiempo yo ya sabía quién era *El Mayel*, ya que los muchachos me lo habían mencionado.

"En esas fechas ese militar de la Fuerza Aérea lo presentó con un subteniente que estaba por el retén de El Sargento, y escuché que habían arreglado una pista y que al teniente le habían dado la cantidad de cien mil dólares para que no se metiera en la bajada de un avión que [llegó a] esa zona con cuatrocientos kilos de cocaína, *perico*. Después se bajó otro avión en el mismo lugar y uno de los soldados que estaban con el teniente le informó al general de la zona, por lo que mandaron a llamar a ese teniente, y cuando éste se entera que lo habían mandado llamar se deserta porque sabía que lo iban a detener.

"Recuerdo que cuando me citaron a declarar había varios militares que habían rodeado el edificio de la Judicial del estado, ya que estaban enterados [de] que en [lo del] avión del Baturí estaba involucrada la Judicial del estado. Yo hablé con el capitán Fernando Gastélum Lara y le comenté que yo antes había ido a mi casa y que había visto militares vestidos de civil, que la gente de Gil, entre ellos *El Pomponio* y la gente de *El Caballo*, habían investigado y confirmaron que eran militares los que yo había visto alrededor de mi casa. Y el capitán Gastélum me comentó que los militares ya habían ido a preguntar por mí y que él les [dijo] que yo estaba de comisión en Los Cabos. A los dos días regresé y platiqué con él, diciéndome que habían insistido los militares y que él les había dicho que si me querían interrogar lo hicieran en las mismas oficinas de la Policía Judicial del estado; los militares se negaron a ello y ya no regresaron. El capitán Fernando Gastélum estaba enterado del operativo ya que así me lo comentó Óscar Campillo y fue por esta razón que apoyó comisionando a los diez policías con la Policía Judicial Federal [...] René Gaume era el brazo derecho del capitán Gastélum.

"El vehículo accidentado en los Llanos de Baturí [...] Nerio, el jefe de grupo de robo de vehículos de la Policía Judicial del estado, se encargó de desbaratarlo y de llevarlo a un *yonke* [deshuesadero de carros] conocido que está en la entrada de Los Planes. Sigifredo Valverde fue el que se encargó de cuidar al colombiano que se quemó en la explosión del avión así como de guardar las cosas que se utilizaron en el operativo y que eran propiedad de la gente de *El Caballo*

(Manuel Aguirre Galindo). Respecto a la forma en que se pretendió ocultar el avión, Óscar Campillo se encargó de contratar una moto-conformadora que por casualidad se encontró cuando fue a cargar gasolina, en ese lugar se dio cuenta que el chofer de la motoconforma-dora también cargaba gasolina y lo enreda para que lo ayude a sacar un avión que había caído en ese lugar, por lo que trasladó la moto-conformadora adonde se encontraba el avión, donde lo enterró…"*

Alejandro sabía de lo que hablaba; era el escolta principal de Gil-berto Higuera Guerrero, *El Gilillo*, uno de los brazos fuertes de los hermanos Arellano Félix, lugarteniente en Mexicali donde se encar-gaba, además del tráfico de drogas, del cobro de cuotas por *derecho de piso* a otros narcotraficantes tal como hacía su hermano *El Mayel* en Tijuana. Al lado de *El Gilillo*, *Alejandro*, cuyo nombre real era Ger-mán Núñez Valderrain, trabajó para el cártel por lo menos de octu-bre de 1995 a febrero de 2001; lo llamaban *El Buzo*.

Bajo el programa de testigos protegidos del gobierno federal, Núñez Valderrain reveló la infiltración del cártel en el área de inteli-gencia militar, con hombres a su servicio como el teniente Edgar René López Delgado, adscrito a la II Región Militar, con sede en Baja Cali-fornia, quien se encargaba de negociar con los efectivos asignados a los retenes para que permitieran el paso de los cargamentos de dro-ga: "Otro militar que estuvo apoyando a *El Gil*, como lo he mencio-nado, era el teniente Edgar, quien también fungía dentro del grupo de inteligencia militar, y era el encargado de contactar en los retenes para que *El Gil* pudiera pasar los cargamentos. Supe que se desertó y después, aun desertado, con sus relaciones con sus compañeros mili-tares siguió contactándolos para continuar apoyando a Gilberto…"

---

* Declaraciones ministeriales del testigo *Alejandro* entre febrero de 2001 y ju-nio de 2006.

López Delgado, convertido también en testigo protegido, relató en su declaración ministerial del 25 de octubre de 2001 cómo contactó en 1997 en Mexicali a diferentes personas del ámbito castrense para apoyar en actividades relacionadas con el narcotráfico bajo el mando de Gilberto Higuera, y la supuesta ayuda que tuvo de compañeros como el teniente Marco Antonio Benítez Armijos y Ramón Martínez.

Benítez, dijo, avisó desde el Cisen sobre un operativo militar contra Gilberto Higuera; en marzo de 2000 filtró al traficante que un grupo del GAFE se había trasladado del Distrito Federal a Tijuana a detener a miembros del cártel. López declaró además haber participado en la entrega de un paquete de dinero que efectuó una persona a la que se refirió como Ariel, que fue quien lo presentó con Gilberto Higuera Guerrero. A Gil, dijo, lo veían con *El Gallo*, *El Buzo*, *El Cero*, *El Peli*, *El Caminillo*, *El Eme 2* o Javier Palomera y *El Eme 3* o Ricardo Palomera.

Reveló también cómo presenció con su compañero Ramón Martínez la bajada de cinco aviones con estupefacientes propiedad de Gilberto Higuera Guerrero en tres días, y luego dos descensos: "En la Cañada de David mi participación consistió en acompañar a *El Gallo* y *El Buzo* para yo tener contacto con personal militar en caso de que hubiera algún problema como se presentó, ya que fue asegurada la aeronave. En lo que respecta a Cerro Prieto, yo estaba en esa ocasión acompañando a *El Gallo* y *El Cero* y después de que se recibió la mercancía nos trasladamos a la sede de Mexicali, específicamente a una casa ubicada en la colonia Magisterios donde llevamos a cabo el conteo de los paquetes recibidos, el contenido de los paquetes era cocaína […]

"El aseguramiento de la aeronave de Cañada de David fue a finales de 1998, dicha avioneta fue asegurada por el teniente de caballería Marco Antonio Benítez Armijo sin lograr el aseguramiento de la droga, y recuerdo que en esa misma ocasión se aseguró una *pick up* Ford color azul, [la] que se utilizó para el traslado del combustible."*

La relación de los militares con los integrantes del Cártel de Tijuana no se limitaba únicamente a ayudarlos en sus trasiegos; hacían también vida social con ellos, convivían en fiestas, comían en restaurantes.

DE VERDUGOS A ENEMIGOS

La guerra de Calderón terminó con casi 66 mil elementos de las fuerzas armadas en las calles, 49 mil del Ejército y 16 925 de la Armada; en términos presupuestales, a lo largo de su gobierno asignó a las fuerzas armadas un presupuesto 80% más alto que el que tenían en 2006. Se aumentaron los sueldos y se adquirió más equipo y armamento: vehículos, camiones, buques, helicópteros, aviones, armamento y municiones.

No obstante la inversión económica y los recursos humanos, al final de su sexenio ni uno solo de los cárteles fue totalmente desarticulado; en cambio, hubo miles de inocentes asesinados de manera directa o en fuegos cruzados, más cateos ilegales, tortura y particularmente detenciones arbitrarias en contra de la población civil. Ante la urgencia de exhibir resultados, cientos de personas fueron detenidas bajo falsas acusaciones y al cabo del tiempo, en muchos casos, la autoridad no pudo comprobarles los delitos imputados.

El régimen del comandante supremo Felipe Calderón dejó un México enlutado con más de 100 mil civiles muertos y por lo menos

* Testimonio presentado el 17 de julio de 2006.

25 mil desaparecidos, más unos 250 mil desplazados según el cálculo de Naciones Unidas, diáspora ocasionada por el tsunami conjunto entre el despliegue militar y el avasallador poderío de los cárteles; extensos territorios se convirtieron en zonas de excepción y pueblos fantasmas cuyos habitantes encontraron en el abandono de sus casas y tierras y la emigración a otras entidades del país, o incluso a Estados Unidos, la única vía para salvaguardar su integridad. Las cifras son sólo estimaciones respecto de mexicanos asesinados y desaparecidos, quizá nunca se conozca el número exacto porque por temor tampoco se denunciaron todas las desapariciones o muertes.

El Instituto Nacional de Estadística y Geografía contabilizó 95 632 asesinatos sólo entre 2007 y 2011; hacia finales del sexenio se habló de más de 100 mil. Pero la necrología sexenal debe incluir también un número indeterminado de muertos sin reclamar en planchas y refrigeradores forenses, enterrados al final en cementerios civiles con las siglas *NN*, carentes de toda identificación, sin nadie que reclamara esos cuerpos, y quién sabe cuántas fosas clandestinas por todo el país como en los años de la Guerra Civil española, donde las cunetas de cualquier pueblo ocultaban lechos mortuorios clandestinos. Aparte, es incontable el número de civiles torturados, vejados, oprobiados por los agentes gubernamentales con el pretexto de la "guerra".

La hecatombe social del conflicto se vio acentuada como crisis humanitaria por las generaciones de jóvenes y niños que vieron truncado su futuro al ser reclutados por las mafias; más de 30 mil se convirtieron en fuerza de trabajo, criminales profesionales, cuando aún no tenían siquiera derechos civiles. Algunos se graduaron como sicarios, como aquel que a sus 12 años de edad era ladrón y a los 14 un verdugo experto en degollar a sus víctimas: Edgar Jiménez, *El Ponchis*, miembro del Cártel del Pacífico Sur, entrenado con rigor por sus empleadores.

En contraste, los cárteles mexicanos se erigieron como las organizaciones delincuenciales más poderosas del planeta, diversificando ampliamente sus actividades en un catálogo de 22 delitos. Asociados con arraigadas mafias internacionales como las italianas Camorra, 'Ndrangheta y Cosa Nostra, y con grupos rusos, japoneses y peruanos lo mismo que con sus viejos socios colombianos y organizaciones extremistas de Medio Oriente, en plena guerra calderonista se consolidaron, además de su actividad principal de traficantes de droga, como contrabandistas de hidrocarburos, minerales, metales, oro y piedras preciosas; hoy controlan las redes y rutas de tráfico de migrantes, trata de personas, piratería y falsificación de moneda, y obtienen jugosos dividendos de secuestros, pornografía, robo de mercancías a autotransportes, introducción ilícita y falsificación de medicamentos, explotación ilegítima de madera y pesca furtiva, e incluso del tráfico de arte y bienes culturales, cobrando extorsión a empresas y negocios de cualquier tamaño y giro legal o ilegal, desde los vendedores ambulantes de piratería hasta corporativos trasnacionales, beneficiándose de buena parte de los 2.1 billones de dólares anuales que en ganancias obtienen las mafias en todo el planeta, lo que representa 3.6% del producto interno bruto (PIB) mundial.

Con los militares en las calles, o a pesar de la militarización de varios estados, México se convirtió en el principal país en cuanto a tránsito de cocaína, estupefaciente que envían los capos a lugares tan remotos como Australia, posesionándose también de rutas de circulación y abasto por Europa, antaño coto privado de los exportadores colombianos. Además de controlar la mayor parte de la distribución del polvo blanco hacia Estados Unidos, las agrupaciones mexicanas se volvieron los proveedores más grandes de heroína, metanfetaminas y mariguana, según los expertos en inteligencia, seguridad nacional y política criminal que informan al Congreso de Estados Unidos.

Aun con la presencia militar, el Cártel de Sinaloa se convirtió en la primera organización criminal del orbe, expandiendo sus operaciones a más de 50 países de todas las regiones, dice el informe *Drug trafficking organizations: source and scope of the rising violence* (septiembre de 2011), elaborado por June S. Beittel para el Congreso de Estados Unidos; su líder, Joaquín Guzmán Loera, ingresó al selecto club de multimillonarios de la revista estadounidense *Forbes* con una fortuna estimada en dos mil millones de dólares.

En 2009 *Forbes* incluyó por primera vez al sinaloense entre los más connotados y acaudalados empresarios, inversionistas e incluso diseñadores de modas, herederos de emporios corporativos en los cinco continentes; sin embargo, a diferencia del *glamour* que rodeaba a la mayoría de ellos, la suya era una fotografía en la que aparece con una sencilla chamarra color beige y en la mano la cachucha del mismo tono, característica de los días de prisión en Puente Grande. Hasta el último año del sexenio se mantuvo dentro de esa clasificación, aunque tampoco era la primera vez que se incluía a un narcotraficante; antes, en dicha publicación aparecieron los capos Pablo Escobar Gaviria y los hermanos Ochoa, amos de la cocaína colombiana.

La estructura que el sinaloense dirigía hasta marzo de 2014 —cuando fue reaprehendido y retomó en 2015 tras su fuga de El Altiplano—, y que tuvo un revés cuando el enamoradizo narcotraficante contactó a la actriz Kate del Castillo con quien proyectaba filmar su autobiografía, cooptó también militares; para la organización trabajaron regimientos completos. En Sonora se trató de elementos adscritos a las zonas de Hermosillo y Nogales que apoyaban al cártel protegiendo los sembradíos de droga que oficialmente debían destruir; sólo en esa entidad desertó más de 10% de los efectivos castrenses entre 1996 y 2006, 1 172 de 10 mil enlistados. En Sinaloa todo un escuadrón, el 65/o. Batallón de Infantería, con sede en Guamúchil, estuvo implicado en la protección a cultivos de droga en campos y serranías en la zona del Pacífico mexicano para el grupo de *El Chapo*.

Destacado el caso de Sergio Armando Martínez Fajardo, quien alcanzó en la milicia el grado de teniente; estaba adscrito a la Séptima Compañía no Encuadrada, en Culiacán, cuando desertó en 2003 para dedicarse de tiempo completo al trabajo que hacía desde un tiempo atrás; era operador del Cártel de Sinaloa como reclutador de militares y policías. Luego apareció como "testigo colaborador" del gobierno federal, con nombre clave *María Elena*, y en tal condición hizo revelaciones a finales de 2009 en las que acusó a una decena de sus compañeros de supuestos vínculos con la estructura de Guzmán Loera.

En sus últimos encargos en el cártel, Martínez Fajardo era responsable de la logística y seguridad de Vicente Zambada Niebla, *El Vicentillo*. Sus problemas comenzaron cuando el gobierno detuvo al hijo de Ismael, *El Mayo* Zambada, el segundo hombre en importancia en el Cártel de Sinaloa, en la zona del Pedregal en la ciudad de México el 19 de marzo de 2009. Consideró que su cabeza tenía precio, había traicionado a las fuerzas armadas y luego falló ante la organización, por lo que creyó preferible cooperar con las autoridades.

Al poco tiempo, la Sedena difundió un boletín de prensa en el que hacía público el arresto de militares por sus supuestos vínculos con el Cártel de Sinaloa: Roberto García Ramírez, teniente de caballería; José Manuel Reyes Flores, capitán segundo de infantería; Raymundo Morales Merla, subteniente de infantería; Jaime Guatemala Niño, teniente de infantería; Luis Eduardo Basurto Romero, teniente de infantería; Luis Martínez Ríos, teniente de caballería; Ricardo Santos Vázquez, teniente de caballería; Jorge Bautista Benítez, teniente de caballería, y Francisco Jiménez García, teniente de caballería.

María Elena señaló incluso a Roberto García Ramírez, un teniente de caballería reconocido por sus superiores por "su destacada actuación en la aplicación de la Directiva para el Combate al Narcotráfico, 2007-2012", aunque éste argumentó su inocencia en una amplia entrevista publicada por el semanario *Proceso* bajo la firma del periodista Jorge Alejandro Medellín, diciendo que el teniente Sergio "nunca ratificó sus dichos ni ofreció pruebas contundentes de las acusaciones".

Para cuando Felipe Calderón, reconocido como jefe supremo de las fuerzas armadas, lanzó su guerra contra las drogas, en prisiones militares había unos 540 elementos acusados de infracciones diversas, entre ellas precisamente delitos contra la salud y delincuencia organizada; desde entonces era de notarse la insuficiente transparencia y claridad en cada uno de esos procesos, amén de la opacidad del fuero militar.

A medida que el gobierno les fue dando mayor pauta de operación en el combate a las drogas, más y más militares se vieron implicados en actos de corrupción, cooptados o ligados al narco; en 2009 el general de brigada Manuel de Jesús Moreno Aviña y 29 soldados a su mando fueron acusados de permitir la operación de la mafia en Ojinaga, Chihuahua.

Uno de los más polémicos fue el del general brigadier Juan Manuel Barragán Espinosa, detenido en enero de 2012, acusado de supuesta vinculación con el crimen organizado cuando se desempeñó como comandante del Onceavo Cuerpo de Defensa Rural, dependiente de la 14/a. Zona Militar, aunque al momento de su captura estaba en retiro; el presidente Calderón lo había ascendido apenas en noviembre de 2010.

En septiembre de 2012, el periódico *Reforma* publicó que supuestamente Barragán Espinosa había pedido 10 millones de dólares a emisarios de *El Chapo* Guzmán para conseguirles contactos y citas con el secretario de la Defensa Nacional, general Guillermo Galván, la procuradora general de la República, Marisela Morales, y el general

Genaro Robles, subjefe operativo del Estado Mayor de la Defensa; la pretensión de los enviados de *El Chapo* era que la Sedena cesara los operativos en sus zonas de influencia. Como Barragán no les daba resultados, es decir, como no conseguía las prometidas reuniones, los propios miembros del cártel grabaron un video durante uno de sus encuentros con él. Aun cuando no tenía un cargo de alta relevancia en el ejército, era yerno del general de división Félix Galván López, secretario de la Defensa Nacional en el sexenio de José López Portillo. El general, por su parte, se defendió diciendo que nunca aceptó el dinero y que incluso los denunció ante la Procuraduría Militar.

La fallida guerra calderonista dejó a las fuerzas armadas en una situación de descrédito. En las zonas militarizadas del país su presencia era tan incierta como la de los comandos y grupos de la delincuencia, que se habituaron a portar también uniformes militares. En muchos puntos a lo largo y ancho del territorio se volvió casi imposible distinguir entre un retén legal y uno de la delincuencia, más aún cuando se descubrieron talleres clandestinos donde se fabricaban copias de los uniformes militares, como el que en Piedras Negras halló la Armada con cientos de trajes de camuflaje, camisas y chalecos aunque, como en otros mercados de piratería, no se sabría si los proveedores de insumos eran los mismos que surten el mercado oficial. Lo mismo ocurre en el ámbito de las armas, cuyo mercado negro a la delincuencia es abastecido igualmente por el mercado legal.

Entre 2006 y 2011, al mismo tiempo que las fuerzas armadas libraban la guerra oficial contra las drogas, 142 militares fueron detenidos, acusados de supuestos vínculos con el narcotráfico según refiere la Sedena en respuesta a una solicitud de información (número 0000700084511); eran efectivos asignados a Sinaloa, Chihuahua, Baja California, Sonora, Michoacán, Jalisco, Morelos, Tamaulipas, Veracruz, Estado de México, Coahuila, San Luis Potosí, Nuevo León,

Tabasco, Zacatecas, Baja California Sur y Distrito Federal, es decir, 16 de las 31 entidades federativas más la capital. Tales elementos fueron indiciados por "colaboración en el fomento para posibilitar el transporte y tráfico de narcóticos", "colaboración de cualquier manera para posibilitar la ejecución", "colaboración para fomentar el transporte de mariguana", posesión de narcóticos, suministro de mariguana, "fomento para la ejecución de algunos de los delitos a los que se refiere el capítulo de delitos contra la salud", posesión de cocaína con fines de comercio, "colaboración de cualquier manera en el fomento para posibilitar el cultivo y cosecha de mariguana" y "narcomenudeo con fines de posesión simple de mariguana".

En 2013, en cortes de Estados Unidos, Jesús Enrique Rejón Aguilar, *El Mamito*, uno de los jefes Zetas históricos, habló del supuesto apoyo de miembros del ejército a ese cártel con información y "servicios":

> ¿Proporcionaba sobornos a los militares mexicanos?
>
> Sí lo hice.
>
> ¿Y qué harían los militares mexicanos a cambio de los sobornos?
>
> Nos ayudaban a luchar contra el grupo contrario a nuestro cártel. Eso es todo.*

Ni la propia autoridad podría negar el enorme fracaso de las fuerzas armadas en la "guerra contra las drogas" que se explica también con otras pifias e indicios de corrupción que afectaron a muchos ciudadanos. Una de estas aristas tiene que ver con los equipos que los militares usaban para detectar droga, armas o explosivos: los detectores moleculares GT-200, el gran fraude que llevó a miles de mexicanos a la cárcel.

Los detectores GT-200, llamados coloquialmente como *ouija del Diablo*, son artefactos diseñados por la compañía británica Gobal

---

* *Reforma*, junio de 2013.

Technical LDT, equipos que supuestamente localizaban explosivos, armas o drogas; pero en realidad solamente eran tubos de plástico que se accionaban aleatoriamente.

Entre 2007 y 2010, la Sedena compró 742 detectores GT-200 y los utilizó como equipo principal para detectar los citados objetos ilícitos. En esa "guerra", la Sedena invirtió como parte de su presupuesto más de 300 millones de pesos para comprar esos artefactos, los cuales usó para enviar a más de 5 mil mexicanos a Ceferesos de alta seguridad por cargos de narcotráfico.

El megafraude de los GT-200 fue documentado por la prensa europea. Se evidenció que los aparatos que la empresa del británico Gary Bolton vendía a los gobiernos de distintos países eran un fraude, pues en realidad se accionaban aleatoriamente sin detectar nada. Aun así, con la única señal que el aparato marcaba, los militares enviaron a miles de mexicanos a la cárcel acusándolos de portar droga, armas y otros productos ilícitos.

En agosto de 2013 un tribunal británico comprobó que los aparatos eran tubos con manijas y una antena, inservibles por completo, y condenó a Bolton a siete años de prisión por fraude. Sin embargo las cárceles mexicanas aún tienen presos a quienes falsamente señaló la *ouija del Diablo*.

El crimen organizado prosiguió en su paso triunfal incluso sobre las fuerzas armadas, como ocurrió con el resto de las instituciones del Estado mexicano. El poder corruptor del narcotráfico, de la vida y el dinero fáciles, atenazaron también al sector castrense, utilizando a militares corruptos como Perseo a Medusa, haciendo de su reflejo el arma más letal. En cambio, con los operativos militarizados las violaciones a los derechos humanos de civiles por parte de miembros de las fuerzas armadas fueron aumentando en número y gravedad.

Aunque cambió el nombre del comandante en jefe de las Fuerzas Armadas, no así los modos del ejército. Y el primer caso que destacó fue el de Tlatlaya, municipio del Estado de México.

—¡Ya nos cayeron los contras!— gritaron los civiles armados que estaban dentro de una bodega en San Pedro Limón, en el municipio de Tlatlaya. Era la madrugada del 30 de junio de 2014, cuando 8 militares del 102 Batallón de Infantería que efectuaban un reconocimiento oficial pasaron frente a una bodega en obra negra.

El sargento segundo de infantería se percató que había una persona armada y vio también los vehículos en el interior. A las 4:20 horas comenzó el enfrentamiento: un intercambio de disparos que duró entre cinco y diez minutos "porque los hombres armados se rindieron rápidamente" (según versión de la CNDH construida con las declaraciones de tres mujeres sobrevivientes que presenciaron el enfrentamiento).

—¡Ríndanse, Ejército Mexicano!

—¡Nos vamos a rendir!

—¡Salgan, les vamos a perdonar la vida!

Entre las 4:50 y las 5:00 de la mañana, los militares ingresaron a la bodega y hallaron a los civiles rendidos. Los sacaron uno por uno, les ordenaron hincarse, decir su apodo, edad, ocupación y luego los fueron matando. Veintidós civiles muertos aquella madrugada en Tlatlaya. Dice la CNDH que por lo menos 12 de ellos fueron ejecutados; era una muchacha de 15 años, y el resto varones, entre ellos dos de 17 años de edad. La mayoría era de comunidades de Guerrero, y uno de ellos de Tlatlaya. La CNDH documentó que familiares de seis de las víctimas dijeron que sus hijos fueron secuestrados por criminales y obligados a trabajar con ellos.

El llamado Caso Tlatlaya dejó clara la posición de las Fuerzas Armadas con su comandante en jefe, Enrique Peña Nieto, a pesar de la sofisticada preparación de algunos de sus miembros.

5

LA MASACRE DE LA ESPERANZA

De los crímenes ejecutados por manos militares en lo que va del presente siglo, el ocurrido la madrugada del 24 de mayo de 2002 por un integrante de las fuerzas armadas adscrito a la 6/a. Zona Militar, en Coahuila, es un antecedente notorio por los factores que se conjuntaron para que tuviera lugar: la falta de adecuada atención psicológica a un soldado que en un momento pudo disponer sin vigilancia de armamento mortífero para cometer un crimen artero contra migrantes inermes, los cuales en un principio huían de la violencia causada por otros militares y grupos criminales en su país de origen y a lo largo de la ruta hacia Estados Unidos, y que aún se ven enfrentados a maltratos y vejaciones por parte de elementos de seguridad corrompidos y proclives a la agresión física.

Han pasado más de 13 años desde que Delmer Alexander y José David fueron brutalmente asesinados por el militar que los cazó en una yerma loma, tiempo en el cual casi nada se supo de las circunstancias del hecho. Bruce Harris, director para América de la organización internacional Covenant House (con sede en Nueva York), proyectaba demandar al Ejército Mexicano ante la CIDH por las muertes de ambos; tenía ya una amplia experiencia en esa corte internacional, pues en 1990 emprendió un juicio —que duró 12 años— contra el Estado guatemalteco por el asesinato a golpes de Nahaman Carmona, un niño de 13 años en condición de calle, por parte de policías nacionales; logró sentencias y cárcel. Pero dejó la organización en 2004 y, enfermo de cáncer, murió en Florida en 2010.

En Coahuila, en el noreste mexicano, La Esperanza aún es el mismo conglomerado de casitas construidas desordenadamente en la periferia poniente de Saltillo. Casi nada ha cambiado; el mismo paisaje se mantiene en la loma donde Delmer Alexander y José David exhalaron su último aliento, y sólo esta colina bordeada de arbustos rojos podría contar la historia de sus muertes, la noche en que se tendieron en el descampado para hacer un alto en el camino rumbo al *sueño americano*, la mañana en la que se hallaron sus cuerpos, el rastro trazado por la sangre que los sobrevivientes dejaron a su paso. Hoy los recuerdan dos cruces de madera que santiguan sus almas errantes, las de dos sacrificados más en la senda de *La Bestia*.

Aquí sigue también el mismo viejo chasis herrumbroso donde Luis Antonio y Amílcar se ocultaron de la mira del cazador sin saberlo, aunque su dueño lo retiró de la calle para confinarlo más cerca de la loma, en la zona aledaña a su casa. El tiempo ha marcado su huella: la pintura del Datsun está quebrada, corroída, aunque al cacharro aún le funcionan las ventanillas. Increíblemente, los cristales de parabrisas y ventanas siguen intocados; con un poco de fuerza la manija cede. Uno de ellos es el mismo que aquella funesta mañana Luis Antonio bajó para enterarse por boca de Martha García de la muerte de su hermano. La tapicería del auto se conserva en buenas condiciones, pero después de recibir a aquellos huéspedes su dueño no quiso repararlo más; descansado sobre ladrillos y bloques de cemento se convirtió en depósito de trebejos.

El más firme es el frondoso pirul debajo del cual los adolescentes se tumbaron a emprender aquel sueño del que no habrían de despertar. Aquí estaba Delmer, de espaldas al sol, con su ropa ordinaria y sus aspiraciones de una vida mejor; a unos metros yacía José David entre los matorrales, con la espalda ligeramente encorvada hacia los pies y el tórax con el abdomen elevado, las insolentes ramas arañando su cara y manos mientras la grosera fauna cadavérica acechaba el momento de predar. Esta loma, el sendero, las cruces, las calles terregosas de La Esperanza son parte de aquella masacre. Desolación pura, una tierra muerta; el escenario de uno de esos bestiales crímenes que ocurren sin ningún motivo, por balas militares disparadas a mansalva.

Un informe del Departamento de Estado de Estados Unidos fechado en 2006 calificó el crimen del militar Ricardo Olvera Venegas como una de las actuaciones más graves por parte de agentes del Estado durante el sexenio de Vicente Fox. A una fracción de la Iglesia católica, vinculada a la pastoral social, le alertó de que los crecientes flujos migratorios de centro y sudamericanos y el proceder de ciertos agentes del Estado contra los migrantes obligaba a instalar un refugio para indocumentados, para que no hubiese ningún otro Delmer Alexander o José David expuestos a cualquier agresión por dormir en las calles; poco después, en Saltillo, el párroco Pedro Pantoja Arreola creó la Casa del Migrante. Pantoja tenía un largo camino en la defensa de los derechos humanos; formado en la enseñanza de la Teología de la Liberación, entre sus batallas en los años sesenta logró salarios más justos para los pizcadores de uva en los campos de California.

El asesinato de Delmer Alexander y José David fue, dice el obispo Raúl Vera (candidato mexicano al Nobel), un parteaguas en la permisividad oficial hacia las agresiones y crímenes a manos de agentes del Estado: "El que no se castigara el crimen hizo saber a todos que se podía agredir, abusar, matar migrantes, pues nadie investigaría, y aunque se investigara, nadie haría valer la ley".

En efecto, al asesinato de Delmer Alexander y José David a manos del militar siguió el de Ismael de Jesús Martínez Ortiz por empleados de Sistemas de Protección Canina, S.A. de C.V., empresa propiedad de la familia Nazar, relacionada con Miguel Nazar Haro, otro tristemente célebre director de la DFS, señalado como principal responsable de incontables torturas, homicidios y desapariciones durante los años de la *guerra sucia*. En junio de 2002, poco después del crimen de Delmer Alexander y José David, Sistemas de Protección Canina llegó a remplazar a Seguridad Privada Eulen en la custodia del ferrocarril ante el cúmulo de denuncias en contra de dicha compañía por abusos contra los migrantes. Aunque se probó el asesinato de Ismael por lapidación (expediente penal 156/2002), no hubo sanción para la compañía; por el contrario, el gobierno federal, por conducto de dependencias como el IMSS y otras áreas gubernamentales, le entregó considerables contratos para encargarse de la seguridad de sus instalaciones.

A Ismael lo asesinaron un domingo los custodios de la compañía cuando los descubrieron a él y a otro hondureño, Germán Tirso Molina, viajando escondidos como polizones en un furgón de Transporte Ferroviario Mexicano. Los bajaron a garrotazos y los sacaron de la estación, pero cuando el tren partía Ismael y Tirso intentaron subir de nuevo; los guardias los jalaron, echaron a correr y los guardias tras ellos, apedreándolos. Cayeron en el kilómetro 317 de la carretera Zacatecas-Saltillo; tras darles alcance, los custodios machacaron varias piedras más sobre sus cabezas hasta dejarlos inertes.

Horas después Tirso recobró el conocimiento y logró incorporarse, pero Ismael ya no se movió; con dificultad pudo llegar a una de las primeras casitas de La Esperanza donde una vecina, Esther Alicia Ortiz, le hizo unas ligeras curaciones mientras llegaba la ambulancia. El dictamen médico forense indica que Ismael murió a consecuencia de politraumatismo craneoencefálico, Tirso tenía fracturada la nariz y contusiones en la cabeza y la espalda.

En 2009, en Chiapas, otro migrante sería asesinado por balas militares. La noche del 18 de septiembre, en el municipio de Comitán, soldados del 91/o. Batallón de Infantería abrieron fuego contra un vehículo en que viajaban centroamericanos; dispararon 14 balas. Mataron al salvadoreño Gustavo Mayacela e hirieron a otros cuatro. Aunque los migrantes yacían gravemente heridos, los soldados se negaron a auxiliarlos e impidieron que el personal de la Coordinación de Protección Civil y Bomberos accediera a la zona para brindarles ayuda. Gustavo murió como consecuencia de un *shock* hipovolémico secundario. En cuanto a los heridos, sus expedientes clínicos (elaborados por personal del Hospital General María Ignacia Gandulfo, de Comitán) registraron que uno tenía lesión en la región torácica por arma de fuego; otro, amputación parcial de miembro pélvico derecho a nivel del medio de la tibia con hemorragia profusa secundaria e impacto por proyectil de arma de fuego; uno más, herido en el tórax y el muslo izquierdo. Otro, herida en el tórax.

Volvamos al caso de Olvera. Remite al del colombiano Campo Elías Delgado Morales (Chinacota, 1934-Bogotá, 1986), enrolado en el ejército de Estados Unidos donde alcanzó la especialización de Green Beret, el grupo de élite de la milicia fundado en 1952 como (los Boinas Verdes a los que me referí páginas atrás) expertos en contrainsurgencia, emboscadas, retiradas, paracaidismo y uso de armas de cualquier calibre. Campo Elías peleó en la guerra de Vietnam en dos periodos, y allí se convirtió en un francotirador infalible; en los años ochenta regresa a vivir a Bogotá a la casa familiar con su anciana madre. En la capital colombiana trabaja como profesor de inglés en clases privadas y se matricula en Lenguas Modernas en la Universidad Javeriana en pos de su sueño de convertirse en escritor. El 4 de diciembre de 1986, asaltado por la ira, asesina a cuchilladas a su alumna y a la madre de ésta, y luego a su propia madre; después de

asestarle una puñalada en la nuca, envolvió su cuerpo en papel periódico y le prendió fuego. Mata entonces con un revólver calibre .38
y cinco cajas de municiones en su maletín a varios vecinos del edificio El Laurel, donde habitaba el apartamento número 401; ataviado
con un saco, acude más tarde a cenar a un lujoso restaurante italiano
—el Pozzetto— que solía visitar de cuando en cuando; con parsimonia degusta su espagueti a la boloñesa y bebe media botella de vino
tinto y vodka con jugo de naranja. Acabada la cena, camina al baño
para lavarse las manos con su cotidiano esmero y pulcritud exagera-
da. Se dio tiempo para que el agua fluyera entre sus dedos, cerró la
llave del lavabo, se secó y luego salió para acribillar a 20 comensales
e hiriendo a varios más; a quemarropa les disparó, uno a uno, tiros
letales con la destreza de sus desarrolladas habilidades como francotirador. Fue muerto en el enfrentamiento que siguió con la policía.

Los perfiles criminológicos hechos sobre Campo Elías Delgado
destacan los estadios de "ira", "odio" y "cansancio" del ex combatiente por quienes le rodeaban; "ira" y "odio" fueron también expresiones
de Ricardo Olvera Venegas, el elemento de carácter sereno que aquella madrugada de mayo de 2002 sin motivo alguno disparó contra un
grupo de indefensos jóvenes centroamericanos a quienes ni siquiera
conocía, matando a sangre fría a Delmer Alexander y José David e
hiriendo a tres jóvenes más. Con la ventaja que les dio su preparación
militar, ambos fueron certeros ejecutores; ambos actuaron con brutal ferocidad. Delgado no necesitó más que un cuchillo de caza, una
pistola estándar y unas pocas decenas de balas para cumplir su cometido; Olvera, aunque era un militar de bajo rango, tenía a su cuidado
la armería entera de un batallón: pistolas, subfusiles, fusiles de asalto,
fusiles de francotirador, ametralladoras, rifles, mosquetones, subametralladoras, cargadores y toneladas de municiones. Bastó que toma-
ra las llaves a su cargo, abriera la puerta del recinto y sin restricciones

agarrara el arma de su elección, el número de municiones que se le ocurriera, y saliera dispuesto a matar.

Pero el crimen de Ricardo Olvera debe leerse también en el contexto histórico de la milicia mexicana, lleno de claroscuros, renglones torcidos, y cuyos valores se han visto trastocados desde las más altas esferas o escalafones de mando, incluido el uso "a modo" que de las fuerzas armadas han hecho distintos presidentes, a la sazón sus comandantes supremos. Cuando aún estaba fresca la muerte de aquellos muchachos, el 15 de noviembre de 2002, la CIDH le requirió al presidente Vicente Fox información relativa "a los asesinos de Delmer Alexander Pacheco Barahona y José David 'N', y agresores de Jesús Andino Arguijo, José Rodolfo Rivas Ramírez y David Domínguez Martínez". El gobierno respondió: "El responsable ha sido inculpado. Perteneció al Ejército Mexicano, pero no se encontraba en servicio al momento de los hechos". Los expedientes civil y militar, además de las pesquisas, los amplios testimonios obtenidos, incluida la confesión, evidencian lo contrario: el efectivo estaba en servicio y, según dijo, salió "a cumplir una misión".

El crimen del cual da cuenta esta historia fue cometido por quien, dijo, recibió la orden de matar, y por ello aquella sórdida madrugada salió de su batallón y echó a andar por la senda de *La Bestia* para llevarla a cabo.

En Honduras, mucho más que en cualquier otro lugar de Centroamérica, salir de casa antes de los 16 para buscar el sustento familiar en Estados Unidos es casi como la ley de la vida. Es la única opción de sobrevivencia para los nietos de diferentes conflictos armados y los hijos del mortífero huracán *Mitch*, ocurrido en 1998 y que se recuerda como el más devastador que ha conocido el país, cuyo territorio es en gran parte, casi la mitad, selva tropical. Hace décadas que las hambrunas son paliadas apenas con remesas a cuentagotas.

A los hermanos Luis Antonio y Delmer Alexander Pacheco Barahona les tocó nacer en esta, la segunda nación más pobre del continente, sólo detrás de Haití, donde 50% de sus ocho millones de habitantes padecen desnutrición y anemia, y entre los menores de 18 años 60% la padecen a nivel agudo.

El Instituto Hondureño de la Niñez y la Familia (Ihnfa) dice que 60% de los niños y adolescentes deserta de la escuela para trabajar. Pero en un país básicamente agrícola cuya producción es controlada por trasnacionales voraces como Chiquita Brands, que para imponer sus condiciones llegó a sobornar incluso a presidentes como Oswaldo López Arellano en 1975 —escándalo que trascendió en la historia como *Bananagate*—, el mísero trabajo tampoco alcanza para todos, casi 50% de la población económicamente activa no tiene empleo; pero no se puede omitir que la miseria en Honduras, como en el resto de Centroamérica, tiene mucho que ver con la desigualdad, como el hecho de que tres de los hombres más ricos del planeta están en este país y manejan los agronegocios, bienes raíces, alimentos, biodiésel, energéticos y telecomunicaciones.

Lejos de ese mundo, para el resto de los hondureños sin trabajo ni escuela el mayor logro de niños y jóvenes es emigrar; además, los padres prefieren que sus hijos se vayan a que sean cooptados por las pandillas delincuenciales, las maras, particularmente la Mara Salvatrucha 13 (MS-13) y la Mara Salvatrucha 18 (MS-18).

Honduras es uno de los países con mayor proliferación de maras, grupos que surgieron de las filas de los paramilitares activos en las guerras civiles centroamericanas, quienes en bandada comenzaron a controlar los robos, secuestros y extorsiones y el cruce de indocumentados de toda la región hacia Estados Unidos con una fuerza de trabajo emergida de la furia que puede provocar la miseria, motivada por la rabia del hambre: centenares de "soldados" reclutados en las barriadas desde los ocho años de edad, hijos del abandono y la violencia, expuestos al alcoholismo y la drogadicción, niños dispuestos a matar o morir por la mara. Con esa carne tierna como soldados, hondureños, salvadoreños, guatemaltecos y mexicanos entre sus filas, en poco menos de una década las maras dominaron la región y se volvieron "más famosos que Los Beatles y Bin Laden", se vanagloriaban dos líderes de ambas pandillas, Carlos Estuardo Pavón Laintes, *El Cuervo*, de la MS-13, y Heidi Rolando Lemus Juárez, *El Guamazo*, de la MS-18, quienes desde una cárcel de mediana seguridad en Tapachula mantenían el control de sus tropas; el gobierno mexicano los había detenido en uno de los operativos antimaras aplicados en coordinación con Centroamérica en el primer lustro de la década de 2000, el llamado Operativo Acero. Además participaban en el trasiego de drogas de Centro y Sudamérica hasta Estados Unidos por cuenta propia o como *pasadores* para algunos cárteles del narcotráfico hasta mediados de la década de 2000, cuando de todos los negocios negros los desplazaron los cárteles mexicanos; en un afán de sobrevivencia, los líderes y sus *clicas* se reclutaron con ellos, para juntos enfrentar las cruentas disputas territoriales que habrían de venir.

Las maras habían proliferado en Honduras desde los años ochenta, 237 *clicas* para un espacio de tan sólo 112 492 kilómetros cuadrados —menos de la mitad del mexicano estado de Chihuahua—, estrecho territorio donde germinaron junto con un potencial mercado de adopciones ilegales y prostitución infantil, y con la expulsión de los hijos en uno de cada tres hogares por pobreza o maltrato. Miseria y abusos nutren las calles de niños y jóvenes que prefieren esa vida paria, mendigar, prostituirse o reclutarse con alguna *clica* que vivir apaleados y muertos de hambre. Los estudios del Fondo de las

Naciones Unidas para la Infancia (Unicef) dicen que en las zonas rurales de los 18 departamentos los menores enfrentan una situación de mayor vulnerabilidad; 70% en promedio son obligados a trabajar, condenados al analfabetismo o a engrosar las filas de las maras, a las que se atribuye la mayor parte del total de homicidios que registra el país: 90 asesinatos por cada 100 mil habitantes, casi cuatro veces los 25.1 que registra México aun con la fuerza y violencia de sus cárteles.

Y fue en este entorno donde crecieron Luis Antonio y Delmer Alexander. Luis Antonio sólo hizo la educación primaria, de manera que el que Delmer, su hermano menor, terminara la secundaria en Tocoa, en un hogar encuestado por el Instituto Nacional de Estadística como "muy pobre", era toda una hazaña. Su realidad era similar a la de la mayoría en ese pequeño municipio en el norteño departamento de Colón, vecino de Atlántida, Olancho y Gracias a Dios, tierras pobres donde es común enfermar de lepra, chagas, contagiarse de rabia o incubar repulsivos cisticercos; aquí, según el Instituto Nacional de Estadística, 65% vive en la pobreza (aunque las organizaciones no gubernamentales discrepan de la cifra oficial, dicen que es 82%); de ellos, casi la mitad (48%) se ubica en pobreza extrema y 18% en pobreza relativa. En fin, sólo frías cifras que no hacen más que encubrir que hay quienes no alcanzan ni a comprar tortillas, sobreviviendo de la caridad social, y otros engañan el hambre con arroz y maduro (plátano) que aún prodiga el campo, que los hombres se enganchan fácilmente como *burreros* del narco, o que las mujeres y niñas hondureñas son la mayor oferta de cuerpos prostituidos desde Tegucigalpa a Tijuana en un corredor soez de vicios traficados por mexicanos.

En Honduras, de frente a un horizonte que no ofrece sino miseria, la mayor aspiración de chicos y grandes es volar hacia Estados Unidos para librar el riesgo de ser "elegidos" por la mara. Trabajar allí está en el imaginario social de la mayoría; de quienes lo consiguen obtiene

Honduras 30% de su PIB. Los hermanos Pacheco no serían la excepción, eran muy niños cuando empezaron a concebir la idea de ir tras *La Bestia* para llegar a la Unión Americana.

La Bestia es como los centroamericanos llaman al ferrocarril que corre desde Chiapas, en su región fronteriza con Guatemala, hasta el norte mexicano.

De sur a norte, de Chiapas a Tamaulipas, Nuevo León y Coahuila, México es el territorio de *La Bestia*, que se desplaza pesada y lenta sobre oxidados rieles y viejos durmientes, reliquias del sistema ferroviario nacional.

En la privatización de la empresa paraestatal Ferrocarriles Nacionales de México, que en 1907 creara el presidente Porfirio Díaz, 92 años después, en septiembre de 1999, el gobierno de Ernesto Zedillo concesionó su infraestructura y rutas a empresas como Transportación Ferroviaria Mexicana y la Compañía de Ferrocarriles Chiapas-Mayab, filial del consorcio estadounidense Genesee & Wyoming Inc., y al poco tiempo, dichos trenes comenzaron a ser utilizados por los emigrantes centroamericanos indocumentados como su medio de transporte en el cual viajan, de manera ilegal, como polizones, o como les llaman los custodios: "trampas".

Los ferrocarriles no son de pasajeros sino únicamente de carga, de manera que los polizones viajan sobre el techo, depositando su miedo sobre las planchas de hierro que al rayo de sol queman y a la sombra son témpanos de hielo; o bien, ocultos entre las vigas, asidos a las escalinatas, y si tienen suerte, colados dentro de los sucios y malolientes vagones.

Viajar *de a mosca* les arriesga a caer al menor descuido y, lo más probable, quedar prensados o tal vez cercenados de alguna o varias

extremidades; las ruedas de hierro dejan los cuerpos de los desdichados hechos jirones, y eso si acaso tienen la fortuna de no morir de-
sangrados. La frecuencia de estos accidentes es tal que incluso en el
municipio de Tapachula, en el sureño estado de Chiapas, el albergue
Jesús El Buen Pastor se especializó en recibir a migrantes mutilados,
quienes después de sanar sus heridas, estirada, zurcida y encallecida la
piel, aprenden a adaptarse a su nueva condición arrastrándose sobre
muñones, sin alguna pierna, un brazo o sin miembro alguno. Apenas se cruza el umbral y el visitante podría suponerse en un refugio
de sobrevivientes, quizá en los campos kosovares, en las montañas de
Afganistán o tras los bombardeos en Siria pero no es así, no es Oriente
Medio; es México, un país sin conflicto bélico aunque de cierta manera esos guiñapos humanos son víctimas de una hecatombe: la miseria.

Viajar en el ferrocarril es tan arriesgado como jugar a la ruleta rusa
porque desde finales de los años noventa las maras, y más tarde éstas
asociadas con el cártel de Los Zetas, hicieron de los trenes de carga
su vía para transportar droga aparte de robar, extorsionar y secuestrar migrantes, violar mujeres y asesinar a quien se resista. El ataque
sexual se convirtió en ley de viaje, pago por *derecho de piso*; incluso
generó que en Centroamérica, antes de emprender la travesía, como
"vacuna" preventiva cada mujer se haga colocar el dispositivo intrau-
terino, su "dispositivo *antiMéxico*", le llaman más con resignación
que con sorna.

Basta sólo una señal entre los viajeros para que se abra el telón de
una obra llamada infierno: centroamericanos contra centroamericanos igual de desarrapados, sólo que en pandilla con armas de fuego, puñales y *chimbas* (armas de elaboración casera a partir de fierros
y clavos principalmente) y un valor demencial para violar, mutilar,
degollar, desollar, matar o morir por la mara, el cártel o Los Zetas.
Sabedores o no de esos peligros, los migrantes igual se arriesgan,

soportan con tenacidad todo tormento porque no tienen otro camino, jugarse la vida es su único boleto a un posible futuro.

Enterados de ello o no, los hermanos Pacheco soñaban con trepar a *La Bestia* y dominarla para recorrer los 5 mil kilómetros que los conducirían al paraíso; ya en la frontera norte mexicana saltarían *la cerca de la tortilla* (el muro que separa a México de Estados Unidos). Del otro lado los esperaba la fortuna, billetes verdes a raudales. Seguros estaban de conquistar la tierra prometida aun cuando nunca antes habían salido de su natal Tocoa.

Surcando el campo —un trecho de tierra ajena— al terminar la faena, refrescando sus cuerpos en las abundantes aguas del río Aguán, los hermanos hacían planes para el viaje. La familia entera fomentaba la ilusión: Luis Antonio y Delmer enviarían dólares suficientes para alimentar las bocas que en casa esperarían ansiosas. La madre pensaba además en el alivio de que sus hijos se fueran antes de que las maras los reclutaran como a tantos conocidos para hacerlos sus soldados, ejecutores de 70% de los homicidios en Centroamérica.

Con dos cambios de ropa y unos cuantos objetos de aseo personal en sus mochilas, un soleado día de marzo los hermanos Luis Antonio y Delmer Alexander, de 19 y 16 años de edad, emprendieron la marcha; llevaban sólo unos cuantos dólares que Luis Antonio había ahorrado de su trabajo como ebanista. Calculaban llegar con eso a México y allí trabajar de lo que fuera a medida que avanzaban en su travesía hacia Estados Unidos como muchos de los emigrantes centroamericanos, los más pobres de la región, que a veces subsisten comiendo naranjas o los exiguos alimentos que algún samaritano les procura en el camino.

Era 2002, un año capicúa, el último capicúa del siglo y de buena suerte según las cábalas. Provistos de una ristra de buenaventuras familiares, los hermanos salieron de casa sintiendo su gran estrella.

Cruzaron Honduras, avanzaron por Guatemala. A medida que adelantaban en el camino se complicaba el viaje, sin dinero, sin comida y con el riesgo permanente de la deportación, pero en busca del sustento el hombre es capaz de cruzar infinitos caminos. En Suchiate, región fronteriza del Soconusco, conocieron a Jesús Juventino Andino Arguijo, un campesino de 38 años de edad, paisano del departamento de Tegucigalpa o Francisco Morazán, como desde 1943 se conoce a la capital de Honduras en honor del ideólogo de la Unión Centroamericana. También a José David, un jovencito de la misma edad que Delmer, 16 recién cumplidos; impetuoso y alegre, espigado, de piel oscura y rasgos mulatos, a quien nadie pudo arrancarle el apellido. *El Moreno*, le definieron como apelativo.

A partir de entonces no andarían solos. Luis Antonio, Delmer Alexander, Jesús Juventino y José David cruzaron juntos el río Suchiate, afluente que nace en las faldas del volcán Tacaná, en el departamento de San Marcos, Guatemala, y corre en dirección suroeste hasta desembocar en el océano Pacífico, y que en su último trecho marca la frontera sur entre México y Guatemala.

Sintieron que viajar en grupo les daba cierta seguridad; se cuidaban las espaldas y compartían lo poco que podían conseguir para comer, y es que al compartir hasta el hambre es menos acerba, así que decidieron que no se separarían por lo menos hasta llegar a Estados Unidos. Por fin entraron a territorio mexicano; recorrieron veredas y valles con ímpetu de exploradores cuyos ojos se abren por primera vez al mundo. Estaban entusiasmados. Al cabo de tres semanas cruzaron la mitad de ese país desconocido en una ruta en la que transitaron por Tapachula, Huixtla, Mapastepec, Pijijiapan, Tonalá, Arriaga y Tuxtepec, cerca del Pacífico; luego subieron hacia el Golfo: Medias Aguas, Tierra Blanca y Córdoba.

El recorrido se prolongaba y el agotamiento hacía mella. Veían mudar las horas sin distingos porque para el que emigra de a pobre, sin boletos ni reservación, da igual la hora y el día, lo único que marca el tiempo es el jodido estómago que pide alimento, y es en esos momentos, cuando el hambre raspa las entrañas, que el tiempo se torna más lento, insoportablemente lento. Así siguieron pasando del día a la noche, de la noche a la madrugada, de la madrugada al amanecer, la piel curtiéndoseles entre el calor y el frío, entre las tierras húmedas y las zonas secas, entre la selva y el bosque, entre las áreas rurales y las ruidosas urbes donde el viento se tornaba humo sofocante.

A veces bajo la lluvia sin tregua, a ratos desfallecientes y expuestos a un sol cegador, templaban la mente para paliar el hambre y soportar el miedo; pasaban las noches en silencio y los amaneceres a ratos acompañados por los graznidos y gorjeos de las parvadas que cruzaban los campos en su propia ruta migrante y revoloteaban por encima del ferrocarril. Luego se apagó el entusiasmo inicial que sintieron al burlar la frontera mexicana; entre más se acercaban a la zona central se sentían más inseguros, había mayor vigilancia policiaca, coyotes tentadores y lobos con piel de samaritano; no sabían bien a bien de quién cuidarse. Con más dudas cruzaron Apizaco, en el estado de Tlaxcala, y después Tultitlán, en el Estado de México. En esa región limítrofe con el Distrito Federal subieron al tren que transita por la región centro-norte del Altiplano, la meseta central de México, que llega al ombligo del país y sube hasta el norte por Coahuila, Nuevo León y Chihuahua. Pese a los obstáculos, lograban acercarse; para el mes de mayo estaban en San Luis Potosí.

En San Luis conocieron a David Domínguez Martínez, *El Chino*, un salvadoreño de 24 años de edad de oficio soldador. Aunque fugazmente —a diferencia del resto—, David había vivido el *sueño americano*: cobrar en dólares y enviar un poco de dinero a la familia, hasta que la *migra* lo deportó a la frontera mexicana. Con la esperanza de cruzar de nuevo, *El Chino* se estacionó en San Luis, donde trabajaba como ayudante de mecánico en un pequeño taller mientras ahorraba para retomar el viaje.

El Chino dormía en la Casa del Emigrante, uno de los refugios con los que organizaciones no gubernamentales apoyan a los migrantes en su peregrinar. Los invitó a ir con él y pasar la noche allí, donde podrían comer y planear el resto del viaje; se iría con ellos porque ya era momento de proseguir en su éxodo. No lo pensaron dos veces; *El Chino*, por lo menos más experimentado que ellos, les guiaría en la travesía y por fin dormirían bajo techo seguro y probarían comida caliente.

Así llegaron al albergue del número 120 de la Cerrada de Paz, en el Barrio de Tlaxcala. Aquello era un hervidero de viajeros como ellos, sin papeles, sin dinero, con sólo una abundancia: el hambre. Para su fortuna, alcanzaron su ración de cena caliente. En un santiamén devoraron cuanto alimento les pusieron enfrente: el arroz, los frijoles y un trozo de pollo, y luego, saciados y con el ánimo relajado, hablaron del trayecto.

Ninguno tenía dinero para pagarle a un *coyote* (contrabandista de migrantes ilegales) que los llevara de manera más segura, así que prácticamente el resto del viaje lo harían *de a moscas* al lomo de *La Bestia*. En una de las paredes del albergue dos extensos mapas gastados y desteñidos por el sudor de las manos, uno del continente y otro de la República Mexicana, auxiliaban a los migrantes a establecer sus rutas, las paradas del viaje, los posibles transbordos y sobre todo a estimar el camino que aún les quedaba por recorrer.

"América es el segundo continente con mayor extensión territorial en el mundo", aprendió Delmer de memoria, aunque en el mapa no parecía tan grande ¡y el norte se le figuraba cerquita! Abrió bien los ojos mientras a retazos recordaba sus clases de geografía: de su Honduras, al sur estaba Nicaragua, al poniente El Salvador y Guatemala y más arriba Belice. Luego esa inmensidad llamada México, 12 veces más grande que su tierra. ¡Ah!, y después Estados Unidos, "la USA", abrevian todos, el paraíso americano; 50 estados y un distrito federal llamado Washington, y sí, había visto aquello en las películas y series policiacas, y oído hablar de la vida en ese lugar por boca de los familiares de quienes se fueron a trabajar allí hacía años, aquel Estados Unidos donde cualquiera aprende a bailar como Michael Jackson y visten chamarras Levis y Nike originales. Con esa candidez que dan la ingenuidad y la inocencia deslizaba el dedo sobre el mapa de Honduras a Estados Unidos, y el delgado y largo apéndice subía y bajaba como si con sólo hacerlo el atlas pudiera colocarlo de un punto a otro de la geografía. La tierra de sus sueños se le antojaba muy cerca, pero el azaroso camino recorrido había sido tan vasto, tan lleno de turbadoras situaciones, que era suficiente para romper con esa ilusión.

Al cabo de unas horas, apoyados en esos vetustos mapas planificaron el itinerario: de San Luis tomarían el tren que los llevaría a Nuevo Laredo en Tamaulipas, la tierra norteña que los cárteles de la droga volvieron una zona salvaje; alcanzarían la margen sur del río Bravo, que con sus 3 034 kilómetros es la principal frontera entre México y Estados Unidos. Cruzarían a nado. El plan estaba acordado, ahora había que aguardar la llegada de *La Bestia*.

Estuvieron en el albergue casi una semana, hasta el 20 de mayo. Aquel lunes, cuando se despedían de los compatriotas, se les unió José Rodolfo Rivas Ramírez, un salvadoreño de oficio panadero de 21 años de edad, quien al igual que *El Chino* trabajaba en un taller mecánico, y también Amílcar Efraín Rodríguez Rivas, otro hondureño.

Montarse en *La Bestia* requiere de táctica y estrategia. En tierra, agarrar impulso y saltar, subir y asirse de cualquier parte —un tubo, un fierro, la escalinata— para evitar caer entre el vagón y el riel. Cuando las pesadas ruedas comienzan a moverse, lento, muy lento, los polizones emergen cual sombras errantes de cualquier escondite y echan a correr para trepar sobre las tolvas, las plataformas o los furgones; al tren por asalto, cada escena es una aventura, una cinta de vaqueros o de guerra.

En ocasiones esperan días enteros en las inmediaciones de la estación, porque los ferrocarriles no tienen día ni hora de llegada. Pero aquel 20 de mayo de 2002 apenas llegaban a la estación cuando el agudo silbido del tren anunció su partida; los hermanos Pacheco y sus compinches habían amanecido de suerte, o eso creían.

Prestos treparon al ferrocarril. *La Bestia* echó a andar; apenas pasaba del mediodía. Aun cuando el tren fuera despacio, calculaban, a la mañana siguiente estarían en Nuevo Laredo y procurarían cruzar el mismo día, si era posible, el imponente río Bravo.

Entre el monótono vaivén del armatoste de metal viajaron unas ocho horas. Se visualizaban cerca de Nuevo Laredo, pero los letreros del camino, el olor y el ambiente a ciudad costeña y las parvadas de tordos que revoloteaban sobre los árboles de almendrones y alamandas les fueron dando cuenta de la equivocación: habían viajado en línea recta hacia el este, no hacia el norte. Llegaron a Tampico, a 752 kilómetros de Nuevo Laredo.

Aunque se acercaron a la región fronteriza, en Tampico no hay manera de cruzar al *otro lado*. Habría que ir hacia Altamira, pasar por Soto la Marina y luego seguir a Matamoros pero perderían su único medio de transporte, el ferrocarril, porque en esa zona no hay vías por donde *La Bestia* siga su derrotero sino playas, muchas, límpidas, doradas por el sol, de brisa suave y arena fina que se desbarata entre las manos, desde donde se miran a los lejos los barcos pesqueros cuando retornan a puerto o los que fondean a la orilla. Las playas bañadas por el inmenso Golfo de México, la laguna Madre y el río Soto la Marina; Miramar, en Madero, la Barra del Tordo, y más lejos Bagdad, en Matamoros, que antes se llamaba Lauro Villar pero que después hizo con creces honor a su nombre, como la capital de Irak, al convertirse en territorio del Cártel del Golfo y su ejército de ex militares y militares en activo, los implacables Zetas, y luego en zona de guerra entre ambos cárteles.

Para cuando Luis Antonio y Delmer Alexander Pacheco Barahona cruzaban por esta ruta, la de *La Bestia*, la MS-13 y la MS-18 se disputaban a muerte el control del ferrocarril mientras estaban en la mira de Los Zetas. Pronto los mexicanos se harían con el control, reclutando a los líderes y soldados de ambas bandas para consolidar su megaempresa criminal donde la carne humana era la materia prima.

Al lomo de *La Bestia*, que poco después sería el tren de Los Zetas, los hermanos avanzaban hacia su *sueño americano* sin siquiera sospechar remotamente la tempestad que les aguardaba.

El carguero aminoró su marcha, como hace siempre que se acerca a una estación. El pesado sonido de las ruedas sobre los rieles se iba tornando más agudo. Oyeron la larga pitada con que el conductor anunciaba el arribo de *La Bestia* seguida por la brusca sacudida de la máquina al comenzar a frenar, pero antes de que el tren acabara de llegar saltaron a tierra para evitar ser detenidos por los vigilantes o el garrotero. Los letreros y señalamientos les confirmaron que estaban en Tampico.

Se miraron desorientados y amilanados, aunque conscientes de que el incidente era parte del costo de viajar de polizones; ¿a quién podrían reclamarle por un destino equivocado? ¿A quién exigir una indemnización por ese repentino cambio de ruta? No obstante, resultó que no todo estaba perdido: más tarde el maquinista los enteraría de que el tren regresaría a San Luis. Resignados acordaron volver para, por lo menos, dormir bajo techo seguro.

Los albergues para migrantes no son sólo sitios para dormir, tomar un plato de comida caliente, lavar la ropa o telefonear a sus familiares, sino que además es donde comparten sus experiencias, advertencias y consejos para no ser asaltados, secuestrados por Los Zetas, extorsionados por grupos policiacos o militares, o caer en las redes de traficantes.

—¡Uy! ¿De verdad se piensan pasar por Nuevo Laredo? Si ése es ahora el cruce más peligroso —los puso al tanto Rafael, un paisano de Honduras.

Junto con otro grupo, frente al plato de lentejas que comía ansioso, Alexis, un guatemalteco que durante dos años trabajó como mandadero en una de las casetas telefónicas aledañas a los puentes internacionales de Nuevo Laredo, les explicó que en esa ciudad, vecina de Laredo, Texas, las balaceras se desataban a cualquier hora del día por la disputa por el control de la venta de droga. Ya el Cártel del Golfo cobraba *derecho de piso* a los traficantes de indocumentados que operaban en el río Bravo; con su ejército de Zetas se había apoderado de todo ese territorio en la diversificación de sus negros rubros de negocios, adicionales al tráfico de estupefacientes. En pocas palabras, para cruzar por Nuevo Laredo, les aseguró Alexis, tendrían que pagar a un *pollero*, pues todos debían al otrora grupo de Osiel una *cuota*, y migrante que no pagaba, no cruzaba. Les aconsejó que mejor se fueran por Piedras Negras, consideraba que era menos riesgoso y allí tal vez podrían cruzar por la libre, es decir, sin *pollero* y sin pagar *cuota*.

—Así, si te deporta la *migra* no te encabronas de pagar por nada —le dijo con su léxico mexicanizado.

Ante tal control en las fronterizas zonas adonde se acercaba *La Bestia*, evidentemente era mínima la posibilidad de que ellos, tan sólo un grupo de emigrantes pobres, pudieran cruzar el río Bravo sin contratar los servicios de un *pollero* ni pagar tampoco su impuesto a la mafia.

—El jefe se llama Osiel Cárdenas, controla todo Tamaulipas pero se le ve más entre Reynosa y Nuevo Laredo; anda siempre con un grupo de escoltas que son *guachos* [militares] del Ejército Mexicano. Operan como los escuadrones de la muerte, ¡son como los Kaibiles allá en Guate! Ellos controlan todo. Si alguno les estorba, lo matan así nomás. Saben a qué hora llega el tren, quién entra por carretera, quién sale, ¡todo! —decía.

Para esos momentos conocían de sobra la advertencia: en México habrían de cuidarse no sólo de la *migra* mexicana, también de los *mareros*, pero sobre todo de los temibles militares desertores, Zetas y Kaibiles, que hasta por debajo de las piedras podían oler a la más débil de sus presas: la carne de centroamericano.

La leyenda de temible que se erigía en torno a la figura de Osiel Cárdenas Guillén, los consejos de los connacionales y la imposibilidad de pagar a los *polleros* por cruzarlos por el río Bravo o simplemente el *derecho de piso*, los obligaron a replantear su ruta: irían por Piedras Negras. Tomarían entonces el carguero hacia Coahuila.

Los siguientes días se emplearon en pequeños trabajos a cambio de comida y unos cuantos pesos mientras merodeaban por la estación para enterarse de las corridas; así supieron que llegaría un carguero de Transportación Ferroviaria Mexicana que, tras descargar en San Luis, seguiría a Piedras Negras. Cruzar la frontera por ese punto los llevaría a Eagle Pass, Texas. Para el caso daba igual entrar por un punto o por otro, eran los mismos sin papeles, y de igual manera en ese estado llamado Tamaulipas o en Coahuila estaban a expensas de delincuentes comunes y de autoridades civiles, militares o los temibles Zetas, que como un cáncer expandían su poderío en un clima cada vez más violento al recibir entre sus filas capacitación de otros militares de élite, los Kaibiles entrenados en Guatemala, los soldados más temibles de los que se tenga memoria.

El jueves 23 de mayo de 2002 Delmer y Luis Antonio despiertan apenas amanece; está previsto que durante el día saldrá el tren que va a Coahuila y están decididos a abordarlo.

Después de una rápida ducha, meticuloso, Delmer dobla la frazada a cuadros que cubre el camastro del albergue donde le tocó dormir. Ciertamente no es una cama muy cómoda, pero dadas las circunstancias es tanto como descansar entre algodones porque una buena parte de los huéspedes debe contentarse con el duro suelo, eso sí, bajo techo seguro.

Una vez que ha acomodado la cobija, sobre el camastro extiende su ropa y él, que siempre ha sido meticuloso en su aseo, a regañadientes se obliga a vestir de nuevo los pantalones visiblemente sucios, pero que si los lavaba corría el riesgo de que no se le secaran y no puede darse el lujo de prescindir de una sola de las escasas prendas con las que piensa llegar a la norteña tierra prometida, donde ganará tantos dólares que no sabrá qué hacer con ese dinero.

Se mete en sus jeans, una burda imitación de los ligeros y versátiles pantalones de mezclilla que manufactura la casa de un diseñador de Manhattan. Se cierra la bragueta, se abotona y luego se pone los otros pantalones, unos cargo en color café, también de marca *pirata*. Encima se mete la playera negra y luego una blanca, después su sudadera negra deportiva. La razón de vestir las dos mudas al mismo tiempo es porque Delmer teme perder cualquiera de sus ropas, y en la noche garantizan pasar menos frío; así es como viajan los migrantes pobres. Se calza los zapatos y mientras anuda las agujetas nota lo enlodados que están. Pretende ir en busca de un utensilio para limpiarlos pero su hermano lo reprende.

—¡Quién se va a fijar en tus zapatos! Y apúrate, que se hace tarde —dice Luis Antonio, quien también termina de vestirse; se pone la chamarra de mezclilla y en la cabeza su cachucha de beisbol.

—¿Qué, ya están listos? —les dice José David, *El Moreno*, con su fresca sonrisa mañanera mientras ajusta el cinturón café en su pantalón de mezclilla azul celeste. El hambre pasa factura: debe hacerle uno y otro orificio que despellejan el ya raído cinturón. Trae sudadera deportiva verde y blanco y debajo una playera blanca de algodón. Como los zapatos de Delmer, sus botas industriales negras están gastadas y apelmazadas de lodo, pero a José David no le importa mientras mantenga bien calada su flamante gorra de los *Yankees* de Nueva York que todos le han elogiado. Aunque el sudor mezclado con la tierra del camino ha hecho aparecer delgadas líneas de mugre, el color azul las disimula.

Luego llegan David Domínguez, Jesús, José Rodolfo y Amílcar, con quienes han acordado continuar el camino.

—Vamos a ver si alcanzamos café —sugiere José Rodolfo mientras se llena de talco las axilas y se rocía con loción, preciados objetos de lujo que compró a una señora de un puesto cercano al taller donde trabaja allí en San Luis.

—Y un bolillo —agrega José David, *El Moreno*, siempre hambriento quizá por la edad o porque su larguirucho cuerpo hace que su metabolismo sea veloz, maldición para un desnutrido jovencito migrante indocumentado.

—¿Quieres un poco? —ofrece José Rodolfo a Delmer, quien no puede evitar observarlo y elogiar el fresco olor; asiente, se rocía la loción y olisquea complacido. Se lo devuelve a José Rodolfo y éste lo guarda en la bolsa delantera de su mochila negra, coloca también el talco, corre el cierre y se cuelga el equipaje a la espalda.

—¡Apúrense, que si se va el tren quién sabe cuándo salga otro! —apura Jesús.

Cada uno lleva ya sus escasas pertenencias para irse del albergue después de desayunar. Entran a la cocina, alcanzan café y pan; mientras sorben el negruzco líquido ardiente y mordisquean los bollos, intercambian anécdotas con los recién llegados. Beben hasta la última gota, agradecen la hospitalidad a los encargados del albergue y salen presurosos rumbo a la estación.

Agazapados entre las zonas de descarga, aguardan relajados después de confirmar que, efectivamente, el tren estacionado en el patio saldrá esta mañana con rumbo a Coahuila. Pasan de las 10 cuando observan el movimiento de los trabajadores alrededor del convoy; alcanzan a ver al conductor subir y encender la máquina. Llegó la hora. Uno a uno trepan al carguero, suben por las escalinatas y se apostan en el techo de un vagón.

El reloj marca las 11 en punto cuando el carguero inicia su marcha: el sol está ya en pleno y decididamente comienza a picar. En la primera hora el vaivén del ferrocarril los adormece, se quitan los cinturones y se amarran a los tubos del tren para prevenir la caída.

A medida que avanza el día atraviesan los montes que encierran los valles de San Luis, orografía que linda entre el Altiplano, la Huasteca y la serranía. Sus ojos registran tierras inéditas que ahora cruzan en busca de un futuro incierto, en una travesía que para algunos de ellos será un viaje sin retorno. Para los hermanos Pacheco, que prácticamente se criaron entre selva y ríos, el paisaje semidesértico les resulta extraño y hasta exótico. A lo lejos, en el horizonte avistan macizos de montañas que se entrecruzan como un laberinto; más cerca, entre los extensos valles descubren conjuntos de casas apretadas mientras el tren serpentea y cruje como un enorme gusano de metal. Allí está, en pleno, el rugir de *La Bestia*.

—¡Voy a revisar si ya hay algún vagón abierto! —dice David Domínguez, avezado en esos viajes. Se desamarra del tubo al que lo ciñe su cinturón, se incorpora y camina cuidadosamente sobre el techo de vagón en vagón; unos minutos después vuelve con la buena noticia—. El último está abierto, no tiene cerrojo y ya hay allí varios compas, ya hablé con ellos y nos harán lugar.

En fila se trasladan hasta allí; el mismo David desciende primero por la escalerilla y corre ligeramente la puerta que, en efecto, está sin cerrojo. Dentro del vagón hay 15 hombres más, la mayoría jóvenes, todos centroamericanos, quienes generosamente se amontonan para hacer espacio a los siete nuevos polizones.

Arrinconados como mercancías, en el sucio vagón el viaje transcurre sin grandes dificultades. Están cansados y maltrechos, pero aún les queda ánimo para compartir anécdotas y, si se puede, los gajos de naranja o el trago de agua a los que ya van en blanco; éstos, que nada tienen, lo comparten todo. A veces se escucha alguna broma, la risa refresca la mente y por breves momentos aligera el trayecto, pero sobre todo anestesia la melancolía.

Al transcurrir de las horas el calor se hace insoportable, casi nadie tiene ya agua, se acabó la comida, y aunque estos miserables viven medio muertos de hambre, saben que es momento de dosificar sus fuerzas, ahorrar hasta la mínima gota de saliva para humedecerse la lengua y el paladar. Ya no hay palabras ni risas, sólo susurros apagados. La mayoría intenta dormitar, aunque casi ninguno lo consigue; luego todo queda en silencio, un silencio melancólico. Las mercancías humanas se sumen en sus pensamientos, son horas en que cada uno librará una batalla con sus pesares, tormentos y miedos.

Los rayos de sol que durante horas abrasan a *La Bestia* inundan el vagón de un tufo sofocante y nauseabundo, acentuado por las pestilentes ropas y los sudorosos cuerpos, muchos de ellos sin conocer agua ni jabón por semanas y con la piel pegajosa y un hedor rancio y lánguido. El vagón es ahora una lata de sardinas apelmazadas. Aquellos pocos metros cuadrados de hierro ardiente son, a estas alturas, un espacio insuficiente y asfixiante, intolerable para veintidós hombres, veintidós humores, veintidós destinos, veintidós miserias y esperanzas. Pero a ratos, ¿por qué no?, la vida les hace un guiño generoso: un viento fresco comienza a soplar por donde la ruidosa *Bestia* va dejando su huella. El ligero aire que baja de las montañas se cuela entre los resquicios del armatoste de metal, anunciando que la tarde comienza a caer. David Domínguez cae en cuenta de que la puerta sigue sin estar asegurada, así que piensa sacar ventaja; se levanta y despacito la corre un poco más para no llamar la atención desde afuera, sólo lo suficiente para que el viento los refresque a todos y observar el crepúsculo, cómo el sol baja hasta ocultarse tras los montes y en los campos a los trabajadores, diminutos a la distancia, que se apresuran a recoger sus herramientas y mulas para encaminarse por los senderos lejanos, y más allá las primeras humaredas de las chimeneas y cocinas.

La tarde termina de caer. *La Bestia* se desplaza por la inmensa llanura; aminoró el abrasador calor de mayo y llegó el frescor de la noche. Luego, el intenso frío que corta las mejillas y anuncia lo cerca que se está del desierto. Están ya en Coahuila de Zaragoza, a lo lejos pueden verse las serranías entre las que se trazan los márgenes de delgados ríos en este tiempo secos. El tren continúa con su monótono vaivén por un par de horas más, la mayoría de los hombres dormitan anestesiados por el denso cansancio. Delmer duerme engarruñado, con la cabeza sobre las piernas de Luis Antonio.

Faltan 45 minutos para la medianoche. Intempestivamente, el conductor baja la marcha y comienza a hacer maniobras extrañas; en medio del sopor, Delmer despierta sobresaltado cuando el tren se detiene a unos cuantos metros de arribar a la estación Saltillo. Acaban de reaccionar por el súbito rechinido de las llantas al frenar; es un troncal llamado Liebres, a la altura de la colonia San Isidro. Dentro del vagón hay un silencio total. La incertidumbre rompe de súbito con su somnolencia. Están completamente a oscuras; nadie se atreve a pronunciar palabra pero sus corazones son tambores desacompasados que percuten en aumento a medida que con absoluta claridad escuchan a hombres que corren afuera, susurros y silbidos, luego los fuertes pasos que se van acercando y frente a ellos, en tono marcial, la enérgica orden de abrir la puerta. Entonces supieron que estaban en el umbral de su pesadilla.

Minutos antes Pedro, el maquinista, oyó la sorpresiva orden de parar al instante, algo que sólo podría hacer un diestro conductor como él; con 40 años sobre los rieles es un experimentado maquinista. Podría decir, sin afán de presunción, que conoce cada trecho de la vía y de memoria el número de sus durmientes.

Con sus hendidos y gastados ojos mira el destello de una luz desde una torre de control, y su oído perfectamente afinado escucha la orden; es el jefe de seguridad, que le dice que se detenga "¡de inmediato, ya…! ¡Allí mismo!" Que se pare, ni se le ocurra irse hasta la estación. Hace unos años que Transportación Ferroviaria Mexicana contrató a la compañía Seguridad Privada Eulen para custodiar sus trenes; como parte del protocolo, los guardias hacen revisiones aleatorias a los vagones en una que otra estación. Hoy, precisamente hoy, decidieron revisar el tren que llega de San Luis.

El viejo lobo ferroviario aún no apaga la marcha cuando ya tiene a 12 custodios flanqueando los furgones en busca de *trampas* (migrantes polizones). La orden oficial es solamente bajarlos y sacarlos de la estación, pero en realidad siempre van más allá; en una muestra de supremacía malsana, orgullosos y excitados por poder ejercer su autoridad, los roban y golpean. Los custodios, de entre 19 y 35 años de edad y enfundados en pantalones negros, camisola azul y botas tipo militar, son en su mayoría emigrados sureños —de Chiapas y Oaxaca— que apenas arañaron la instrucción secundaria, enrolados para cuidar los bienes ajenos por 4 mil pesos mensuales y con el mismo sueño, irse al otro lado pero con *coyote*, como viajan los mexicanos, no como esos muertos de hambre que sólo pueden viajar como *trampas* escondidos en el ferrocarril.

Lámpara en mano, cuidadosamente alumbran cada milímetro del tren de arriba abajo, entre los vagones y las vías, las plataformas y tolvas, las escalinatas y los rincones. Es el viejo juego del gato cazando al ratón, no buscan ahuyentar a los polizones sino sorprenderlos echándoles la luz en la cara, hacerlos pelar tremendos ojotes y poner cara de espanto; verlos arrinconarse, lloriquear "no nos detenga, si quiere péguenos pero no nos lleve con la migra", y entonces ellos a dale y dale con el tolete que al fin el cuerpo aguanta. Uno a uno peinaron 11 vagones de arriba abajo y no encontraron nada.

—Está limpio, no hay nada —espeta José Luis Manríquez.

Los custodios apagan las lámparas y guardan sus armas para volverse a las oficinas de la estación, tomarán café y comerán algo mientras concluye su turno, pero no todos están dispuestos a irse con las manos vacías.

—Shhhh —susurra Armando, *El Mamado*, con un ligero ademán del índice sobre los labios; cual perro de caza, aguza el oído pues su instinto le dice que allí hay *trampas*, y no se irá hasta encontrarlos.

La necedad que lo caracteriza lo impulsa a contabilizar de nuevo: uno, dos, tres, y se percata de que no son 11 sino 12 los vagones del tren; cuenta de nuevo con los dedos y visiblemente excitado confirma que sólo revisaron once. Con la adrenalina al límite descubre que el último vagón no está cerrado, no tiene seguro, y aun en la oscuridad se avista que la puerta está ligeramente corrida. Sus gruesas y toscas botas se tornan ligeras, ya no pisa fuerte sino sigiloso, cual si tuviera zapatillas de ballet; no quiere hacer ni el mínimo ruido, y si pudiera caminaría de puntas. Da uno, dos, tres pasos y mira de reojo a sus compañeros.

—Shhhh… (¡Que nadie se atreva a hacer ruido, el animal está en la mira!)

Ligeramente se lleva de nuevo el índice a los labios y mira a sus colegas insistiéndoles, otra vez, en el silencio absoluto; en otros dos pasos se planta justo frente al vagón conectado a las tolvas de Cementos Apasco. Con fuerza corre la puerta y súbitamente alumbra:

—¡Sorpresa! Aquí están los *trampas* —la fulgurante luz los recorre de arriba abajo y comienza a contar en voz alta cada rostro que alumbra, los que de pronto se vuelven de cera, conteniendo enmudecidos hasta el aliento—. Uno, dos, tres… 19, 20, 21, 22. ¡Van 22! —informa al jefe, plantado justo detrás de él.

—¡Bájense, cabrones, y no intenten nada o se los carga la verga!

Con sus largos y delgados dedos, Delmer aprieta el brazo de Luis Antonio transmitiéndole su miedo y trata de reprimirlo apretando los dientes y congelando la quijada; en susurros Luis Antonio repite fragmentos de las bendiciones de la madre intentando tranquilizarlo. Aterrados, los polizones escuchan cómo otro de los guardias, Rafael, corta cartucho.

—¡Ni se les ocurra correr, porque les volamos los sesos! —grita el jefe del grupo y el resto de los custodios apuntan sus armas.

—Les vamos a partir su madre —secunda otro.

Los bajan en fila, les ordenan poner las manos detrás de la cabeza y voltear la cara contra el furgón. Uno a uno les van dando vuelta y les preguntan su nombre, de dónde vienen y a dónde van mientras los cachean como hacen los agentes del Instituto Nacional de Migración.

—Jefe, encontramos a 22 *trampas*, aquí los tenemos detenidos, ¿se los llevo? —comunica por radio Armando, *El Mamado*.

—¡Ya, déjenlos ir! —responde irritado el jefe desde la cabina en la estación Saltillo; el hombre recuerda las quejas de uno de los directivos de Transportación Ferroviaria Mexicana, que le dijo que tanta mano dura contra los polizones comenzaba a afectar la imagen de la empresa; algunos saltillenses se habían quejado con el párroco Pedro Pantoja por los emigrantes golpeados brutalmente, y ese Pantoja no se quedaba callado, ¡no!, qué va, era bravío como el que más, y luego llevaba los asuntos hasta la capital. "¡Pero es que sólo a chingadazos se educa a estos!", rumia el jefe para sí reprimiendo sus impulsos.

—¿Entonces qué, mi jefe? ¿De veras no se los llevo?

—¡Con una chingada, *Mamado*! ¿Qué, no hablo español?

—Mejor váyanse, muchachos. Retírense de las vías, no los queremos cerca de la estación —suaviza Rafael antes de que Armando dijera nada.

El alma les vuelve al cuerpo. Tímidamente regresan al vagón para recoger sus mochilas, las bolsas de nailon con el rollo de papel higiénico, la garrafa para el agua; luego bajan y cada uno echa a andar por su lado.

—¡Vénganse, vamos por esa calle, hay que buscar un taco! —les dice David Domínguez a Luis Antonio y Delmer—. ¡Órale, *Moreno*, jálale por acá! —apura a José David. Amílcar y Jesús lo alcanzan a oír y aprietan el paso.

—¡Espérenme, espérenme, que no puedo correr porque me acalambré la pierna! —grita José Rodolfo mientras agita al aire su camisola de pana color beige.

El resto de los polizones se ha dispersado. La oscuridad llega por completo, apenas una que otra estrella en el cielo concede un destello de luz y aquí están, de nuevo expuestos a su suerte. Otro alto en el camino; aventurarse por calles desconocidas, a estas horas desoladas.

Todo es confuso y el frío es terrible. Ninguno habla, siempre es mejor entriparse el miedo, andar como si se conociera la calle de cabo a rabo, cada bache donde se hunde el pie, cada piedra con que se tropieza, como se camina por la calle del barrio, donde se abren puertas y ventanas y el vecino asoma la mano para saludarte, la calle donde los domingos se echa la *cascarita* futbolera con los cuates. Pero hay calles donde se desearía no caminar jamás; ellos no lo saben pero están en La Minita, una peligrosa colonia de estrechas callejuelas dominadas por la banda de Los Hommies, inclementes asaltantes y asesinos que por las noches imponen una especie de toque de queda en todo el territorio que consideran suyo y a muerte disputan con los intrusos. Ésta es además una de las zonas de Coahuila donde Los Zetas han comenzado a expandir su poderío en el tráfico de drogas y las extorsiones, cooptando entre sus filas lo mismo a delincuentes que a policías y militares.

Todos tiritan por el frío, acaso por el miedo; aprietan los dientes, sueltan uno que otro chasquido. David Domínguez se frota las manos hasta sentir la tibieza que evita que los dedos se le entiesen. Con la chispa de humor de siempre, es él quien rompe el silencio de nuevo.

—Les dije que conocí Saltillo, ¿verdad? Les digo que acá hay una señora que ayuda a los migrantes, te da un taco y te deja dormir en el portal de su casa. ¡Dejen me acuerdo dónde queda la casa! Creo que no está lejos de la estación.

—¡Shhhh! —susurra Amílcar y con un ligero movimiento de cabeza les alerta de que una camioneta los sigue. Es una *pick up* blanca con torreta amarilla; se detiene a su lado. El copiloto baja el cristal de la ventana y asoma la cabeza.

—¡Epa! ¿Para dónde van? —pregunta el custodio Juan Alberto Montejano.

—¿Eh? Pues vamos… estamos buscando una carretera que nos lleve a Monterrey —farfulla Amílcar en una ocurrencia, recordando el nombre de aquella ciudad en el mapa colgado en la pared del albergue de San Luis.

—Está retirado, agarren por allí hasta una avenida grande, se llama Luis Echeverría, hasta terminar el centro comercial. ¡Súbanse, les damos el *raite*! —les ofrece José Luis Manríquez detrás del volante.

No lo piensan dos veces. La *pick up* enfila por Luis Echeverría, sigue a la derecha por la avenida Flores Saucedo, pasa una larga extensión de terreno y llega a la calzada Antonio Narro. Esa noche custodios y *trampas* viajan sin rencores hacia el sur en el mismo vehículo, ocho kilómetros por vías que conectan colonias y fraccionamientos relativamente nuevos, sin señalamientos ni placas de identificación, y a estas horas todo a oscuras; pasa ya de la medianoche. El frío aumenta y el *raite* se termina.

—Hasta aquí llegamos. Ésta es la salida a Monterrey, pero tienen que caminar de aquí hasta la autopista —explica José Luis.

—Gracias —dice Amílcar a nombre del grupo e intercambia una rápida mirada con sus compinches; los otros apenas murmuran entre dientes mientras descienden de la troca.

La *pick up* se devuelve por el camino y los guardias se detienen en el primer minisúper a comprar cigarros y cocacolas, hasta el interior escuchan las voces cortadas del radio. Juan Alberto corre a atender una llamada; es el jefe indicándoles que vuelvan a la estación porque el tren está a punto de partir y deben custodiarlo. Juan Alberto y José Luis suben a la camioneta y se trasladan hacia allá.

Llegan de nuevo a la estación y allí permanecen hasta las 2:30. El supervisor Francisco Segovia les dice que ya no hay más que hacer, que se vayan a sus casas; Juan Alberto y José Luis suben a la camioneta que la compañía les presta para transportarse. Cuando están por salir de la estación, Israel, otro de sus compañeros, les pide un *raite* a señas; se detienen para que suba al vehículo. En cuanto cierra la puerta les pide que lo dejen en su casa, les queda de camino. La *pick up* enfila hacia la carretera.

—Un *raite* siempre se agradece —dice David. Los demás asienten, poco a poco intentan cobrar confianza y animarse.

—Hasta buena gente se portó el *guacho* ese —secunda Amílcar.

—No sabía que conocieras Monterrey —le dice David.

—Me acordé del nombre en el mapa del albergue y pensé que mejor que no nos vean tan perdidos porque no sabemos si nos van a echar a la *migra* o qué —confiesa Amílcar con un dejo de timidez al que David responde con una franca carcajada.

El día fue demasiado largo, para esos momentos prácticamente todos arrastran los pies; sus zapatos chocan con la grava suelta del camino. Jesús sugiere que busquen un lugar para dormir. Desandan la senda dirigiéndose sin saberlo hacia la universidad, que es de lo poco iluminado; entre la penumbra, afuera de una casa alcanzan a ver la silueta de un hombre —delgado, estatura media, cabello casi a rape, porte militar— que repara los fusibles de la luz.

—Señor, ¿para dónde queda Monterrey? —pregunta Luis Antonio.

—¡Uyyyy, está muy retirado! —89.4 kilómetros para ser exactos, en una ruta que no los lleva al norte sino hacia el sur, debió precisarles el interlocutor, pero no lo hizo.

—Les digo que yo ya crucé esta ciudad y conozco a una señora que ayuda a migrantes —insiste David Domínguez.

—¿Cómo se llama? —le pregunta José David.

—No, pues no me acuerdo.

—Ya, vamos a quedarnos en cualquier rincón —tercia Luis Antonio.

—Pero así nomás está peligroso, ¿no? —opina José David.

—¡Ya me acordé, se llama Martha! También me acuerdo que vive en el kilómetro 6 —insiste David Domínguez.

—Ahh, eso sí está cerca, es por allá —les indica el lugareño.

Acuerdan ir en busca de Martha. Enfilan de frente y llegan a unas casas, pero sin nadie que los guíe ya no saben por dónde continuar. En el rostro la incertidumbre, las quijadas apretadas; las piernas flaquean. Sienten que alguien les sigue los pasos. Advierten que, ocultos en la negrura de la noche, ojos extraños los observan. Escuchan el rechinido de unas llantas y ven otra camioneta con los logotipos de la empresa Eulen que los alcanza; creen que se trata de los custodios que los dejaron en la carretera, pero son otros.

—¡Ey, paisa! ¿No quieren un *raite*? Para que no caminen tanto —les dice el conductor—. ¡Súbanse! Los llevamos para que les quede un poco más cerca donde van.

Asienten, la camioneta arranca y alcanzan un crucero. Durante el día la zona tiene afluencia de los obreros que laboran en las fábricas y parques industriales, los estudiantes de la Universidad Autónoma Agraria Antonio Narro, los habitantes de los ejidos La Minita, Los Ojitos, La Angostura, las colonias Niños Héroes, La Esperanza, Buenavista y el fraccionamiento Las Teresitas, y uno que otro militar del 69/o. Batallón. Pero por las noches todo está desierto: las fábricas cerradas, los lugareños en sus casas, los militares en su cuartel y las aulas de la Universidad aguardando a los impetuosos muchachos que por la mañana darán vida a esos salones y pasillos vacíos. El escenario natural está blindado por las serranías; a esas horas, por la avenida sólo transitan algunos camiones de carga que transportan mercancías entre Saltillo y Monterrey.

—¡Ora sí, paisas! Hasta aquí llegamos, porque si no, a nosotros nos chingan.

El lugar está en penumbras. Obedientes bajan del vehículo pero se quedan parados, ninguno quiere ya seguir caminando.

—Mejor hay que buscar un rincón aquí para quedarnos —dice Delmer; José David, *El Moreno*, lo secunda.

—¡No! Mejor vamos a la casa de la señora, allí estaremos seguros y hasta nos dará algo de comer —insiste David Domínguez.

—¡Ahí viene un taxi! —alerta Amílcar—. Vamos a preguntarle, y si sabe, que nos lleve.

No, el taxista no sabe, "pero espérenme, muchachos, déjenme preguntar…" Descuelga la bocina del radio y llama para preguntarle a un colega.

—Sí, muchachos, sí los llevo, pero primero unos y luego otros porque todos no caben y si me agarra una patrulla me va a multar.

El taxista enfila, cuidadoso de toparse con una patrulla; lo único que cruza por su camino son algunos vehículos militares que se dirigen hacia las instalaciones del 69/o. Batallón.

El lugar al que David se refiere está ubicado en la colonia La Esperanza, vecina de El Mimbre, Buenavista, Las Teresitas, Valle de San Lorenzo y El Álamo, todas fundadas entre los años setenta y ochenta, en su mayoría por emigrantes de otras entidades o saltillenses desplazados del hábitat metropolitano. En la parte baja, hacia el lado oeste, donde acaban las casas y comienza la serranía, cruzan dos líneas de ferrocarril que conectan la estación San Juan Bautista con Concepción del Oro en Zacatecas, hacia el sur, y en dirección al norte con los Almacenes Nacionales de Depósito, donde la mitad del trayecto el tren recorre un amplio túnel.

La Esperanza no tiene más de 20 calles mal planificadas y algunas aún sin pavimentar. La mayoría de las casas, construidas a medida que un quinto llegaba al bolsillo, están pintadas de diferente color, de manera que para que un fuereño ubique a alguno de sus habitantes debe recordar con detalle las señas de la fachada y alguna referencia próxima, de otra manera tendría que ir llamando de puerta en puerta pues no hay placas que identifiquen las direcciones aunque una que otra propiedad dé noticia de la estirpe de sus dueños: Familia López, Sánchez, Villarreal, García, como en los pequeños pueblos donde todos se conocen.

Igual que La Esperanza, sus colonias vecinas, Las Teresitas y Buenavista, crecieron desordenadamente con las familias de los trabajadores que llegaron a laborar a las fábricas y bodegas instaladas en la zona. Sin traza arquitectónica ni proyecto urbanístico, La Esperanza se construyó alrededor de la Universidad Autónoma Agraria Antonio Narro, una de las instituciones educativas más antiguas en la tierra del poeta Manuel Acuña, creada con una parte de la fortuna legada por la familia Narro, de los más ricos hacendados de la región.

Del otro lado de la universidad, la colonia Buenavista tomó su nombre de la ex hacienda propiedad de don Antonio Narro —el filántropo tenía numerosos inmuebles en Saltillo y también en Torreón—, y en tierras aledañas se levantó el cuartel del 69/o. Batallón de Infantería.

El 69/o. Batallón pertenece a la 6/a. Zona Militar, una de las 46 en que está dividido el Ejército Mexicano; cada una de las zonas comprende batallones, regimientos, brigadas y cuarteles. A su vez éstas se agrupan en las 12 regiones en que para efectos de la jurisdicción castrense se divide todo el país; la 6/a. Zona Militar, por ejemplo, pertenece a la XI Región Militar, que tiene su sede en Torreón y abarca además de Coahuila al estado de Chihuahua.

La I Región tiene su sede en la ciudad de México y comprende los estados de Hidalgo, Estado de México, Morelos y el Distrito Federal; la II, en Mexicali y abarca Baja California, Baja California Sur y Sonora. La III, en Mazatlán, incluye a Sinaloa y Durango; la IV Región tiene su base en Monterrey y abarca a Nuevo León, San Luis Potosí y Tamaulipas. La V Región, en Zapopan, incluye a Jalisco, Aguascalientes, Colima, Nayarit y Zacatecas; la VI, en Veracruz, comprende los estados de Veracruz, Puebla, Tlaxcala y parte de Tabasco; la VII Región, con sede en Tuxtla Gutiérrez, incluye a Chiapas y parte de Tabasco. La VIII, basificada en Ixcotel, comprende el estado de Oaxaca; la IX, en Acapulco, circunscribe al estado de Guerrero; la X, en Mérida, incluye a Yucatán, Campeche y Quintana Roo. La XI, como se mencionó, comprende a Coahuila y Chihuahua, y la XII Región, con sede en Irapuato, abarca los estados de Guanajuato, Michoacán y Querétaro.

La historia de Buenavista registra, por cierto, una interesante anécdota que dice que alguna vez, en un tiempo del que no se tiene precisión, tres albañiles que excavaban en un terreno encontraron barras de oro y plata que formaban parte del tesoro que el general Antonio López de Santa Ana recibió de los gringos como dádiva por la anexión de Texas a Estados Unidos. Ese sitio se ubicaría precisamente en las inmediaciones del 69/o. Batallón de Infantería, donde la madrugada del 24 de mayo de 2002 uno de sus efectivos, Ricardo Olvera Venegas, escucha una orden: matar a su familia.

Antes de esa fecha la colonia era desconocida para la mayoría de los saltillenses; después nadie querrá recordar su nombre.

Cuando por fin llegan pasa ya de la una. Amílcar propone que duerman en la primera banqueta a su paso, allí mismo donde los bajó el taxista, y esperar a que amanezca para regresar a la estación del ferrocarril. Es difícil que los siete se pongan de acuerdo; mientras discuten escuchan el chirriar de unas llantas y ven una camioneta blanca pasar a toda velocidad frente a ellos. Impera el cansancio, pero se impone el miedo; al sentirse acechados deciden que ese no es un buen lugar para dormir.

—Mejor sí vamos a buscar a la señora Martha —dice David. A traspiés caminan sólo un par de calles más, pero Amílcar y Luis Antonio se niegan a seguir.

—Yo ya no aguanto el sueño —se queja Luis Antonio—. Allí hay una troca sola, yo me voy a meter a dormir.

—Yo me quedo contigo —secunda Amílcar. Es una vieja furgoneta Datsun, que en 1974 fuera un último modelo; aún conserva completa la tapicería de los asientos, el tablero, un tacómetro impecable, aunque los tabiques en lugar de neumáticos indican que es un auto abandonado. Los muchachos abren las puertas y uno se echa a dormir en el asiento delantero y otro en el de atrás.

David, José David, José Rodolfo, Jesús y Delmer los observan pero continúan caminando; de cualquier manera en el Datsun sólo cabe una persona acostada en cada asiento. Caminan un poco más y parece que por fin encuentran la casa, o al menos es lo que David recuerda: una sola planta, con una puerta blanca al fondo de un porchecito con dos mecedoras de plástico blanco. Enfrente, un árbol de pirul, como los de la sierra que comienza donde termina la casa. Se disponen a llamar, tocan varias veces pero nadie les responde.

—Señora Martha… señora Martha —insiste David desde el quicio, convencido de que alcanza a escuchar voces; al fondo ve una luz y oye el zumbido de un televisor encendido.

Delmer, Jesús, José Rodolfo y José David husmean en los alrede-
dores, observan que las partes lateral y trasera de la casa dan hacia lo
alto de una loma. Infructuosamente, David sigue llamando.

—Venga, hermano, que ya encontramos dónde dormir —le dice
El Moreno jalándolo del brazo.

Finalmente David cede, camina junto con *El Moreno* hasta la vieja vagoneta en busca de Luis Antonio y Amílcar. El sueño los ha ven-
cido, así que de plano se niegan a levantarse.

—Tu hermano no quiso levantarse, se quedó allá abajo, en la troca —le
explica José David a Delmer; éste se encoge de hombros y se acuesta a
dormir sobre un cartón que halló tirado en el baldío.

Avanza la madrugada, el frío arrecia y en este descampado cala hasta los huesos. Delmer estira las mangas de la sudadera para intentar
cubrirse los dedos, luego entrelaza las manos para procurarse calor.
Quiere soñar que no está aquí sino en una cálida cama, en su casa en
Tocoa, o no, mejor en Estados Unidos, en su dulce *sueño americano*.
El cuerpo se resiste a darle tregua, siente que el aire se le va metiendo
entre las ropas y le raja la piel. Compungido se mira aquí, tendido en
una oscuridad que comienza a darle miedo; intenta superarlo pensando que esta negrura pronto acabará, que este descampado es sólo
un lugar de tránsito, un momento de la travesía en cuyo final los
espera agazapada la felicidad para compensarles tantas penurias, sus
días de tormento, el tortuoso peregrinar, "porque a los niños buenos
los compensa Dios", le enseñó la abuela. Ahora lo invade un hambre feroz, escucha su estómago convertido en una desenfrenada jau-
ría; idílicamente evoca el olor a leña ardiente, a tortilla recién cocida,
café caliente y maduro frito, olor a hogar. Está tan cansado y hambriento que no deja de pensar en lo que apreciaría ahora el plato de

arroz que en casa lo tenía hastiado, pero aquí no hay arroz ni maduro ni nada, estos ingratos árboles no son como los de su Tocoa, donde con sólo andar un poco se pueden arrancar naranjas o almendras. Esboza una triste sonrisa de resignación. Por suerte para su estómago, lo vence el cansancio y se queda dormido.

Con las manos entrelazadas Delmer duerme por fin sin sobresaltos, ajeno a un destino infausto que pronto habrá de alcanzarlo; no imagina que frente a él un letrero invisible señala que aquí acaba el viaje. A unos metros, José Rodolfo y Jesús sacuden una caja de cartón hallada en medio de la calle y que trajeron a la loma para usarla de cama, la extienden y la acomodan junto a Delmer. De su mochila Jesús saca dos playeras, una amarilla y otra negra, para usarlas como cobija; del lado contrario, el que da hacia la pendiente, David se acuesta y más abajo lo hace José David entre los arbustos. Pronto se quedan dormidos.

José Rodolfo siempre ha sido de sueño ligero, cuando el tren da sus primeros pitidos se despierta enseguida aunque hace apenas un par de horas que se acostaron a dormir; se incorpora y camina hasta donde el yerberío no le impida ver el ferrocarril que se desplaza a la altura de la estación San Juan Bautista, en los linderos de la serranía. La pesada marcha, a cada segundo más fuerte, produce leves vibraciones en el monte a medida que se acerca; ve a lo lejos el tren con su carga legal, sin polizones o *trampas*.

—Si no nos hubieran descubierto, allí iríamos viajando —cavila José Rodolfo—. Aunque estamos tan cansados que es mejor dormir —se da la vuelta y ve a sus compinches reposar entre suspiros, entonando una retahíla de ronquidos disparejos—. Preferible descansar y seguir el viaje más tarde, al fin que Estados Unidos no se irá —se consuela, bosteza y estira los brazos, luego se abraza frotando las manos sobre sus hombros.

En el monte las noches suelen ser muy oscuras; en ésta, sin embargo, la luna casi llena crea claroscuros. Entre su fulgor y el de las estrellas que se imponen a la sombra de las nubes, el cielo es una alfombra destellante. En la bruma que se forma entre el calor del desierto y el gélido aire nocturno mira delinearse la silueta de un hombre que camina cuesta arriba; se le figura como un demonio que emerge entre tinieblas. Primero piensa que es Luis Antonio o Amílcar, que se cansaron de dormir en la vieja vagoneta, pero entonces distingue que es un hombre vestido de uniforme, un uniforme militar. Cuando lo tiene más cerca, la claridad de la luna le confirma que se trata de un soldado: el rostro joven, estatura media, delgado, porta al frente una correa que ciñe el arma que carga a sus espaldas.

—¡Qué onda! ¿Te acuerdas de mí? —le pregunta con voz grave y acento mexicano.

—No, no lo conozco —responde el salvadoreño negando con la cabeza y ofreciéndole luego una sonrisa de cortesía.

—Ja, ja, ja —ríe el hombre. Lo mira entonces echar el arma al frente, hacia el hombro derecho, luego asirla sobre el pecho y empuñarla, y ve que le apunta. José Rodolfo no vacila; como salvadoreño, por herencia de la guerra civil en su país, sabe del comportamiento ante un militar; responde a lo que le pregunta y agacha la cabeza sumiso, humilde. En ese instante quisiera hacerse invisible. Aunque lo mira empuñar el arma y apuntarle, trata de conservar la calma; sigilosamente le da la espalda para regresar a dormir, a la protección entre sus amigos. Pero José Rodolfo ignora que esta noche el militar no es sólo un hombre vestido de uniforme con un arma entre las manos, es un cazador.

Detrás de él, el tímido salvadoreño oye el ruido metálico del arma al cortar cartucho; se paraliza, escucha el primer disparo, siente la piel caliente y la sangre gotear de su hombro izquierdo. Escucha otro tiro

217

y siente la segunda bala penetrar en su hombro derecho. Se desploma, resbala y comienza a rodar loma abajo.

David Domínguez cree que está soñando con una película de guerra como las que cuando chico veía en una televisión blanco y negro de bulbos, el tesoro de la familia, pero el dolor en el brazo izquierdo le hace abrir los ojos y encontrarse con un proyectil impactado en su cuerpo, un proyectil real que ahora lo desangra; se palpa y trata de incorporarse. Repara en la figura de un hombre que dispara a mansalva; lo que trae en las manos parece un cañón que lanza fuego. Sin comprender lo que ocurre, el instinto lo hace incorporarse y arrastrarse de rodillas para quedar fuera de la mira del homicida, luego logra ponerse en pie y correr cuesta abajo.

Justo cuando sus punzantes pies desnudos encuentran alivio remojándose las gruesas ampollas en las refrescantes aguas del río Choluteca, caudal que cruza su tierra, el tiroteo despierta a Jesús. Después de presenciar que el hombre le dispara a David, se tira entre los matorrales para ocultarse del cazador; cuando cree que no lo ve, se incorpora y echa a correr, pero el tirador lo tiene ya en la mira. Jesús siente un impacto en el muslo derecho y cae. No puede levantarse, así que poco a poco se va arrastrando entre los matorrales.

Cuesta abajo, dolorido por las heridas y los golpes en su cuerpo al caer, José Rodolfo trata de incorporarse; entre el golpeteo de su corazón acelerado, con nitidez escucha las pisadas de alguien que se acerca a él haciendo crujir la yerba seca bajo sus pies. Se queda quieto; cuando escucha el sonido cada vez más fuerte, tantea entre la yerba para agarrar una piedra. Encuentra una grande, pesada, filosa, la ciñe en una mano y la levanta para lanzarla.

—Shhh… soy David —susurra el de las pisadas. José Rodolfo tira la piedra. David le ayuda a incorporarse con su brazo sano; ahora caminan juntos, la adrenalina del momento les permite apretar el paso sin caer en cuenta en lo dolorido de sus cuerpos. Caminan apoyándose uno en el otro. Ambos están heridos.

Cuando alcanzan el primer trecho de pavimento se sienten a salvo. Se detienen para observar la silueta del cazador, fulgurante a la luz de la luna, acercarse al pirul, levantar el brazo derecho y descargar la metralla.

Todo está en penumbras, sólo el instinto les marca el camino. A tientas, José Rodolfo y David se van sosteniendo aferrándose a los arbustos enanos; a su paso dejan un rastro de sangre que no será visible hasta entrada la mañana. Siguiendo la vereda llegan de nuevo a la casa donde según David vive la samaritana, esta vez les responden al primer llamado.

—Abran, por favor, estamos heridos… nos hirieron… —explica David a un joven que pregunta quién llama a esas horas—. ¿Ésta es la casa de doña Martha, verdad, la que ayuda a los migrantes? Somos migrantes, nos hirieron…

La puerta se abre, el joven echa una rápida mirada y vuelve a cerrar. Segundos después aparece de nuevo, precedido por una mujer.

—¡Ave María, si estos muchachos están desangrándose…! Siéntalos, siéntalos, hijo, mientras llamo a la ambulancia.

El joven Rafael lleva a José Rodolfo y David hasta las mecedoras de plástico blanco; su madre, Martha, entra a la casa y en minutos está de vuelta.

—¿Qué les pasó, muchachos? —pregunta.

—Nos balacearon —dice David.

—Era un hombre vestido de militar. Antes de dispararme me dijo: "¿Te acuerdas de mí?" —añade José Rodolfo.

—¿Quieren agua?

—Andamos con más muchachos, balaceó a todos.

Martha entra a la casa y sale de nuevo con dos vasos de agua.

—Ya viene la ambulancia, muchachos, beban, bébanse un poco de agua.

La ambulancia llega poco después. Los paramédicos interrogan a los dos heridos.

Arrastrándose entre la hierba y luego en el pavimento, Jesús se detiene en la reja de la primera casa que halla en el camino, sus lamentos y gemidos son escuchados hasta el interior; oye a alguien que desde dentro se acerca a la puerta y la voz que pregunta con molestia y recelo:

—¿Quién es, qué pasa? —grita un hombre cuyo sueño fue interrumpido por las detonaciones.

—Estoy herido, estoy herido, vamos en el tren a Estados Unidos, pero alguien llegó a donde dormíamos y nos disparó… Estoy herido, me voy a morir.

El hombre entreabre la puerta, en la penumbra mira al herido cuya pierna mana sangre profusamente, y vuelve a cerrarla. Segundos después Jesús escucha que abren de nuevo. El hombre enciende el apagador que alimenta el farol de su entrada; es infructuoso, se acerca a la caja de luz junto al medidor y retira los fusibles para confirmar que se fundieron de nuevo; dos veces esa misma noche, y ya no tiene otro repuesto. Cierra de nuevo la puerta. De un cajón de la cocina toma una lámpara y con ella alumbra la sala para encontrar las llaves de su camioneta en la mesita de centro. Sabe que es una madrugada gélida; entra a la recámara y toma una chamarra, se la pone presuroso, la abrocha y vuelve a salir. Esta vez la puerta se cierra sólo cuando el hombre está afuera y se inclina para que Jesús se apoye en sus hombros mientras lo jala para levantarlo.

—No tengo luz y el teléfono no sirve, pero yo mismo te llevaré al hospital.

Entonces Jesús lo mira; es un hombre fuerte aunque delgado, tiene el cabello negro pero muy corto, tipo militar.

Martha Cristina García Treviño, una matrona de pausada voz, ojos risueños y sonrisa afable, se hizo popular en Saltillo por brindar techo y comida a los migrantes cuando en esta norteña ciudad cuando aún no existía albergue alguno para las oleadas de centroamericanos que después de *Mitch* se volcaron hacia Estados Unidos. Devastada Centroamérica tanto o más que con el saldo de las guerras civiles, después de aquel otoño negro de 1998 no hubo otra opción para salir adelante que convertir a las remesas en la principal fuente de divisas.

A partir de aquel año comenzaron a llegar los centroamericanos, literalmente muertos de hambre, y ella los socorría con agua y un taco; saciaban su hambre y sed sentados en ese portal que les brindaba el frescor y el sosiego suficientes para agarrar fuerzas, alcanzar el tren más adelante y seguir el viaje evitando a los guardias, pues si los veían cerca de la estación los molían a palos. El modesto portal, las sillas de plástico, el agua de su casa que saciaba la sed de muchas horas, se convirtieron en un remanso.

La noche del 23 de mayo de 2002 la mujer se acuesta relativamente temprano, a las 10:30, ya que su esposo y sus cuatro hijos —Martha, José Juan, Rafael y Onésimo— están ya en casa. Ella, que siempre vive alerta de quien llama a su puerta, precisamente ahora duerme como tronco, y así, en ese profundo sueño, en un sonsonete de ronquidos habría amanecido de no ser porque a media madrugada la despierta el estruendo de disparos. Jurará que antes de hoy jamás los había escuchado o por lo menos no en la vida real, aunque sí en las películas y telenovelas con que se entretiene cuando los quehaceres de la casa le dan tregua.

—¿Son balazos…? —le pregunta a su marido casi a manotadas intentando despertarlo; se descobija y se incorpora desconcertada sin lograr que el hombre acabe de abrir los ojos. Luego los disparos cesan. Se acuesta de nuevo y se cubre con el pedazo de cobija que le regatea al acompañante, pero no logra conciliar de nuevo el descanso. Por eso, cuando más tarde escucha los toquidos en su puerta, de inmediato se levanta y como flecha camina hacia la entrada aunque su hijo Rafael, cuya habitación está más cerca, llega primero.

De pie en el umbral de la sala, ve a su hijo; abrir y cerrar alarmado.

—¿Qué pasa, hijo?, ¿quién es? —le dice con voz entre preocupada y extrañada.

—Son dos chavos, vienen ensangrentados. Dicen que los hirieron, que venían en el tren, y preguntaron por ti.

Martha corre y abre la puerta seguida por su hijo; se encuentra frente a dos muchachos heridos que sangran abundantemente. Uno de ellos, que al parecer sabe su nombre, por poco y se les desvanece entre los brazos. Luego de pedir por teléfono una ambulancia y asistirlos urgentemente, recibe a los paramédicos y aguarda mientras los ve revisarles las heridas y luego subirlos a las camillas mientras los interrogan.

—Somos salvadoreños.

—Los vamos a deportar, pero primero los llevamos al hospital —dice un paramédico.

Tras limpiar un poco la sangre derramada, sus hijos regresan a dormir; Martha, en cambio, no puede volver al lecho. De pronto siente un miedo pasmoso, pero no puede evitar asomarse a la calle por la ventana de la sala, alentada por el anonimato que le procuran la cortina y la luz apagada; entre los dedos descorre una punta de la tela y atisba que algo se mueve dentro del viejo Datsun, la reliquia que su marido conserva sobre cuatro tabiques. Impulsivamente agranda la brecha para ver mejor, pero el Datsun no se menea más. Piensa que quizá se lo imaginó, aún está muy oscuro y el alumbrado del poste, como siempre, está fundido. Cierra la cortina y regresa a la cama para esperar a que amanezca.

Antes de las siete sale de su casa y camina hacia atrás, adonde está la loma, para buscar el lugar donde según los muchachos heridos ocurrió el ataque. Lo que tiene ante sus ojos es una escena horrible: debajo de un árbol está el cuerpo de un muchacho, al otro lado hay otro. Todo está lleno de sangre. Martha baja presurosa de la loma y ya en la calle echa a correr hasta su casa para llamar a la policía y notificar del hallazgo.

Más tarde se enterará de que pasada la medianoche aquellos muchachos estuvieron tocando a su puerta; de haberlos escuchado no habrían dormido en la loma sino en su portal, por supuesto. Sentada en una de las sillas de plástico de su modesto porche mientras espera la llegada de la patrulla, recuerda el movimiento que observó al interior del Datsun, aquel que luego pensó eran figuraciones suyas; se levanta y camina hacia la camioneta. Dentro de la vieja furgoneta de su marido mira a dos muchachos dormidos, uno en el asiento delantero, otro en el de atrás; con los nudillos toca el cristal del lado del copiloto hasta que uno de ellos, el que duerme en el asiento delantero, abre los ojos. Martha comienza a hablarle pero él parece no escucharla, luego da vuelta a la manija y el cristal de la ventana desciende.

—¡Muchachos! ¿No saben lo que pasó? ¡Mataron a dos jóvenes y otros están heridos!

En el kilómetro 6, en una de las casas aledañas a la loma, hacía exactamente 20 minutos el ulular de las sirenas y el cotilleo de los vecinos había obligado a Pablo Zamora a dejar la cama, sobreponiéndose al desvelo provocado por el escándalo nocturno, excepcional para ese poblado de apenas 500 habitantes donde el mayor ruido y los ocasionales jolgorios los hacían los viernes o en fin de curso los jóvenes de la Universidad Autónoma Agraria, a sólo unas calles de su casa. De un impulso saltó para ponerse los zapatos, se apresuró porque afuera la sirena seguía chillando. Mientras terminaba de anudarse las agujetas, recapituló: a las 4:30 lo despertaron las voces y murmullos de hombres que corrían, y el ruido de sus zapatos contra la grava suelta del camino que va a la loma. Primero supuso que eran muchachos de la Narro que aún celebraban el Día del Estudiante, festejo en el que se mostraban bohemios y trasnochadores; en otro tiempo, de aquellas aulas había surgido la Rondalla de Saltillo, orgullo de todo el estado. "Seguirán de copas", pensó Pablo y estiró la sábana y la frazada para envolverse de pies a cabeza, a ver si así conseguía dormir. Pero luego las voces subieron de tono, seguidas por el sonido hueco de un arma y 11 minutos después el arrancón de una camioneta. Cauteloso, se acercó al antepecho de la ventana, sintiendo que el corazón luchaba por salirse de su pecho: la delgada cortina de encaje blanco le permitió vislumbrar la polvareda que a su paso dejaban las llantas de una *pick up* blanca que enfilaba rumbo a Saltillo. La zozobra se apoderó de su mente. Estaba seguro de que esos disparos se habían hecho cerca de la Narro; si se sabía que los universitarios traían armas, las cosas se pondrían muy feas. Le preocupaba además porque él mismo laboraba desde hacía dos décadas en la universidad como administrativo en el área de servicios escolares. No le quedaba duda del origen de los tiros porque las instalaciones del 69/o. Batallón estaban hasta Las Teresitas, a unos cuatro kilómetros de distancia, y la lejanía, además del tráfico de la carretera a Zacatecas, hacían imposible escuchar desde allí ni el más mínimo ruido del trajín cotidiano en aquel amplio campo castrense.

¿Entonces qué ocurría allí afuera? Salir y enterarse era demasiado arriesgado, al fin y al cabo en un par de horas amanecería y podría averiguarlo. Con esa idea regresó a la cama pero hay horas que se hacen eternas; en medio del silencio nocturno, inquieto se revolcaba tapándose la cabeza con la almohada mientras el tictac del reloj despertador taladraba sus oídos. Para cuando dieron las cinco, el sonido se había tornado desquiciante. Pablo caviló de nuevo la posibilidad de que algún muchacho de la Narro accionara un arma, y la descartó enseguida; para esos jóvenes la mayor diversión era entonar canciones y llevar serenata a las muchachas. No se imaginaba a ninguno envuelto en un lío así, porque reflexionó que aquello que había escuchado no eran tiros al aire sino balas que impactaron en un blanco. Entre el tictac escuchó su propio palpitar cada vez más acelerado; infructuosamente se llevó las manos al pecho buscando sosegarse. Se envolvió de nuevo. "Los tiros no fueron al aire, las balas dieron en el blanco", dijo para sí. Apretó los ojos intentando sumergirse otra vez en el sueño, pero fue en vano. Dos horas después recordaba el seco sonido de los tiros mientras trataba de anudarse los zapatos.

—¡Sabrá Dios qué desgracia! —exclamó cuando la creciente intensidad del volumen le indicó que la sirena se aproximaba. Se incorporó y salió por fin; echó una mirada y avistó a un grupo de gente que, parada en el entronque de la vía que divide los límites del campus universitario de las viviendas, observaba a policías y peritos vestidos con batas blancas subir y bajar de la loma.

Al pie de la cuesta había dos patrullas con las puertas abiertas y las sirenas encendidas; Pablo dudó en acercarse pero se impuso su curiosidad por saber quién era ese muchacho engarruñado tirado entre los matorrales del que hablaban los vecinos. Para cuando logró subir sólo alcanzó a ver la punta de un par de botas ensangrentadas y enlodadas, porque los peritos terminaban ya de cubrir el inerte cuerpo con una sábana blanca. Luis Lauro Torres y María Guadalupe Reyna, de la Procuraduría General de Justicia del Estado de Coahuila, garabateaban en libretas de taquigrafía la hora y el día —7:47 a.m. del 24 de mayo de 2002— en que hacían el levantamiento de los cadáveres de dos personas de identidad desconocida en una loma del poblado La Esperanza; a simple vista infirieron que ambos eran menores de edad.

—¡Son unos chamacos! —escuchó Pablo decir a uno de los policías.

Los ojos se le agrandaron cuando descubrió el camino de sangre. Curioso, sorprendido, horrorizado, a medida que examinaba cada centímetro de tierra, cada trecho, cada hoja, cada rama ensangrentada, lo invadía una profunda náusea y un escalofrío que le recorría la espalda. Trastabilló, pero continuó su marcha desatendiendo el reclamo de los policías, que con ademanes y a gritos le exigían que se alejara de la escena del crimen.

Se cubrió la boca con las manos para contener el vómito. Le costaba respirar; ahora sólo quería volver a casa y hacer de cuenta que no había despertado, que esto era parte del sueño interrumpido por el bullicio nocturno. *No es verdad tanta saña*, pensó. Intentó bajar más rápido, pero tropezó y estuvo a punto de perder el equilibrio cuando lo impactó el golpe del hombro de un muchacho que subía la loma como potro desbocado. "¡Epa!" No lo identificó, no era de por allí, vestía chamarra de mezclilla y cachucha de beisbol. Pablo jaló un arbusto y apenas alcanzó a sostenerse.

No pudo contener el vómito; a lo lejos miró a sus vecinos que cuchicheaban. Observó luego a Martha Cristina García, parada en medio de la calle; intentó saludarla, quería preguntarle qué fue lo que ocurrió allí, seguramente ella lo sabría puesto que su casa quedaba justo antes de esa loma, pero no alcanzó a hablarle porque no aguantaba la náusea. Entró directo al baño y se apoyó en el lavabo para vomitar, abrió el grifo y dejó que el chorro desagüara la saliva amarillenta; luego se mojó la cara una, muchas veces, como si buscara deslavar de su mente el horripilante escenario, pero su terca memoria le revelaba cada detalle del sinuoso y ensangrentado camino que acababa de recorrer.

Se llevó las manos al rostro, invadido por una rabiosa impotencia se sintió caer en un abismo. Entonces se desplomó y lloró, lloró desconsoladamente, dominado por un pesar profundo al evocar que esa madrugada, mientras él yacía especulando en su cama, dos muchachos se desangraban a unos metros de su casa.

Entre sueños, Luis Antonio cuenta varios disparos y escucha también el ruido del motor de una camioneta. Despierta sobresaltado.

—Amílcar… Amílcar, hermano, ¿escuchó? —susurra.

—Sí, sí oí.

—Parece que fue aquí cerca.

—Mejor no salgamos porque tal vez sigan tirando.

Ninguno se atreve a salir. El sueño vuelve a vencerlos. Un poco más tarde oyen la sirena de una ambulancia y una voz que les parece conocida:

—Somos salvadoreños.

—Los vamos a deportar, pero primero los llevamos al hospital —dice un hombre con acento mexicano.

Tirado en el asiento delantero, Luis Antonio levanta un poco la cabeza intentando distinguir a los de las voces, cuidándose de no ser visto; pero ya no ve nada, los paramédicos cierran las puertas de la ambulancia y se van. Lo asalta el miedo pero necesita saber dónde está su hermano. Cuando intenta bajar del automóvil Amílcar lo detiene.

—Si salimos nos van a agarrar también y nos van a deportar. Espérate a que amanezca y así investigamos adónde los llevaron.

En los desvencijados asientos del Datsun se sumen de nuevo en el sueño. Minutos después, el barullo que aquella madrugada rompió la calma que reinaba en la colonia La Esperanza vuelve a apagarse.

Lo despiertan los fuertes toquidos que una mujer da al cristal de la puerta mientras gesticula palabras que él no acierta a escuchar. Luis Antonio baja la manecilla y el cristal desciende, es una de las pocas piezas del vehículo que funciona a la perfección.

—¡Muchachos! ¿No saben lo que pasó…? ¡Mataron a dos jóvenes y otros están heridos! —les dice mientras se persigna y se abraza como queriendo protegerse.

—¿Sabe cómo son, sabe cómo son los que mataron? —pregunta desesperado. Antes de que la mujer conteste, su propia memoria le da la respuesta: *Somos salvadoreños*—. ¡Mi hermanito! —exclama y echa a llorar.

—¡No tengan miedo! —dice la mujer, apenada por el dolor ajeno—. Si no quieren, no salgan —sugiere cuando la segunda patrulla que esa mañana acudió a su llamado pasa a su lado para estacionarse al final de la calle. La primera había arribado unos 20 minutos antes, junto con los peritos y el ministerio público, para confirmar la denuncia telefónica que ella hizo de que atrás de su casa, en la loma, había dos cuerpos sin vida.

Contra la sugerencia de aquella mujer, Luis Antonio abre violentamente la puerta del Datsun y baja desenfrenado. Corre hacia donde están las patrullas y la ambulancia del Servicio Médico Forense; ofuscado, sube la loma y tropieza con un hombre que baja tambaleándose y con las manos se cubre la boca. Su hombro choca con él y por poco hace que se vaya de bruces, pero alcanza a jalar un arbusto y se sostiene.

Luis Antonio también trastabilla y luego sigue de filo. En lo alto, debajo de un árbol, ve un cuerpo cubierto con una sábana y reconoce las botas de *El Moreno*; unos metros atrás, las piernas largas y los zapatos de Delmer.

De no ser por el reguero de sangre pensaría que está dormido, engarruñado con las manos juntas, como duerme desde que eran niños y compartían la camita de fierro; si lo sabría él, que lo cuidó como si fuera su hijo, que le enseñó a atarse los zapatos, a decir sus primeras palabras, a pegarle al balón; a trepar los árboles y cortar ciruelas, y atragantarse con ellas aunque estuvieran verdes con tal de llenar la panza vacía. Caían enfermos de empacho y como siempre, cómplices, hacían oídos sordos a los regaños de la madre mientras los perseguía para obligarlos a tragar la cucharada de polvo de bismuto con aceite de ricino.

Y ahora está aquí, inerte, tirado sobre el monte. Luis Antonio cierra los ojos y los aprieta para imaginar que todo esto es sólo un mal sueño, una pesadilla; luego los abre y el bulto sigue ahí. Se acerca más, se inclina, levanta la sábana y ve que aún tiene los ojos entreabiertos.

—¡Hermanito! Mi hermanito… —Luis Antonio cae de rodillas frente al cadáver de Delmer.

El 7 de febrero de 1979 nació el sexto hijo del matrimonio formado por el minero *Ramón* Olvera y el ama de casa *Rosa* Venegas; lo llamaron Ricardo. Sus hermanos mayores se dedicaron a oficios como obreros, albañiles y en la milicia todos con instrucción primaria.

Ricardo estudió en el rancho la primaria y secundaria. Tenía buenas calificaciones y por eso incluso pudo trabajar para el Consejo Nacional de Fomento Educativo (Conafe), el área gubernamental que, apoyada en adolescentes y adultos como instructores, promueve la alfabetización en las zonas rurales. Él se capacitó e impartió cursos sobre enseñanza comunitaria en la modalidad preescolar; quizá le hubiera gustado ser profesionista, pero por cuestiones económicas, en cuanto acabó la secundaria se metió a trabajar a una fábrica por un salario que le resultaba regular. Embarazó a *Isabel*, su tercera novia, de 15 años de edad, y se vio obligado a casarse por la ley civil, porque para casarse por la ley de Dios había que esperar a que hubiera dinero; en esa condición, su salario de obrero resultaba muy corto para su nueva familia. Pensó entonces enrolarse en el ejército, como sus hermanos mayores; por lo menos tendría un salario un poco más alto del que ganaba en la fábrica y algunas prestaciones indispensables para él, pues a sus 18 ya era jefe de familia.

El 16 de marzo de 1998 se enlistó. Poco después de su ingreso comenzó a ingerir cocaína, porque en el batallón era fácil conseguirla y de buena calidad, sobre todo durante las incautaciones en la región, ya que siempre quedaba por allí una parte sin contar; sin embargo, para 2002 hacía más de un año que no la consumía, según sus declaraciones.

Podría decirse que Ricardo era un soldado común: con instrucción básica, moreno, de 1.71 metros de estatura; cara redonda, cabello lacio negro, frente mediana, cejas pobladas, boca grande, labios gruesos, complexión delgada con sus 73 kilogramos. Como seña particular, una cicatriz en la pierna derecha porque de chico lo picó un alacrán, y algunas marcas en la cara por la varicela que le dio a los 15 años. Mantenía a *Isabel* y su hijo en el rancho (El Salero, en Zacatecas), a 113 kilómetros de distancia, hasta que lo ascendieron a cabo (en octubre de 2000), el tercer escalafón en la escala jerárquica entre los militares de tropa y el nivel más bajo entre los militares de clase, que en orden ascendente se clasifican en cabo, sargento segundo y sargento primero.

Junto con el ascenso llegó un pequeño aumento de 700 a 1 000 pesos semanales, suficiente para un alquiler, calculó. Entonces se mudaron al número 3 327 de la calle Olmo, en la colonia Mesa de Lourdes, en Saltillo; el ascenso implicó que como nueva tarea se encargara de las bodegas del 69/o. Batallón. A su resguardo estaban la armería, los uniformes y todos los insumos.

Y así transcurrieron 560 días de su vida, hasta aquel miércoles 22 de mayo en que salió de su casa a las seis y le dijo a su esposa: "Regreso cuando pueda". Según sus palabras, la milicia detonó la hostilidad que ya había desarrollado en su infancia y adolescencia, marcadas por la figura de su madre, de quien había sido muy dependiente, y el rechazo a la imagen de su padre, de quien tenía una imagen bastante negativa.

Su vida de militar le provocaba una frustración creciente, se volvió agresivo y depresivo aunque el informe que de él emitió el ejército habla de un elemento "de carácter sereno, conducta civil y militar buena; de buena eficiencia durante el desempeño de sus labores". En su historial acumuló sólo cinco boletas de arresto, por motivos insignificantes: por faltar a la lista de diana, infracción ocurrida en cuatro ocasiones (18 de febrero de 1999, 24 de enero de 2000, 28 de junio de 2001, 23 de julio de 2001), y la quinta "por contestar inadecuadamente y demostrar desagrado" (4 de julio de 2000).

Pero un buen día aquel militar de carácter sereno, respetuoso con sus superiores, compañeros y subordinados, se convirtió en verdugo, un despiadado ejecutor que actuó con brutal ferocidad.

En el ejército las órdenes no se cuestionan, se cumplen, de manera que a las 3:30 del 24 de mayo de 2002 Ricardo Olvera se traslada del área administrativa hasta su dormitorio para cambiarse el uniforme de diario por el de campaña; de su gaveta saca el pantalón y la casaca verde olivo y las botas de paracaidista. Se desviste y vuelve a vestir frente al espejo suspendido de un clavo en la pared. Pausadamente se abotona la casaca, apretando entre los dedos los botones ceñidos a la tela y los ojales mientras piensa en cómo cumplirá la orden, y desliza las manos sobre la prenda para que no haya un solo pliegue fuera de lugar, "¡el uniforme debe vestirse con veneración!", aprendió a gritos; luego se ajusta la boina guinda.

El soldado se inclina para plisar el pantalón dentro de las botas, se incorpora y echa una última mirada sobre el espejo; de nuevo se ajusta la boina y ahí está, ahora sí se siente listo. En la pared está colgado un grueso manojo de llaves, de todas las puertas y almacenes a su cargo, es decir, de varias de las más importantes áreas del batallón, que ameritan precisamente estar bajo llave. Lo toma, cierra su gaveta y sale del dormitorio.

Camina hacia la armería; el depósito donde los militares del 69/o. Batallón guardan sus pertrechos está cerca de las áreas de oficina. Del manojo de llaves, identifica la que abre esa cerradura. No procede con sigilo, no hay por qué hacerlo, no tendría por qué ocultarse de nadie, él es el encargado de la armería, está en hora de servicio y a punto de cumplir una misión. La llave gira suavemente y abre la cerradura.

El almacén es una galería de material bélico: pistolas, subfusiles, fusiles de asalto, fusiles de francotirador, ametralladoras, rifles, mosquetones y subametralladoras; armas italianas, alemanas, israelíes, belgas, muchas de origen estadounidense, en mucho menor proporción de manufactura mexicana. Hay también forniduras, cargadores y cajitas de municiones, clasificadas por sus calibres. Todo se encuentra bajo resguardo, obviamente, del encargado de la armería.

Ricardo enciende la luz y observa la enorme gama de calibres. Toma una subametralladora DIM (siglas del Departamento de la Industria Militar), de fabricación mexicana, modelo MP-5 y calibre 9×19 milímetros, con un cargador metálico con capacidad para

30 cartuchos. Su estructura está pintada en negro mate, también es negra la culata guardamano y empuñadura; está en un portapistola color negro. De una de las cajas de municiones extrae 30 cartuchos, se los va colocando uno a uno; luego saca otros 100 y se los echa en los bolsillos de la casaca. Sobre una mesa coloca el arma para volver a cerrar las cajas. Acomoda todo de nuevo en su lugar, toma el arma y apaga la luz.

Con la misma parsimonia con que entró, sale de la armería; jala la puerta, introduce la llave y asegura la cerradura. Con la subametralladora al hombro camina hacia la verja para salir del campo militar a hacer lo que los militares hacen: cumplir órdenes. El tiempo apremia y esta madrugada él tiene una misión.

Brinca la alambrada que separa el campo militar de la vecina colonia Las Teresitas; el viento frío de la madrugada choca en sus orejas y le pone rígidos los músculos del rostro, se levanta el cuello de la casaca para usarla de rompevientos. El arma al hombro le pesa, así que la echa hacia atrás jalando la correa, que le queda cruzada al frente. Ahora se siente más ligero. Camina hacia la carretera, cruza y agarra hacia el monte; entre los montículos de tierra, abrojos y nopales, camina resuelto como si cruzara sobre un césped.

Sube y baja entre laderas, al parecer sin rumbo fijo, hasta que distingue la silueta de un hombre debajo de un árbol en lo alto de una loma. La luna le ilumina el rostro, Ricardo cree distinguirlo y camina hacia él con familiaridad; luego se detiene y de nuevo trata de identificarlo. Se acerca unos pasos más. Cuando se halla a unos tres metros de distancia le habla.

—¡Qué onda! ¿Te acuerdas de mí? —le dice en tono de interrogatorio.

El hombre le responde que no, que no lo conoce, pero Ricardo escucha su risa burlona. ¡Sí!, claro que lo conoce y por eso se ríe, ese hombre también se burla de él, igual que ellos, ¡ese hombre es uno de ellos! Es uno de los que ayer por la tarde, como cada tarde, lo pendejearon y se rieron de su cara.

La sangre le hierve. Siente rabia, odio, mucho odio, demasiado como para quedarse así nomás. La rabia contenida durante tanto tiempo se ha desbordado; ahora mismo se siente harto de tantas humillaciones. Se cansó ya el soldadito que aunque se caiga de sueño les lustra las botas a los tenientes, el que les lava las sábanas sudadas, el que le lleva el desayuno al general; el que se come el vómito del capitán si al capitán le da la gana, porque en el ejército las órdenes no se discuten, se cumplen. Pero esta vez no está dispuesto a aguantar más vejaciones.

El militar jala la correa y el arma queda de frente sobre sus manos, la empuña apretándola contra el pecho. Tener un arma en las manos hace experimentar a un hombre una fuerza especial, lo hace sentirse seguro, poderoso, superior; qué delgada puede ser la línea entre la vida y la muerte, qué poder el del que decide si otro vive o muere, como el césar y sus corifeos en el circense espectáculo romano.

Lo primero que al militar le enseñan es a manejar un arma. Cuando se enlistó en el ejército, lo primero en lo que lo adiestraron fue en identificar el calibre, cargarla, apuntar y disparar, para eso fue entrenado. Y ahora, justo en este instante, su blanco está en la mira; el efectivo apunta y dispara.

—¿Ahora quién es el pendejo, eh? ¿Quién es el pendejo? —el hombre cae entre los matorrales, resbala y rueda loma abajo; Ricardo gira y ve que unos bultos se mueven en el suelo. Se acerca y también les dispara, los ve caer, ¡pero hay más! Se aproxima de nuevo hasta quedar frente a ellos, lo suficiente para darse cuenta de que uno lo está mirando, lo observa y descubre que, ¡ah!, ¡también se burla de él!

—¿Quién es el indio? ¿Eh? —grita mientras descarga el arma contra Delmer—. ¿Quién es el pendejo? —se vuelve contra el otro bulto y otra vez dispara. Ricardo pregunta, habla, grita, pero no encuentra interlocutor—. ¡Ya estuvo! ¡Ya estuvo! —grita para sí, como cuando él mismo suplica a los compañeros y sus mandos que cesen las burlas, los golpes, las eternas *potradas*—. ¡Ya es-tu-vo…! ¡Ya se a-ca-bó el juego! —grita más alto, esperando una respuesta que no llega.

Está exhausto, no dispara más; se cuelga de nuevo el arma y tambaleante baja entre los matorrales. Camina de nuevo hacia un trecho del monte, se detiene, se descuelga la subametralladora, se quita la boina y con ésta la envuelve; con las manos cava un hoyo cerca de un huizache y allí la entierra. Se incorpora, se sacude las manos y la ropa, húmeda por su propio sudor y el rocío de la madrugada. Echa a andar otra vez y mientras avanza cae en cuenta de que el dolor de cabeza que lo torturó toda la tarde y noche se diluyó por completo.

La mañana lo sorprende caminando. Pasan ya de las 11 cuando se percata de su profundo cansancio; a esa hora las calles son ya un trajinar de vecinos.

—¡Eh, amigo! ¿Me puede dar un *raite* a Saltillo? —pregunta a un paisano del ejido Temporales señalándole la vieja camioneta de carga estacionada a un costado de la casa, sobre un camino de terracería que va de la ciudad al vecino municipio de General Cepeda, rumbo a la Comarca Lagunera.

Juan Francisco García se afana en matar un marrano que planea vender durante el día; las patas del animal están atadas con una soga para evitar el jaleo. El matarife mira de reojo al militar parado junto a su camioneta, escucha su voz recia tras ese uniforme polvoso y las botas embarradas, como si hubiese pasado sobre fango.

—¡Eh…! ¡Ando ocupado, jefe! —le responde titubeante y enseguida agacha la cabeza pues sabe que los militares no aceptan negativas y él, un simple campesino de 39 años de edad, criador de cerdos y matarife ocasional, no es nadie para retobarle a la autoridad; pero si no termina de matar y destazar al chancho no alcanzará a vender la carne y su refrigerador nomás no quiere servir. Necesita apurar la matanza, la planeó desde la víspera, por eso se levantó muy temprano, ordeñó las vacas y cuando acabó desayunó de prisa.

Tenso por la presencia del soldado, Juan Francisco apresura el ritual de sacrificio; luego se yergue para mirar de reojo cómo el militar sube al asiento del copiloto del camión cisterna de su compadre Manuel Jiménez, quien usualmente sale a esa hora de su casa para trabajar en la repartición de agua "de pipa" en la colonia La Minita, cerca del Periférico Luis Echeverría. Escucha el portazo que el militar da a manera de despedida, seguido del motor del camión en marcha. El matarife exhala y continúa con su faena.

Manuel Jiménez accede al *raite* que le pide el militar. Lo transporta a tumbos por un camino de terracería, luego un tramo de carretera y después hasta las primeras calles de la colonia Buenavista; no puede llevarlo más allá, se excusa, pues debe ir a repartir el agua.

Contrariado, Ricardo baja y da un portazo. Está malhumorado, sudoroso y cansado; camina todavía por una media hora hasta la colonia Mesa de Lourdes, donde se halla su casa. Para cuando llega suda copiosamente, se lleva la manga de la casaca a la frente para secarse y luego toca a la puerta. Mesa de Lourdes es una colonia relativamente reciente en la periferia de Saltillo, una cuadrícula de calles amplias y bien trazadas que alberga las modestas casitas de muchos miembros del Ejército Mexicano, casi todos personal de tropa, porque los de alto rango viven en zonas más exclusivas; calles numeradas y con nombres de árboles, un club campestre la limita al oriente. La disciplina del cuartel se refleja en el modo de vida del rumbo: las aceras limpias, los pocos automóviles perfectamente estacionados.

Desde la zotehuela *Isabel* distingue los toquidos de su esposo, cierra la llave de agua y se seca las manos en el delantal. Apurada, cruza la pequeña estancia donde Ángel, su hijo, se entretiene arrastrando un carrito en el piso, de lado a lado del sillón, entre las patas de la mesa y las sillas; abre la puerta y se encuentra con un Ricardo con la piel requemada y el rostro empapado en sudor, sólo una mueca como saludo. Ella intenta besarlo, pero él la detiene con el brazo.

—Me voy a acostar —musita y sube la escalera hacia la planta alta de la casa, donde se halla la recámara.

Ricardo nunca ha sido particularmente cariñoso, pero *Isabel* nota que en las últimas semanas ha estado callado y hosco con ella y con el niño. Ahora regresa tan hostil como salió de casa el miércoles pasado a las seis de la mañana, a su turno en el campo militar: "Regreso cuando pueda", dijo sin más. Acostumbrada a no cuestionar, vuelve al lavadero para terminar de enjuagar la ropa. Aunque la casa es pequeña, con un niño siempre hay mucho quehacer; además la boda religiosa entre ella y Ricardo está en puerta y únicamente con la eventual ayuda de su hermana *Sara* se encarga de los arreglos, las servilletas, los recuerdos de mesa.

Escucha cuando Ricardo enciende el televisor de la recámara. Apaga el radio y se mete a la cocina para prepararle el almuerzo, huevos con jamón. Cuando sube la escalera se extraña de escucharlo reír a carcajadas: Ricardo observa atento un programa de dibujos animados.

—Ya está el almuerzo —dice tímida, entreabriendo la puerta.

Ricardo baja enseguida; antes de sentarse a la mesa enciende el televisor de la salita y con el control remoto sintoniza el mismo programa que había interrumpido. Almuerza muy lentamente, sin pronunciar palabra. Termina, apaga el televisor y vuelve a subir, cierra la puerta y se recuesta. Da vueltas de un costado a otro de la cama, cierra los ojos, intenta dormir sin conseguirlo; luego abre los ojos, se incorpora y mira fijo a la pared blanca y desnuda. Una hora después se levanta, abre la puerta y le grita a *Isabel* que suba inmediatamente.

Se sienta en la cama y la invita a ella a hacer lo mismo. La toma de la mano, le dice que se cuide, que cuide al niño, que no salgan de casa; ella lo escucha paciente, sin interrumpir, mientras se frota la mano derecha sobre el mandil. Ricardo no suele ser tan expresivo, así que supone que algo grave está ocurriendo. A lo lejos escucha el golpe de un objeto que cae al suelo, luego un grito y el llanto de su hijo. Duda en bajar.

—Déjame dormir un rato —le dice él con voz agotada.

Isabel se levanta, cierra la puerta y baja corriendo la escalera; carga al pequeño que solloza y lo lleva en brazos al sofá, lo acuna en sus piernas e intenta cantarle un arrullo que no atina a recordar. En las últimas semanas Ricardo apenas le ha dirigido la palabra; ella lo atribuyó a los gastos de la fiesta, pues, aunque modestísima, implicó deudas y visitar a los parientes para invitarlos y pedirles que los apadrinaran con cualquier cosa, aunque a él no le gustaba "andar viéndole la cara a nadie". Ángel se queda dormido, lo acuesta en el sofá y se levanta a lavar los trastes del almuerzo; lo hace en silencio, intentando hacer el menor ruido posible.

Arriba, Ricardo se levanta de la cama por enésima ocasión. De encima del ropero baja un cuaderno de pastas engrapadas color morado, lo abre y toma el bolígrafo de tinta negra que encuentra entre las hojas. Se sienta de nuevo en la cama y comienza a escribir: "Quiero solución", "Sí quiero con quién trabajar", "R O C A N T O N I O", "Usi 9 milimts", "seguridad para mi familia", frases cortadas que no parecen tener ningún sentido. Luego dibuja algunas figuras, delinea siluetas de hombres, luego una camioneta, una carretera y arbustos.

Con la libreta entre las manos permanece cuatro horas; se levanta, cierra el cuaderno y lo coloca de nuevo encima del ropero. Sale de la habitación, *Isabel* lo ve bajar con el mismo uniforme verde olivo. Se pasa de largo hacia la puerta.

—Ahorita vengo —musita sin devolverle la mirada. En cuanto escucha el portazo, *Isabel* piensa en alcanzarlo, pedirle una explicación, preguntarle adónde va, pero cuando abre la puerta no pronuncia palabra alguna, sólo se queda mirándolo caminar hacia la calle Roble, paralela a la suya. Hasta que lo pierde de vista cierra de nuevo, se queda pensativa unos instantes de pie, y luego regresa al sofá. Afuera la tarde cae calurosa, sofocante en la aridez de Coahuila.

Por varias horas nadie notó en el batallón la ausencia del encargado de la armería sino hasta que el subteniente de infantería Salomón Rogelio López llegó al cuartel y caminó hasta el almacén para pedir al encargado, el cabo Olvera, que le diera su arma de cargo (al salir del campo los militares debían dejarlas en la armería). Contrariado, se encontró con que el recinto estaba cerrado bajo llave y del encargado ni sus luces. Visiblemente molesto, se topó con el soldado Onésimo Pérez, quien iba por su tambor para el ensayo de la banda de guerra.

—¿Soldado, no vio usted a Olvera?

—No, mi subteniente —respondió Onésimo, campesino recién enrolado en la milicia y originario del municipio de Papantla, Veracruz.

López siguió buscando a alguien que pudiera entregarle su arma.

—¡Cabo…! ¡Cabo Vázquez!

—Ordene, mi subteniente.

—¡Vaya y me busca al cabo Olvera, pero rápido!

—Sí, mi subteniente.

El cabo escribiente Alejandro Vázquez, también oriundo de Papantla y estudiante antes de enrolarse como militar, recorrió el batallón de arriba abajo siguiendo la orden de su superior; miró en dormitorios, en la cocina, en las oficinas, en los almacenes pero nada, ni rastro de Olvera. Tras escuchar el reporte verbal del cabo Vázquez, en la Zona se dio la orden de ubicar de inmediato al militar encargado de la armería; luego de presentarlo y abrir el depósito, al no aparecer el arma de cargo del subteniente López, el nativo de Nochistlán, Oaxaca, dio parte del robo.

Fechada el 24 de mayo de 2002, el agente del Ministerio Público Militar adscrito a la 6/a. Zona levantó un acta en contra de Ricardo Olvera por el probable delito de robo de arma al Ejército Mexicano. En consecuencia, la Procuraduría General de Justicia Militar abrió la averiguación previa Av. Prev. 6a. z.m./7/2002.

Sentada en el sofá con su hijo en su regazo, *Isabel* ve en los vidrios de la puerta dos siluetas que se acercan y luego llaman a golpes.

—¿Quién es?

—¡Abra la puerta, estamos buscando a Ricardo Olvera!

Son dos hombres, dos militares de rango; lo sabe porque traen un arma fajada a la cintura, radios, y no usan el cabello tan corto como su marido sino más largo, como sólo pueden usarlo los oficiales; además, uno de ellos tiene bigote y únicamente los capitanes, generales o coroneles pueden usarlo.

Se identifican como Jesús Luna Ramírez y Said Gerardo González, en efecto, ambos capitanes.

—Háblele a su esposo, señora.

—No, no está.

—¡Cómo no!, si no está en el campo.

—Es que sí estaba aquí, pero se acaba de salir.

—¿Y adónde fue?

—No sé, no me dijo, tal vez con mi suegra.

—¿Y dónde vive su suegra?

—Aquí cerca. Disculpe, ¿qué se les ofrece?

—Ah, es que andamos buscando unas llaves que él trae. ¿No vio si su marido llegó con un arma?

—No, no me di cuenta.

—¿Le vio las llaves?

—Tampoco.

Antes de que *Isabel* reaccione los hombres ya están dentro de la casa junto con otro, vestido de civil, que no se identifica aunque sí le habla directamente.

—Sólo vamos a buscar esas llaves —le dice.

"Barren" de arriba abajo, sacan la ropa, levantan el colchón; nada, no encuentran nada. Tampoco dicen más, así como llegan salen de la casa. En la calle los esperan otros cuatro efectivos que flanquean cada esquina. Desconcertada, *Isabel* intenta ordenar todo de nuevo; observa su reloj, son más de las 11 de la noche. Escucha que llaman a la puerta y cree que Ricardo por fin ha vuelto; en cambio, se encuentra con su suegra *Rosa* y su cuñado *Abel*, mayor que Ricardo, quien también fue militar.

—¿Y Ricardo? —les pregunta.

Rosa y *Abel* le explican que hace unos minutos, en la calle, Ricardo caminaba hacia allí, de regreso a su casa, cuando lo interceptaron varios militares, "eran mandos y tropa", *Abel* sabe distinguirlos bien.

—Se lo llevaron detenido al batallón.

—¡Ah!, por eso vinieron a buscarlo. ¿Saben qué hizo?

—No, no bien, pero creo que se robó un arma o unas llaves. A mí me llevaron para decirle que las regresara —dice *Rosa*.

—¿Quiénes?

—Unos señores, generales o quién sabe qué jefes; fueron por mí al rancho y me trajeron para hablar con Ricardo. "Véngase, a ver si lo hace entrar en razón", me dijeron y vinimos en una camioneta roja.

El problema es que en el expediente del elemento Ricardo Olvera aparece como su domicilio particular una casa ubicada en el rancho El Salero, en Zacatecas; ésa es la dirección que registró cuando el Ejército Mexicano lo dio de alta, según el expediente resguardado en las oficinas de la Zona Militar de Coahuila. Una vez que anotan la dirección, los dos militares asignados a su ubicación suben a la *pick up* roja sin logotipo o identificación; son el general brigadier Francisco Armando Meza, de 50 años, y el teniente coronel Benigno García, de 35. Sólo el porte los identifica como militares porque visten de civil, parte del protocolo para las investigaciones internas.

Toman la carretera federal hacia Zacatecas y en una hora ya están en Concepción del Oro, uno de los 58 municipios del estado minero, colindante al noreste con Coahuila; apenas cruzan la frontera del municipio, toman la intersección hacia El Salero.

A 1 840 metros de altitud, rodeado por extensas serranías que se elevan hasta los 3 200 metros, alturas que en los días de invierno se copan de una espesa neblina como si se cayera el cielo, El Salero es un pequeño y mísero pueblo minero como todo el municipio de Concepción del Oro, alguna vez tan rico como el que más; de Concepción del Oro se extrajo gran parte de los metales —oro, plata y hierro— que abastecieron a España y sus colonias durante el Virreinato. De esa riqueza sólo quedaron pueblos depauperados, entre ellos El Salero; sin rebasar los 300 habitantes, muchos de ellos están emparentados, incluidos los Olvera.

Identifican el número, detienen la marcha de la camioneta, bajan y llaman a la puerta en busca de *Rosa*. Cuando la mujer aparece le preguntan por su hijo, Ricardo Olvera.

—No sé, señor, él ya no vive aquí. A veces viene pero ya tiene tiempo que no lo veo.

—¿Sabe dónde vive?

—No sabría decirle bien la dirección, pero su suegra *Evangelina* sí debe saber. ¿Quiere que le pregunte?, ella vive en este mismo ejido. Disculpe, señor, ¿mi hijo no está en la Zona Militar...? ¿Y para qué lo necesita?

—Mire, señora, su hijo tiene unas llaves que sirven para abrir un cuarto en el cuartel y las necesitamos.

—Ah, si quiere yo los llevo adonde vive su suegra.

Ricardo tampoco está allí.

—Nooo, hace tiempo que no los veo, ni a él ni a mi hija, ¿por qué no van a buscarlo a su casa? Es en Mesa de Lourdes, ¿conoce usted, doña *Rosa*? Donde se construyó un Soriana...

—Acompáñenos, señora, porque nos urge mucho localizarlo. Venga, súbase a la camioneta.

Rosa duda pero no le queda otra opción. Unas calles antes de llegar le dicen que baje, que los espere, que irán solos.

—¿Es allí? —intentan asegurarse.

—Pues según las señas que nos dio la suegra de mi hijo, sí debe ser allí.

No hace falta que lleguen hasta la casa; antes que ellos dos militares, al no encontrar a Ricardo ni las llaves ni el arma, ordenaron a un numeroso grupo de soldados que hicieran guardia allí hasta que Olvera regresara y lo detuvieran antes de entrar a su casa. Así lo hicieron, y para cuando el teniente general Meza y el teniente coronel García arriban, en la otra calle, dentro de un camión del ejército, un grupo de elementos retiene a Olvera.

Postrada en la esquina, la madre ve sin entender lo que aquí ocurre, por qué tanto soldado; instintivamente comienza un repertorio de padrenuestros y avemarías, intentando calmar su nerviosismo. Con dificultad logra distinguir a su hijo en ese camión. No alcanza a escuchar pero ve que un hombre le hace preguntas y él responde, 15 minutos después lo bajan y lo conducen hacia un Volkswagen sedán.

—¡Eh, señora, venga, venga acá! —le ordena un soldado; sabe que en ocasiones semejantes sólo se puede obedecer sin preguntar, y hace lo que le indican—. Venga, súbase, que aquí está ya su hijo.

Le dicen que suba al asiento trasero del vehículo, que se acomode junto a Ricardo. Con el ceño fruncido, de reojo mira a su muchacho; le parece que está enfermo, tiene las botas sucias, el pantalón muy arrugado, la casaca verde en las manos. Quisiera adivinarle el pensamiento. Le toca el brazo.

—¿Estás bien, hijo?

—Sí, estoy bien… Yo no hice nada.

El vehículo enfila hacia el cuartel, el copiloto se vuelve y pregunta a Olvera:

—¿Dónde tienes las llaves? ¿Dónde dejaste el arma?

—La tengo escondida.

—Entrega el arma, Olvera, no te metas en problemas.

—Sí, la voy a entregar… Vamos de una vez por ella —responde sin inmutarse.

Los lleva hasta donde enterró el arma. Cuando Ricardo se las entrega, los mandos le dicen a *Rosa* que ya puede irse, que su hijo va a estar bien, pero que se lo tienen que llevar al campo militar para que aclare algunas cosas, sólo unas preguntas, que sin pendiente se regrese a su casa.

Como toda madre, *Rosa* Venegas se guía por su instinto; está segura de que algo malo ha ocurrido. En vez de regresar a El Salero, se va a la casa de su hijo *Abel* que queda muy cerca, en la colonia Buenavista.

Sorprendida de ver a su suegra a esas horas, sola y preguntando por su marido, su nuera, *Sandra Herrera*, le comenta que aún no sale del trabajo pero que enseguida le llama, a ver si puede pedirle permiso al supervisor en la fábrica para dejar el turno.

Cuando se salió del ejército, *Abel* se empleó en una fábrica de arneses para autos; al enterarse por su madre de que su hermano Ricardo tiene problemas con sus superiores, y que ahora mismo lo tienen detenido, *Abel* no duda en salirse del trabajo. Diez años en la milicia no fueron en balde, conoce perfectamente el decálogo militar no escrito, los modos de disciplina no dichos, los artilugios y artimañas, y por eso teme que a su hermano se le prepare una celada.

—Espéreme allí, mamá, ahorita llego.

Cuando llega a su casa le explica a *Rosa* que apenas el domingo visitó a Ricardo y hablaron de los preparativos de la boda. Una vez que su mamá lo pone al tanto de la situación, deciden ir a su casa para avisarle a *Isabel*.

El timbre del teléfono de la Policía Ministerial de Coahuila suena insistentemente desde las 7:20 de ese viernes 24 de mayo. A las 7:25 el auricular es descolgado; elementos del Cuarto Grupo de Investigación de Delitos Contra la Vida e Integridad Corporal reciben la instrucción de trasladarse hacia la carretera Saltillo-Buenavista, porque a la altura de la colonia La Esperanza, en el monte están dos cuerpos sin vida.

El lugar está cerca, así que al personal enviado por la Procuraduría le lleva poco tiempo llegar hasta allí. A las 7:47 los peritos Luis Lauro Torres y María Guadalupe Reyna hacen el levantamiento de los cadáveres, que serán trasladados al anfiteatro de la Facultad de Medicina de la Universidad Autónoma de Coahuila.

El terreno está teñido de sangre, extensas manchas marcan la senda desde la calle y suben por la loma; los amarillentos y secos arbustos, propios del semidesértico del estado de Coahuila, amanecieron entintados de carmesí. Entre ellos hay ropa desperdigada. Todo aquí es desorden: hay mochilas y envases de refresco regados entre las hojas y varas de arbustos trozados. Parece el escenario de uno de esos rituales de santería donde se riega sangre de gallinas degolladas, aunque aquí toda es sangre humana.

A medida que el sol clareaba, los cuerpos quedaron al descubierto; estaban en lo más alto de la loma, tumbados bajo un frondoso pirul sobre pedazos de cartón. Desde allá abajo las extensas ramas, que en esos días de primavera aún conservaban espeso su follaje, hacían imposible suponer que el árbol más alto de La Esperanza era un lecho mortuorio.

Un cuerpo yacía a la derecha del árbol, de espaldas al sol; varón, estatura media, delgado. Tenía la cabeza ligeramente encorvada y las piernas dobladas, en posición fetal. Vestía sudadera deportiva negra lisa, y debajo dos playeras, una negra y una blanca; también dos pantalones, unos cargo en color café y debajo otros de mezclilla.

Debajo de los cuajarones de sangre que comenzaban a hacerse costra se le avistaba la piel morena clara del rostro, entreabiertos los párpados, los ojos color marrón; las arqueadas y espesas cejas correspondían a sus rizadas y larguísimas pestañas, a sus apretados rizos. Tenía nariz recta y boca mediana. Era un rostro de suaves facciones que invitaba a acercarse y en esa inflexión descubrir que se trataba de un adolescente, niño quizá. Por sus rasgos infantiles, acentuados por la piel lampiña, se diría que no tenía más de 15 años, cuando contaba 16.

Más de cerca, en sus ojos se advertían las pupilas dilatadas, el pavor congelado en su expresión develaba que en la oscuridad avistó al verdugo. El gesto quedó petrificado en su rostro para dejar testimonio de que supo el instante justo en que lo sorprendió la muerte.

A cuatro metros estaba otro apagado cuerpo tumbado entre los matorrales, con la espalda ligeramente inclinada hacia los pies y el tórax con el abdomen elevado, lo que en la jerga médica llaman posición genupectoral.

Las insolentes ramas le arañaban la cara y las manos, la grosera fauna cadavérica comenzaba a hacer su aparición. Era un poco más alto, 1.70 metros de estatura quizá, delgado y de tez morena; tenía las cejas pobladas y ojos de un café claro. En los párpados abiertos, las pupilas fijas miraban a ninguna parte. Llevaba la cabeza cubierta con una gorra azul estampada con el logotipo de los *Yankees* de Nueva York; debajo le asomaba el cabello lacio, oscuro, que resaltaba con la playera blanca de algodón que vestía bajo una sudadera deportiva verde y blanco. Sus jeans eran azul celeste, ajustados con un cinturón café; sus botas de trabajo, tipo industriales negras, estaban enlodadas pero aquí hacía días que no llovía, así que seguramente lo traía de otros caminos como el otro muchacho muerto.

A su costado había un morral de tela a cuadros rojos y verdes perforado por una bala que quedó alojada dentro; además se encontró una camisa verde y otra blanca con estampados rojos y otras tres playeras estampadas, entre ellas una del club de futbol Chivas de Guadalajara. Toda la ropa estaba ensangrentada.

Una maleta negra con un cierre oxidado no resistió el jaleo y se quebró descubriendo el equipaje: dos bermudas, una playera, una trusa, un par de calcetines, un bote de gel para el cabello, un cepillo dental y un periódico doblado y arrugado: un ejemplar de *El Sol de San Luis Potosí* fechado el sábado 18 de mayo de 2002. Había también una "Guía de Derechos Humanos para Migrantes. En México, así te protegen", uno de esos folletos informativos editados por el gobierno mexicano para que los emigrantes tuvieran dirección y teléfonos de las instituciones a las que podían acudir en caso de ser víctimas de abuso, claro, sin olvidar su condición de "ilegales". Pero aquí no había lugar para eufemismos, esa guía estaba perforada por una bala.

A la derecha de la maleta, a uno o dos pasos de distancia, un cartón extendido con la ligera marca de la silueta de un cuerpo humano, como si alguien hubiese dormido sobre él; encima tenía una playera amarilla y otra negra. Los bordes del cartón estaban remojados en sangre. A unos pasos, entre un montículo de rocas junto a una biznaga, otra mochila negra con dos bolsas, la más grande con una camisa de manga larga a cuadros rojos y negros, una trusa roja y otra blanca; en la segunda, con cierre pequeño, un perfume y un talco, también un cepillo dental y un envase de refresco a la mitad.

En un terreno tan irregular, avistar todos estos objetos era complicado; los ocultaban las piedras y los huizaches, mezquites y arbustos enanos del árido suelo entre mechones de hierba siempre seca, aun en primavera, y la ruda vegetación que se mantenía verde, como el árbol de pirul. Aquél era un trecho de la sierra de Zapalimé, parte de la Sierra Madre Oriental, cuyas rocosas cordilleras llegan hasta Texas; el centro de Saltillo, la metrópoli industrial capital de Coahuila, distaba sólo siete kilómetros.

Pese a que aún no terminaba de amanecer, entre el yerberío, la maleza seca y la tierra se distinguían las perforaciones de algunas ojivas y uno, dos, tres, cuatro... hasta 11 casquillos metálicos color cobre, calibre 9 milímetros Parabellum FC97, fabricados en 1997 y de empleo reservado para las fuerzas armadas, lo que significaba que podrían usarse en un conflicto bélico aunque la escena semejaba más bien una ejecución, pues los proyectiles fueron percutidos a quemarropa.

Ante ese panorama surgió la hipótesis de un asalto, quizá una venganza o una ejecución, aunque si el móvil hubiese sido el robo probablemente no estarían las mochilas; pero tampoco se debía descartar esa posibilidad considerando que aquí no quedaba nada de valor, no había ninguna billetera, efectivo, algún teléfono, reloj o joyería, sólo ropa usada, un perfume y un talco ordinarios además de un periódico viejo, en fin, nada que pudiese despertar la codicia, aunque quizá nunca lo hubo. Tal vez esos dos muchachos no tenían nada de valor consigo, y su muerte no fue por robarlos. ¿Entonces qué había motivado tal crimen?

El número de mochilas no correspondía al número de cuerpos, tampoco el reguero de sangre; era seguro que alguien más había dormido sobre ese cartón. Estos dos muchachos no estaban solos.

En la misma unidad médica universitaria a la que fueron trasladados los cuerpos, pero en el área hospitalaria, unas horas antes ingresaron a tres jóvenes heridos que se registraron como David Domínguez, José Rodolfo Rivas y Jesús Andino Arguijo; permanecerán internados durante tres semanas porque las balas y los golpes que sufrieron en su caída y huida les produjeron múltiples fracturas. Sin embargo, a diferencia de dos de sus amigos, vivirán para contarlo.

José David y Delmer Alexander, los fallecidos, compartían algo más que la misma edad: el sueño de llegar a Estados Unidos "y mandar un chingo de dólares a la familia. ¿Para qué? ¡Para todo, que en casa todo hace falta!" En las semanas que viajaron juntos, los adolescentes cultivaron una amistad fraguada entre sinsabores, hambre e ilusiones, y hoy comparten la misma habitación, la más lúgubre de la universidad.

Levantando sus rígidos y amoratados labios, los primeros médicos examinan sus dientes mientras los cuerpos yacen en planchas metálicas, las piernas y manos yertas, expuestos para que en las siguientes horas alguien los desvista y ausculte su carne que comienza a tornarse tumefacta; hay que revisar cada milímetro de piel en busca de agujeros, alborotar y rasurar el pelo negro pegado al cráneo para hallar más marcas de ojivas, explorar el otrora lozano cuello de los jóvenes siguiendo los rastros de plomo y pólvora, abrirles el tórax para encontrar los órganos perforados, en fin, diseccionarlos de pies a cabeza para escribir la descripción detallada de lo que les produjo la muerte, anotando todo en una libreta que pronto será archivada. Alguien les lavará la sangre, les zurcirá el tórax, los embalsamará y al final les colocará tapones de algodón en las fosas nasales antes de declararlos listos para la sepultura.

La perito médico forense Perla Verónica Valdez, frente al cadáver de Delmer, bolígrafo negro en mano, escribe: "…dormía en posición fetal cuando recibió un disparo en el cuello, a la altura del maxilar inferior derecho, que destrozó la región mastoidea izquierda y salió por el lóbulo del pabellón auricular izquierdo. Provocó sangrado en las fosas nasales, el oído izquierdo y la cavidad oral. La sangre le salpicó las manos.

"Recibió otro disparo, que le perforo el pulmón. Otro en el brazo izquierdo; la bala salió por el antebrazo. Uno más en la rodilla, que salió por el muslo derecho. Otro en la clavícula derecha, que salió por la región paravertebral."

La necropsia indica que a Delmer lo mató la bala que le laceró la arteria carótida derecha al producirle choque hipovolémico. Para esos momentos ya había despertado.

Frente al cuerpo de José David "NN" (dos enes que sustituyen los apellidos que nadie conoce), la perito escribe la edad: 16 años. Los dientes no mienten, aunque el chamaco no traía consigo ninguna identificación.

Recibió un balazo en el cuello, la bala le destrozó las venas y arterias. El cazador de humanos le disparó en la pierna derecha y la bala salió por atrás. También en el muslo derecho, y el proyectil salió por el glúteo izquierdo. Recibió otro tiro en la región lumbar izquierda, cuya bala salió por el tórax perforándole el pulmón, y uno más en la región infraescapular derecha.

La necropsia concluye que a José David lo mató el "choque hipovolémico por herida por proyectil de arma de fuego que perforó el pulmón y laceración arterial subclavia derecha". Todos los impactos fueron disparados a menos de un metro de distancia, o dicho en términos de balística: a muy corta distancia.

La investigación de los crímenes requiere que los centroamericanos no sean enviados de inmediato a la estación migratoria de Iztapalapa para su posterior expulsión a la frontera con Guatemala, como ocurre según el procedimiento del Instituto Nacional de Migración (INM): Luis Antonio y Amílcar Efraín son instalados en un hotelucho de Saltillo bajo custodia de agentes del INM y del consulado de Honduras.

El 28 de mayo, cuatro días después de la masacre, la oficina de la Procuraduría General de Justicia estatal recibe la peculiar visita de un militar, quien se identifica como Ernesto Darío Arredondo (nativo de Torreón, pero radicado en Saltillo), de 26 años de edad, con instrucción secundaria. Ernesto narra que el 23 de mayo se encontraba en su domicilio y cerca de la medianoche se fue la luz, así que salió a revisar los fusibles; mientras los ajustaba, vio a siete muchachos caminar frente a su casa y uno de ellos le preguntó para dónde quedaba Monterrey.

"Yo les expliqué para dónde queda, luego luego se les notaba que no eran mexicanos. Me dieron las gracias y se fueron. Seguí con mi faena porque uno de los fusibles se botaba. Vi pasar una *pick up* de las de Eulen, las conozco perfectamente porque dan la vigilancia al tren y siempre pasan por mi casa. Iban varios custodios, se fueron por el mismo camino que llevaban esos muchachos.

"Eso es todo lo que tengo que decir, a ver si sirve de algo para que se aclare esta desgracia."

El caso toma una línea importante de investigación. El ministerio público en turno se queda pensando en la congruencia de aquel testimonio. A sus oídos han llegado antes rumores de la manera bestial en que los custodios tratan a los indocumentados aunque hasta entonces la violencia no había llegado a tanto, porque este asunto es muy serio y delicado: dos crímenes, dos arteros homicidios, y otros tres malheridos. Hay que actuar rápido, para que ninguno de los custodios tenga oportunidad de escapar.

Comandantes y policías organizan un operativo en el que cada uno de los guardias de Eulen es interrogado y sometido a pruebas de balística; todos niegan su participación en el crimen. Aun cuando el testimonio de Ernesto coincide con los encuentros que aquella funesta noche los centroamericanos tuvieron con los custodios en distintos momentos, la nueva línea de investigación pronto se cae: en las pruebas de balística cada uno de los custodios dio negativo.

Casualmente, el mismo 28 de mayo, pero a las 19:30 horas, el jefe de seguridad de Transportación Ferroviaria Mexicana, Jesús Antonio Cabral, recibe una llamada anónima, es la voz de un hombre que le hace una revelación: le dice que un militar, el cabo de infantería Ricardo Olvera, es el responsable de la matanza de la colonia La Esperanza.

La PGJE gira entonces una notificación al general brigadier Francisco Armando Meza, comandante de la 6/a. Zona Militar, en la cual la autoridad civil solicita a la militar le rinda un informe respecto al efectivo Ricardo Olvera; el 30 de mayo el militar responde que es un cabo del 69/o. Batallón a su mando, que usa un fusil automático G-3 como arma de cargo y que el día 24 de mayo faltó a sus labores. Punto.

No obstante, el general omitió decirle que en esos momentos, y desde hacía varios días, el ejército tenía recluido a Ricardo, y que durante el encierro detalló lo que ocurrió aquella fecha.

"R O C A N T O N I O", leyó *Abel* con el ceño fruncido, visiblemente extrañado; cada grafía ocupaba seis renglones en forma vertical en la hoja de raya del cuaderno engrapado y recubierto con pastas color morado. Cada letra estaba escrita con tinta negra de una pluma común; eran letras redondas, visiblemente exageradas, resaltadas al estilo Bauhaus. En la página siguiente un dibujo, un muñeco con los brazos y piernas abiertos como si estuviese crucificado, con la misma expresión con que se dibujan los espantapájaros. No parecía un hombre el allí dibujado sino más bien un mono, un dibujo infantil, como un muñeco de trapo; como si el que trazó esa imagen hubiese sido un niño.

Regresó a la página anterior. "R O C A N T O N I O", releyó *Abel* de nuevo tratando de descifrar el mensaje. Hojeó el cuaderno y halló el dibujo de una sirenita. Regresó a la primera inscripción, al "R O C A N T O N I O".

En otra de las hojas observó figuras redondas mal hechas. *Abel* pensó que podría ser alguna cantidad de algo, creyó distinguir una especie de maleza o arbustos, una carretera, un vehículo, un arroyo, unas vías y un camino de terracería; en otra hoja encontró el dibujo de una persona con ojos grandes y una sonrisa en el rostro.

"Quiero solución", leyó, y pensó que Ricardo tenía un problema. "Sí quiero con quién trabajar", leyó de nuevo y conjeturó que alguien le ofrecía algún trabajo. "Usi 9 milimts", lee ahora y no le cabe duda de que se trata del tipo y calibre de un arma de fuego.

En la hoja siguiente lee: "seguridad para mi familia", y cree que eso significa algo que él pedía a cambio de lo que le ordenaron hacer. Entonces *Abel* repasa mentalmente la última vez que habló con su hermano: el domingo 19 Ricardo lo visitó para platicarle de su próxima boda. Cinco días después, *Abel* está en casa de Ricardo buscando entre sus objetos personales algo que le dé claridad sobre la circunstancia en que Ricardo se halla implicado: encuentra dos cuadernos infantiles, comienza a hojearlos y encuentra en ellos las frases escritas por su hermano. Una dice: "necesito un carro para trabajar con ustedes", otra: "una casa dónde", otra más: "cinco minutos", y la última: "sí quiero trabajar con ustedes". Encuentra un número telefónico, le parece que es el suyo, el de su domicilio, pero la terminación es incorrecta: Ricardo escribió "4-56-20-85", y el de él es "4-56-20-95", es decir, cambió el dígito 9 por 8. *Abel* piensa que Ricardo escribió a propósito el número así cambiado. Intenta descifrar los mensajes; deduce que se refieren a un homicidio, que quizá su hermano lo hizo como un trabajo, que podría haberlo llevado a cabo en cinco minutos, que puso su número telefónico de manera incorrecta deliberadamente para sólo él saber el correcto. Todo se va aclarando en su mente, supone que su hermano pudo haber participado en los homicidios.

Abel es para Ricardo el hermano más allegado; el menor siguió su mismo camino al enrolarse en el ejército aunque él volvió a la vida civil, a su trabajo como obrero. Pero sus 10 años en la milicia no fueron en balde, es cuña del mismo palo, por eso tiene la certeza de que Ricardo se halla en un problema muy serio.

El sábado 25 llega al campo militar e intenta ver a Ricardo; el general Meza Castro le permitirá verlo a condición de que explique si tiene problemas de alcoholismo, si fuma en exceso, si se droga o tiene problemas familiares. *Abel* adivina pronto sus intenciones: él también fue militar y conoce el sistema. Con tal de ver a Ricardo se somete al interrogatorio, respondiendo cada pregunta con una negativa. El general se ve convencido, o por lo menos accede a que hable con su hermano.

Lo encuentra acostado sobre un colchón en el piso, está boca arriba con las manos cruzadas por encima del abdomen; fija la mirada en el blanco y plano techo, luce sumido en sus pensamientos, profundamente concentrado en la nada. *Abel* se acerca decidido.

—Ricardo, ¡hermano! —le dice suave.

Ricardo apenas desvía la mirada del techo. Lo mira y frunce el ceño, luego lo observa más detenidamente pero no parece reconocerlo; *Abel* le observa las pupilas dilatadas y las manos que intenta levantar pero caen sin fuerza, parecen hilachos. Ve cómo trata de incorporarse apoyando los codos en la cama, pero no puede. Está como drogado, no coordina sus movimientos ni para erguirse por completo; trata de abrir la boca y apenas si esboza una lastimera mueca. Los labios se le tuercen y le caen hilos de saliva por las comisuras sin que pueda contener aquel líquido viscoso y amarillento que le escurre entre la reseca abertura.

—Ricardo, hermano, ¡soy *Abel*! ¿Cómo te sientes? —Ricardo lo ve pero no dice nada. Desesperado, *Abel* lo levanta en vilo y le toma la cara entre las manos—. ¿Qué pasa, qué tienes?

Trata de hablar pero no puede pronunciar palabra, sólo alcanza a chasquear la lengua y los labios; se frota el brazo derecho sobre la boca para recoger la humedad de las comisuras con la manga de la camisa. De nuevo intenta hablar pero parece que tuviera la lengua dormida, paralizada, hasta que por fin, aunque con dificultad, alcanza a pronunciar tres palabras:

—Tengo mucho sueño.

Abel lo abraza y poco a poco lo va reanimando; Ricardo encuentra confianza en ese abrazo. Dormita y un rato después, ya más repuesto, le explica que un capitán lo obliga a beber un medicamento. Su voz es más nítida y parece ya consciente.

—¿Qué medicamento es?

—No sé, pero me lo dieron a fuerza.

De nuevo cierra los ojos y busca dormir, parece extremadamente exhausto. *Abel* lo recuesta, echa un rápido vistazo alrededor y no ve allí ningún medicamento, sólo una botella de agua. Se vuelve hacia su hermano, al parecer duerme ya profundamente, y sigiloso alcanza la puerta, sale y la vuelve a cerrar. Ya fuera de la habitación, enfurecido, va en busca de una explicación, pero no hay médico alguno al que pueda preguntarle. En el pasillo, un teniente le informa que a Ricardo lo trasladarán al Hospital Militar Regional de Torreón, que de asuntos médicos él no sabe nada.

—Ah, pero usted no puede ir con él.

Definitivamente no viajará con su hermano; las puertas de la ambulancia se cierran frente a sus ojos. Cuando el vehículo echa a andar con Ricardo dentro sobre una camilla, *Abel* se va presuroso en un taxi hasta la central camionera; paga la vuelta y camina mecánicamente al área de taquilla. Hasta que está allí se percata de que ni siquiera sabe si tiene dinero para el viaje. Se mete la mano al pantalón, hurga en su chamarra; apenas si logra juntar los 168 pesos para un boleto en el camión Futura que lo llevará hasta la región de la Comarca Lagunera, donde ingresarán a su hermano en el hospital. Son 253 kilómetros de distancia; el camión saldrá a las cuatro de la tarde, justo en 20 minutos. La espera en la sala y las casi cuatro horas de viaje estuvieron marcadas por su impaciencia y desesperación.

Teme que premeditadamente le hayan dado un destino equivocado para evitar que sepa lo que harán con Ricardo, pero no le queda otra opción que llegar al hospital; para su alivio, su hermano sí fue ingresado. De nuevo a esperar un largo tiempo, hasta que por fin logra verlo a solas. Para ese entonces lo encuentra más repuesto, acaban de suministrarle Haldol y Sinogan. Ya no tiene los ojos desorbitados y sus labios han tomado una tonalidad normal; por fin lo cuestiona sobre lo que lo ha asaltado todo el tiempo:

—¿Tuviste que ver con la muerte de los centroamericanos?

Ricardo asiente. Le dice que un capitán de apellido Medina lo obligó a asesinarlos, que la camioneta en la que viajó era de Pemex, que extrajo el arma del almacén, del depósito de la Segunda Compañía de Fusileros. Siete minutos después, dos tenientes irrumpen en la habitación y sacan a *Abel* del hospital.

Después de que todos los custodios de Eulen dieron negativo en las pruebas de balística, y con base en las pesquisas hasta esos momentos realizadas, la Procuraduría General de Justicia del Estado de Coahuila abrió averiguación previa en contra del militar Ricardo Olvera Venegas por los delitos de "homicidio calificado con alevosía y brutal ferocidad" en contra de los occisos Delmer Alexander Pacheco Barahona y José David "NN", y de "lesiones leves calificadas con alevosía y brutal ferocidad" en contra de José Rodolfo Rivas Ramírez, David Domínguez Martínez y Jesús Andino Arguijo. (Expediente 130/2002.)

La policía busca infructuosamente que los militares entreguen a Ricardo Olvera; se niegan férreamente y ocultan también todo detalle de su paradero. El 30 de mayo *Isabel* acude a las oficinas de la Procuraduría General de Justicia para denunciar que los militares tienen encerrado a su esposo y que ni a ella ni a nadie de su familia les permiten verlo ni hablar con él; el ministerio público toma nota. Sin embargo, ella ignora que para entonces Ricardo ya no está el hospital de Torreón sino que fue trasladado a la ciudad de México, ingresado al pabellón de Psiquiatría del Hospital Central Militar.

Los psiquiatras necesitaban evaluar su condición mental. Le hicieron el test proyectivo de la figura humana de Karen Machover para identificar los rasgos de su personalidad; con hojas blancas, lápiz HB2, goma de borrar y sacapuntas, le ordenaron a Ricardo que se dibujara. Luego hicieron el inventario multifásico de personalidad, con el que buscaban clasificar la suya e identificar psicopatologías; el test de inteligencia de matrices progresivas de Raven para medir su escala de inteligencia, capacidad intelectual y habilidad mental; el test casa-árbol-persona para evaluar su personalidad, estado de ánimo y emocional; el test de frases incompletas de Sacks para conocer su contexto, visión de la vida, aspiraciones, actitud frente a la autoridad; después lo pusieron a hacer el dibujo "Bajo la lluvia", donde se mira si la persona se pinta con paraguas, impermeable y botas especiales o simplemente como un hombre bajo la lluvia, y eso basta para decir si es pesimista u optimista, seguro o temeroso, importante o sin autoestima. Hizo también el test de Bender, que la psiquiatra estadounidense Lauretta Bender diseñó en los años treinta inspirada en los principios teóricos de la Gestalt para medir la maduración infantil y la capacidad visomotora. Al final Ricardo fue sometido a la entrevista clínica.

El 4 de junio de 2002 el teniente coronel médico cirujano psiquiatra José Luis Hernández, jefe de Psiquiatría del Hospital Central Militar, emite un diagnóstico que indica que el paciente de la cama cinco presenta un "brote psicótico agudo". Detalla:

"Presenta alucinaciones auditivas, autista y tornándose agresivo.

"A su ingreso presentó estado catatónico rígido, no pronunció palabras, y emotividad embotada. En los siguientes tres días continúa presentando alucinaciones auditivas y visuales, al parecer de tres personas que lo siguen a todos lados y le ordenan que entre y salga y mate gente a su alrededor, con ideas delirantes de que le mandan mensajes por la televisión.

"Su pensamiento es distorsionado, su lenguaje incoherente y desorganizado, presenta movimientos estereotipados, tiene repetición patológica de palabras o frases, y risas frecuentes."

El psiquiatra concluye: "grado de peligrosidad alto".

En su cama, Ricardo accede a hablar con la subteniente psicóloga militar Ana María Andrade.

—Tengo mucho miedo —le confiesa.

No, no se considera alcohólico, pues cuando mucho bebe unas cuatro veces al año. Sí, odia su trabajo porque tiene poca libertad y se siente fracasado; de hecho, ha pensado mucho en solicitar su baja. Dice que últimamente tiene muchos dolores de cabeza, poco apetito, insomnio, que se asusta con facilidad, se le dificulta trabajar, y quizá por eso es incapaz de sentirse útil para el ejército. Que ya no le interesa nada.

Su evolución psicótica queda inscrita en fojas y fojas del expediente clínico que van abultando los psicólogos y psiquiatras que desfilan por su habitación. He aquí algunos extractos:

3 de junio: Ricardo está molesto, sólo accede a decirle al psiquiatra su nombre y le repite su edad en tres ocasiones.

6 de junio: Su discurso es coherente. Le explica al psiquiatra que lo llevaron allí porque existe una acusación en su contra por un asesinato, pero que seguramente alguien le dio una droga porque él no es adicto a ellas. Recuerda que sacó un arma, que veía monstruos y cuando disparó fue porque vio una sombra.

10 de junio: Le cuenta al psiquiatra que es casado y tiene un hijo de cuatro años de edad, que su hermano vive en Saltillo y él viene de

allá. Le dice que escucha voces que le dicen: "Viva México, todos sus lugares son bonitos".

25 de junio: Ricardo está indiferente. Se queja de que *Abel* no lo ha vuelto a visitar. El psiquiatra teniente coronel José Hernández considera que no tiene conciencia real de las consecuencias de sus actos aunque sabe que probablemente lo llevarán a la cárcel, pero le da igual.

27 de junio: Ricardo está tranquilo. El psiquiatra refiere que habló espontáneamente, que su discurso vuelve a ser normal.

29 de junio: Ricardo es consciente de los asesinatos que cometió. Dice que tienen que ver con las presiones laborales que sufre, como cuidar el equipo militar, encargarse de los uniformes, llevar las sábanas a la lavandería, tenderlas sobre las camas... ¡Sí!, está seguro de que fue el exceso de presión en el trabajo lo que lo motivó a hacer lo que hizo.

1 de julio: El médico decide que Ricardo siga en observación, pero diagnostica que su trastorno psicótico "no lo imposibilita para ejercer sus derechos cívicos y no amerita custodia familiar".

2 de julio: Ricardo confía al psiquiatra que mató a los indocumentados, pero que en realidad iba a matar a su propia familia por órdenes de sus comandantes, primero a su esposa e hijo, luego a sus padres. El médico dice que Ricardo se siente víctima y no agresor.

17 de julio: Ricardo dice que una vez que les disparó a las personas aventó el arma y se quedó dormido en el cerro. Que despertó por la mañana y recordó lo que pasó, pero pensó que era un juego. Se fue a su casa a esperar a que llegaran a detenerlo. Que sentía miedo porque escuchaba que le gritaban: "Loco".

22 de julio: Recuerda que cuando sacó el arma para disparar creyó que ya estaba muerto, pero escuchaba voces que le decían: "aquí te espero". También dice al psiquiatra que tiene que regresar a trabajar porque debe mantener a su familia.

Las bitácoras de la enfermería registran que Ricardo es ordenado, se levanta temprano para asearse, come y duerme sin sobresaltos. Pasa casi todo el día frente al televisor.

"El 23 de mayo me encontraba laborando normalmente en el batallón. En el transcurso del día fui objeto de presión por parte de algunos compañeros por cuestiones que son internas del mismo batallón, por eso en el transcurso de la tarde me empecé a sentir mal. Les pregunté qué era lo que traían conmigo, ya que todos me miraban extraño y sólo me daban la espalda.

"Más tarde unos compañeros me invitaron a salir a una ceremonia, pero yo estaba de servicio y les dije que no, ellos tampoco se fueron y continuaron presionándome. Me acorralaban diciéndome que me cuidara porque me iban a desaparecer. Seguí laborando, luego me fui a una compañía y me quedé dormido. Empecé a imaginar cosas, que me seguían presionando y escuché disparos.

"Desperté y comencé a ver la televisión. Eran las 3:30. Veía imágenes de burla, de guerra, de operaciones del ejército, de bomberos, de la PGR, todo contenía imágenes de guerra. Vi patrullas que chocaban entre sí, y los que salían decían que no pasaba nada y que al fin y al cabo las reparaba el gobierno, y fue que me sentí muy deprimido y empecé a pensar que yo ya estaba muerto. Rompí las fotos de mi hijo Ángel y de mi esposa *Isabel*.

"Escuché un mensaje que me ordenaba que matara a mi familia. Me puse mi uniforme, el que va con la boina guinda. Fui a la armería y saqué una subametralladora, le cargué treinta cartuchos y me eché a la bolsa otros cien. Salí a cumplir la misión.

"Caminé por la colonia Las Teresitas, brinqué una alambrada para salir más rápido del campo; en el cruce rumbo a Parras me fui por el monte.

"Caminé como unos cinco kilómetros, no recuerdo el lugar exacto pero está al poniente del batallón. Me encontré a una persona que estaba de pie y al estar como a unos tres metros de él fue cuando me di cuenta de que era un hombre.

"Había luna llena, por la voz me di cuenta de que era muy joven y a éste le pregunté: '¿Qué onda, te acuerdas de mí?' Pensé que era uno de los que me estuvieron agrediendo en el batallón, pero él no me dijo nada sino que empezó a burlarse de mí y sentí odio hacia él, y como el arma que yo traía puesta, que tiene una correa que cruza todo mi cuerpo, me quedaba sobre la espalda, cuando él se burló me saqué el arma y le disparé, pero no recuerdo en cuántas ocasiones. En eso se empezaron a mover otras personas que estaban cerca de él, unas cinco, y también que les empiezo a disparar.

"Yo pensé que los cartuchos que disparaba eran de salva. Al primero lo vi caer y hasta alcancé a ver que se deslizó por una bajada, lo empecé a seguir y le volví a disparar. Luego lo único que hice fue seguir mi camino con la idea de ir a Parras. Corrí a otro cerro, subí la mitad y en ese rato se me empezó a quitar un dolor de cabeza que traje toda la noche y en eso empecé a gritar: '¡Ya estuvo, ya estuvo…!' '¡Ya se acabó el juego!', para ver quién me escuchaba pero nadie me respondió, entonces decidí guardar el arma en la chamarra verde que traía, también la boina y las escondí en los matorrales y bajé el cerro.

"Sí sabía dónde estaba, pero no sé cómo se llama. Caminé hasta una casa donde estaba un señor matando un marrano y le dije que si me podía dar un *raite* a Saltillo, me dijo que no, que estaba ocupado. Vi una pipa de agua, le pedí el *raite* al chofer y me trajo hasta las vías que están por la colonia La Minita. Ya pasaban de las once. Llegué a mi casa, allí estaba mi esposa y ya me sentí más tranquilo.

"Al estar comiendo volví a ver la televisión y lo único que veía en ella era que me estaban amenazando y me ofrecían un trabajo de seguridad para alguien, entonces empecé a escribir en unos cuadernos que quería 'seguridad para mi familia', que 'sí quiero con quién trabajar', y eso lo escribí porque me ofrecían trabajar pero esto era a través de la televisión.

"También escribí 'Usi 9 milimts', que era el arma que yo quería para darle seguridad a mi familia, y fue cuando otra vez la televisión me decía que me estuviera tranquilo y que me podían dar una casa para toda mi familia, y en otro cuaderno escribí: 'una casa dónde'... Pero luego volví a pensar que yo ya estaba muerto."

Los militares de la 6/a. Zona, en Coahuila, se niegan a dar dato alguno del paradero de Ricardo Olvera, así que la Procuraduría General de Justicia decide dar al asunto cauce federal; solicita directamente al procurador militar, Jaime Antonio López Portillo Robles Gil, que entregue a las autoridades civiles al elemento porque según las pesquisas es el responsable de los asesinatos de los centroamericanos.

El 8 de julio el teniente coronel José Hernández Zamudio informa al cuerpo jurídico de la Sedena que el "evento psicótico" que presentaba Ricardo Olvera se hallaba "resuelto casi en su totalidad", que no ameritaba tenerlo ya internado, pero que extraoficialmente se habían enterado de que asesinó a dos personas con un arma del ejército estando en servicio, por lo cual requerían que se les indicara la situación legal pues no estaba en calidad de detenido.

El 10 de julio Aurelio Quintero Rosales, teniente coronel de sanidad, emite el alta "por mejoría", pero determina su certificado de inutilidad hasta poder recibir la baja del Ejército y Fuerza Aérea Mexicanos.

El 11 de julio Juan Sánchez Galeana, capitán segundo de la Policía Judicial Militar, presenta a Olvera ante la Procuraduría General de

Justicia del Estado de Coahuila, lo entrega junto con su alta del hospital "por mejoría". Ricardo no puede pagarse un abogado, así que se le designa al de oficio José Max Hernández. De inmediato se dicta su arraigo en el hotel Santa María, sobre la carretera Saltillo-Monterrey, en el municipio de Ramos Arizpe, donde se le asigna la habitación número seis. Mientras, especialistas del Centro Estatal de Salud Mental hacen los peritajes psiquiátricos.

Los dictámenes médicos de los especialistas del ámbito civil son diametralmente opuestos a los de sus pares militares; concluyen que Ricardo Olvera no tiene ningún problema psicológico ni psiquiátrico. Los funcionarios de la Procuraduría General de Justicia determinan que no tiene problemas mentales y que está plenamente consciente de la ilicitud de su conducta, por tanto, está "preparado física y mentalmente para evadir a la justicia", así que consideran imperioso dar celeridad al proceso.

Los peritajes de balística son contundentes: Ricardo dio positivo en todas las pruebas de rodizonato de sodio que realizaron los peritos de la Procuraduría. El dictamen dice que los 11 cartuchos disparados a las víctimas fueron detonados por la misma MP-5 calibre 9 milímetros con matrícula ES001852.

La Procuraduría General de Justicia del Estado de Coahuila concluyó que el militar actuó con "brutal ferocidad", que agredió y asesinó con alevosía, "toda vez que el delincuente ejecutó sin causa ni motivo alguno, ya que no existió agresión por parte de las víctimas, quienes se encontraban descansando, demostrándose así el grado máximo de los instintos perversos y antisociales del homicida, evidenciándose el poco respeto que le merece la vida humana y destruyendo [sic] por causas enteramente intrascendentes".

Ricardo Olvera Venegas fue encontrado culpable de los delitos de homicidio calificado con alevosía y brutal ferocidad en contra de

Delmer Alexander Pacheco Barahona y José David "NN", y también de las lesiones con alevosía y brutal ferocidad en contra de José Rodolfo Rivas Ramírez, David Domínguez Martínez y Jesús Andino Arguijo; alcanzaría 50 años de prisión según sentencia de Sergio Tamez Moreno, juez primero de Primera Instancia en Materia Penal.

El magistrado considera que aun cuando permaneció internado en el Hospital Militar Regional de Torreón y posteriormente en el Hospital Central Militar entre el 11 y 17 de julio, diagnosticado con un "brote psicótico agudo", a su criterio no se acreditó ninguna excluyente de antijuricidad y culpabilidad, o dicho en palabras llanas, no se probó que pudiera ser inimputable. El médico Mario Alberto José de los Santos, director del Centro Estatal de Salud Mental, diagnosticó que Ricardo Olvera gozaba de buena salud mental e incluso, subraya, admitió los hechos ocurridos el 24 de mayo. El psiquiatra concluye que tampoco hay lesión o disfunción cerebral.

El 15 de agosto a las 9:30 fue ingresado al Centro Estatal de Readaptación Social para varones de Saltillo. El 6 de noviembre la Sedena emitió su baja del ejército "por inutilidad" al presentar "trastorno psicótico agudo transitorio". En diciembre su defensa buscó que se le declarara inimputable y lo consiguió: la autoridad civil ordenó que lo internaran en el Centro Estatal de Salud Mental.

A simple vista, el Centro Estatal de Salud Mental parece una oficina administrativa; ni visos de enfermos, ambulancias ni nada que indique que se trata de una clínica. Ubicado de extremo a extremo de las calles Martín Enrique y Juan O'Donojú, en la colonia Virreyes, el extenso inmueble cobra vida sólo por las pequeñas jardineras bien cuidadas, en medio de un silencio absoluto que hace difícil recordar que se está en una metrópoli tan convulsa como Saltillo.

En uno de estos pabellones Ricardo permaneció un par de semanas, entre noviembre y diciembre de 2002, una medida tomada en consideración debido a que representaba "un riesgo latente para la sociedad".

Durante esa estancia, la evaluación pericial psiquiátrica refiere que su "enfermedad":

"Aparentemente inicia un día antes de los hechos."

Comienza con "intranquilidad y sentirse extraño".

Que los compañeros lo "veían extraño".

Que los compañeros le "daban la espalda".

Idea de que "todo lo que veía y oía era agresión".

Sueños de que "atacaban a México".

Alucinaciones auditivas de voces que le "ordenaban salir a la calle y buscar gente".

Que oía voces que le ordenaban y amenazaban de que lo podían controlar.

Que imágenes televisivas le "ordenaban actuar, que si había daños el ejército o la nación iban a pagar".

Que mensajes de la televisión le aseguraban que le "iban a dar trabajo de elemento de seguridad".

Que se sentía perseguido.

Que pensaba que "lo que oía y veía en la televisión era parte de un proyecto o de un experimento del ejército".

Que el día de los hechos, "guiado por las alucinaciones auditivas de comando, se arma y sale de su guardia en busca de gente".

El día de los hechos se topa con los ofendidos, a quienes "considera enemigos con riesgo de ser dañado por ellos, pensando que era uno de los elementos del batallón que lo veían extraño o le daban la espalda".

Que después de los hechos pensaba que "todo era un sueño y que al dormir y luego despertar todo iba a regresar a la normalidad".

LA MASACRE DE LA ESPERANZA

Que pensaba que como era un ejercicio del ejército o un proyecto del ejército, "las balas no eran de verdad, que eran de salva".

La mañana siguiente a los hechos la esposa lo nota "nervioso y el paciente llega a comentar que gente del ejército lo quería involucrar en un problema, que en la madrugada lo quisieron matar y le habían disparado".

En la tarde del día de los hechos es detenido por una patrulla del ejército no sin antes "amenazarlos con traer explosivos y exigiendo que soltaran a su mamá, que venía acompañando a la patrulla".

Estuvo internado hasta el mes de diciembre, el día 12 para ser exactos, cuando su nuevo abogado defensor, Arturo Javier Cavazos, expuso al juez del caso que la familia había decidido internarlo en la Granja San José, una pequeña casa de asistencia para personas con problemas mentales ubicada en el municipio de Arteaga.

El juzgador dio su visto bueno y el militar fue llevado a 18 kilómetros, en el alteño municipio de Arteaga, conocido como "la Suiza de México" por sus montañas llenas de pinos y nevados paisajes una buena parte del año. En la casa de asistencia entre esas montañas nevadas estuvo poquísimos días, porque el 17 de diciembre el doctor Alberto José de los Santos lo dio de alta.

El 30 de marzo de 2004 el juzgado declaró sobreseído el caso "por causa excluyente de responsabilidad". Hasta ese año, en el mes de octubre, el día 15, el Ejército y Fuerza Aérea Mexicanos emitieron la baja del militar en "situación de retiro". Por cierto, cuando Ricardo recibió su alta psiquiátrica pensó en demandar al ejército por declararlo inimputable, pero luego desistió.

El cadáver de José David, el jovencito de sonrisa fresca y carácter dicharachero a quien sus compañeros de viaje llamaban *El Moreno*, nunca fue reclamado. En algún lugar de Centroamérica tal vez hay una madre que ignora que las balas de un ejército extranjero, asestadas a sangre fría, le arrebataron la vida al *fruto de su vientre*, y tal vez su nombre completo siga en alguna lista de los miles de migrantes desaparecidos. Quedó confinado a una fosa común, un agujero que cavaron los enterradores sin ningún doliente que los mirara abrir la tierra, meter la caja y sepultarla en el panteón civil de Saltillo, una ciudad que a esa mujer no le diría nada; por más vasto que sea el mundo, una madre tiene derecho a saber dónde es que ha caído muerto su hijo.

ANEXOS

Caso Humberto Mariles

DE PASAPORTE
DIPLOMATICO U OFICIAL

Pasaporte Núm. *B-1301*
Fecha de Expedición: *8 dic 71*

Libreta Núm. *13169* *B-13170*
Fecha de Vencimiento: *8 feb 72*

C. Secretario de Relaciones Exteriores,
Presente.

Gral. de Brig. E.E.

HUMBERTO MARILES CORTES _____ que suscribe, vecino de México, Distrito Federal ____, con domicilio legal en ▮▮▮▮▮▮▮▮ Estado civil, casado, ocupación, GENERAL DE BRIGADA E. E. atentamente solicita se sirva usted ordenar se le expida pasaporte OFICIAL _____ para dirigirse a París _____ como punto final de destino en Francia ____ visitando en el trayecto los siguientes países: Estados Unidos, Canadá, Japón, Inglaterra, Italia, Austria, Alemania y Francia, en cumplimiento de la Comisión oficial que le fué conferida por el Consejo Nacional de Turismo según oficio número 1166 de fecha 27 de noviembre de 1971 _____ acompañado de su esposa _____, y de sus hijos menores _____

Bajo protesta de decir verdad, manifiesto lo siguiente:

Nací en Parral, Chihuahua, el ▮▮▮▮▮▮▮ siendo mi padre el Sr. Antonio Mariles Frayndell del Moral de nacionalidad mexicana y mi madre la Sra. Virginia Cortés de nacionalidad mexicana habiendo contraído matrimonio el _____ con Alicia Valdés Ramos _____, que nació en México, D. F. el ▮▮▮▮▮▮▮ ▮▮▮▮▮▮▮, siendo su nacionalidad actual, mexicana.

_____ de _____ y tengo asignado _____ en el Registro de Personal Federal.

Documentos que se acompañan:

▮ Mexicana No. _____ de fecha _____
_____ No. _____ de fecha _____
_____ No. _____ de fecha _____
_____ No. _____ de fecha _____

Solicitud del general Humberto Mariles del pasaporte diplomático con el que viajó a Europa cuando fue detenido por narcotráfico.

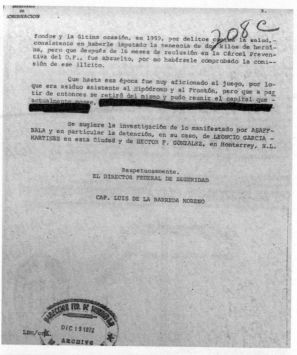

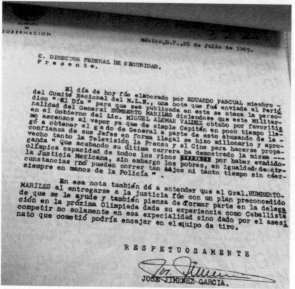

Expediente del general Humberto Mariles elaborado
por agentes de la Dirección Federal de Seguridad.

Caso Masacre de La Esperanza

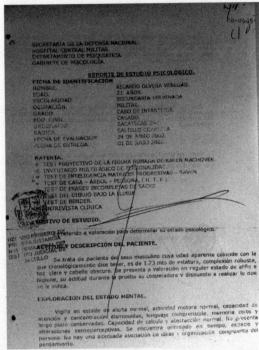

Informe psiquiátrico del
militar Ricardo Olvera.

Fragmentos de los escritos del militar Ricardo Olvera el día del crimen.

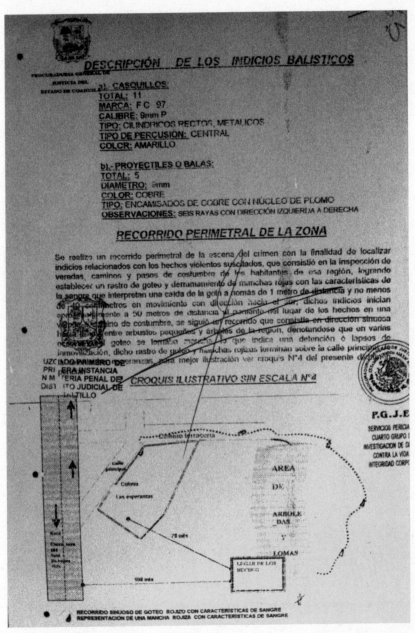

Informe de balística sobre el asesinato de los adolescentes Delmer Alexander y José David, y croquis del acontecimiento.

Averiguaciones previas y causas penales contra militares obtenidas vía Transparencia

SECRETARIA
DE LA
DEFENSA NACIONAL
OFICIALÍA MAYOR

"2011, Año del Turismo en México"

SECRETARIA DE LA DEFENSA NACIONAL.
UNIDAD DE ENLACE
ACCESO A LA INFORMACIÓN.
Oficio No. AI/ UE 0003641

México, D.F. a 10 de agosto de 2011.

Estimado Solicitante.
P r e s e n t e.

En relación a su solicitud de acceso a la información con número de folio **0000700092011** y con fundamento en los artículos 28 fracciones II y IV, 42 y 43 de la Ley Federal de Transparencia y Acceso a la Información Pública Gubernamental, las unidades administrativas consideradas en los artículos 52 y 80 del Reglamento Interior de la Secretaría de la Defensa Nacional, tuvieron a bien otorgar a su solicitud de información, las estadísticas que tiene formadas, de acuerdo con las necesidades de este sujeto obligado y que se **anexan en archivo electrónico.**

Para el caso específico de esta respuesta, se pone a su disposición el teléfono 5557-8971 de la Unidad de Enlace para cualquier consulta o duda sobre el acceso a la información de esta Secretaría, y el siguiente correo electrónico: unidadenlace@mail.sedena.gob.mx.

SUFRAGIO EFECTIVO. NO REELECCIÓN.
EL TITULAR DE LA UNIDAD DE ENLACE.

GRAL. BRIG. D.E.M. JULIO ÁLVAREZ ARELLANO.

anb.

ANEXO FOLIO 0000700092011.

CON FUNDAMENTO EN LO ESTABLECIDO POR LOS ARTÍCULOS 8º, 13, 21, 89 FRACCIÓN VI Y 90 DE LA CONSTITUCIÓN POLÍTICA DE LOS ESTADOS UNIDOS MEXICANOS; 1º FRACCIONES I Y II DE LA LEY ORGÁNICA DEL EJÉRCITO Y FUERZA AÉREA MEXICANOS, 29 DE LA LEY ORGÁNICA DE LA ADMINISTRACIÓN PÚBLICA FEDERAL, 1º Y 2º DEL REGLAMENTO INTERIOR DE ESTA SECRETARIA Y 1º, 13 Y 14 DE LA LEY FEDERAL DE TRANSPARENCIA Y ACCESO A LA INFORMACIÓN PÚBLICA GUBERNAMENTAL Y 70 DE SU REGLAMENTO, INFORMO A USTED QUE RESPECTO A SUS CUESTIONAMIENTOS FORMULADOS EN LAS PREGUNTAS 1 (UNO) Y 2 (DOS), ESTA PROCURADURÍA INICIÓ DIVERSAS AVERIGUACIONES PREVIAS EN CONTRA DE PERSONAL PERTENECIENTE A LA SECRETARIA DE LA DEFENSA NACIONAL DE LOS AÑOS 2007, 2008, 2009, 2010 Y 2011, POR DELITOS COMETIDOS EN AGRAVIO DE PERSONAS CIVILES, SIENDO COMO A CONTINUACIÓN SE INDICA:

No. AVS. PREVS. INICIADAS EN LAS AGCIAS. I.M.P.M. ADSCS. A ESTA PROCURADURÍA, EN LAS CUALES PERSONAL MILITAR COMETIÓ ALGÚN DELITO EN AGRAVIO DE PERSONAS CIVILES.	DELITOS	2007	2008	2009	2010	2011
	ABUSO DE AUTORIDAD.	23	307	503	307	352
	VIOLENCIA CONTRA LAS PERSONAS.	7	50	169	114	65
	VIOLENCIA CONTRA LAS PERSONAS CAUSANDO HOMICIDIO.	1	7	26	20	18

RESPECTO A SU PREGUNTA SEÑALADA CON EL NÚMERO 3 (TRES), INFORMO A USTED QUE DE CONFORMIDAD CON EL ARTÍCULO 436 DEL CÓDIGO DE JUSTICIA MILITAR, LA REPARACIÓN DEL DAÑO ES UNA ACCIÓN CIVIL QUE SÓLO PUEDE EJERCITARSE POR LA PARTE OFENDIDA O POR EL REPRESENTANTE LEGÍTIMO, POR LO QUE, LOS TRIBUNALES DEL FUERO DE GUERRA, SÓLO CONOCERÁN Y DETERMINARAN SOBRE LA ACCIÓN PENAL QUE DEBA EJERCITARSE CON MOTIVO DE LOS DELITOS DE SU COMPETENCIA, Y LAS ACCIONES CIVILES, QUE DE AQUÉLLAS SE DERIVEN, SE EJERCITARÁN ANTE LOS TRIBUNALES DEL ORDEN COMÚN, DE ACUERDO CON LA LEGISLACIÓN QUE EN ÉL SE HALLE VIGENTE.

ANEXO FOLIO 0000700092011

SE HACE DE SU CONOCIMIENTO QUE EN RELACIÓN A PRESUNTOS DELITOS COMETIDOS POR PERSONAL MILITAR DE LA SECRETARÍA DE MARINA Y RESPECTO A SUS CUESTIONAMIENTOS 1, 2 Y 3, LA PROCURADURÍA GENERAL DE JUSTICIA MILITAR, INICIÓ DIVERSAS AVERIGUACIONES PREVIAS EN CONTRA DE PERSONAL PERTENECIENTE A LA SECRETARÍA DE MARINA ARMADA DE MÉXICO DE LOS AÑOS 2009, 2010 Y 2011, POR DELITOS COMETIDOS EN AGRAVIO DE PERSONAS CIVILES, SIENDO COMO A CONTINUACIÓN SE INDICA:

2009	
ABUSO DE AUTORIDAD	1

2010	
ALLANAMIENTO DE MORADA Y PRIVACIÓN ILEGAL DE LA LIBERTAD.	1
HOMICIDIO.	1
LO QUE RESULTE (L.Q.R.)	24
LESIONES.	2
ROBO, LESIONES Y DAÑO EN PROPIEDAD AJENA.	1
TORTURA Y LESIONES.	1
VIOLACIÓN Y TORTURA.	2

2011	
ABUSO DE AUTORIDAD FEDERAL Y EJERCICIO INDEBIDO DE SERVICIO PÚBLICO Y ALLANAMIENTO DE MORADA.	1
ABUSO DE AUTORIDAD.	1
HOMICIDIO.	2
LO QUE RESULTE (L.Q.R.)	32
LESIONES.	5
LESIONES Y ABUSO DE AUTORIDAD.	2
ROBO.	1

RESPECTO A SU PREGUNTA SEÑALADA CON EL NÚMERO 3, SE INFORMA A USTED QUE DE CONFORMIDAD CON EL ARTÍCULO 436 DEL CÓDIGO DE JUSTICIA MILITAR, LA REPARACIÓN DEL DAÑO ES UNA ACCIÓN CIVIL QUE SÓLO PUEDE EJERCITARSE POR LA PARTE OFENDIDA O POR EL REPRESENTANTE LEGÍTIMO, POR LO QUE, LOS TRIBUNALES DEL FUERO DE GUERRA, SÓLO CONOCERÁN Y DETERMINARAN SOBRE LA ACCIÓN PENAL QUE DEBA EJERCITARSE CON MOTIVO DE LOS DELITOS DE SU COMPETENCIA, Y LAS ACCIONES CIVILES, QUE DE AQUÉLLAS SE DERIVEN, SE EJERCITARÁN ANTE LOS TRIBUNALES DEL ORDEN COMÚN, DE ACUERDO CON LA LEGISLACIÓN QUE EN ÉL SE HALLE VIGENTE.

ASIMISMO, POR LO QUE RESPECTA A SUS CUESTIONAMIENTOS RELACIONADOS CON CAUSAS PENALES Y SENTENCIAS, SE HACE DE SU CONOCIMIENTO QUE ES CONSERVADA EN LA SECRETARÍA DE MARINA, ARMADA DE MÉXICO, POR CONDUCTO DE LA DIRECCIÓN GENERAL DE JUSTICIA NAVAL; POR LO ANTERIOR, SE LE SUGIERE DIRIGIR SU SOLICITUD DE INFORMACIÓN A DICHA DEPENDENCIA.

ANEXO FOLIO 0000700092011.

PETICIÓN.
DESDE EL AÑO 2007 HASTA EL PRESENTE (CON FIGURAS MÁS ACUTALIZADAS)

1) DE LOS CASOS POR PRESUNTOS DELITOS COMETIDOS POR PERSONAL MILITAR DE SEDENA EN LOS QUE LA (S) VICTIMA (S) HAYAN SIDO CIVILES CONOCIDOS POR LOS TRIBUNALES MILITARES, PIDO EL DESGLOSE DE CUÁNTOS DIERON LUGAR A CAUSAS PENALES. DESGLOSADO POR AÑO Y TIPO DE DELITO, POR FAVOR.

RESPUESTA:

CAUSAS PENALES INSTRUIDAS EN CONTRA DE PNAL. MIL., POR DELITOS EN LOS QUE LAS VÍCTIMAS HAYAN SIDO CIVILES:

2007	
DELITO	CANTIDAD
HOMICIDIO CULPOSO	3
LESIONES	3
LESIONES CULPOSAS DERIVADAS DE RESPONSABILIDAD PROFESIONAL	2
VIOLENCIA CONTRA LAS PERSONAS CAUSANDO HOMICIDIO	6
ALLAMIENTO DE MORADA	1

2008	
DELITO	CANTIDAD
HOMICIDIO	1
VIOLENCIA CONTRA LAS PERSONAS CAUSANDO HOMICIDIO	9
VIOLENCIA CONTRA LAS PERSONAS CAUSANDO LESIONES	2
ALLANAMIENTO DEMORADA	1
TORTURA	1

2009	
DELITO	CANTIDAD
VIOLENCIA CONTRA LAS PERSONAS CAUSANDO HOMICIDIO	4
VIOLENCIA CONTRA LAS PERSONAS CAUSANDO LESIONES	3
ALLANAMIENTO DEMORADA	5
VIOLENCIA CONTRA LAS PERSONAS	2
ABUSO SEXUAL	2
LESIONES CULPOSAS	2
LESIONES	1

2010	
DELITO	CANTIDAD
HOMICIDIO CULPOSO	1
LESIONES CULPOSAS DERIVADAS DE RESPONSABILIDAD PROFESIONAL	2
LESIONES	1
TORTURA	1
VIOLENCIA CONTRA LAS PERSONAS CAUSANDO LESIONES	1
VIOLENCIA CONTRA LAS PERSONAS CAUSANDO HOMICIDIO	37
ALLANAMIENTO DE MORADA	2
ALLANAMIENTO DE MORADA	2
INHUMACIÓN CLANDESTINA DE CADÁVER	2

2011	
DELITO	CANTIDAD
HOMICIDIO	12
HOMICIDIO CULPOSO	2
LESIONES	2
TORTURA	2
VIOLENCIA CONTRA LAS PERSONAS CAUSANDO HOMICIDIO	14
VIOLENCIA CONTRA LAS PERSONAS CAUSANDO LESIONES	1
LESIONES CULPOSAS	1

PETICIÓN.
DESDE EL AÑO 2007 HASTA EL PRESENTE (CON FIGURAS MÁS ACUTALIZADAS)

1) PIDO EL DESGLOSE DE TODOS LOS PERSONALES MILITARES DE SEDENA QUE HAN SIDO SANCIONADO POR PRESUNTOS DELITOS EN LOS QUE LA (S) VICTIMA (S) HAYAN SIDO CIVILES, DESGLOSADO POR AÑO Y TIPO DE DELITO, POR FAVOR.

2) DE ESOS CASOS, PIDO EL DESGLOSE DE CUÁNTOS FUERON DICTADOS CON UNA SENTENCIA Y CUÁL FUE LA CONDENA IMPUESTA EN CADA CASO. DESGLOSADO POR AÑO Y TIPO DE DELITO, POR FAVOR.

3) DE ESOS CASOS, PIDO EL DESGLOSE DEL RANGO DE LOS MILITARES CONDENADOS. DESGLOSADO POR AÑO Y TIPO DE DELITO, POR FAVOR.

4) DE ESOS CASOS, PIDO EL DESGLOSE DE CUÁNTOS CASOS RESULTARON EN SENTENCIAS FIRMES Y EN CUÁNTOS EL SENTENCIADO SE HA BENEFICIADO AL PROMOVER LA APELACIÓN. DESGLOSADO POR AÑO Y TIPO DE DELITO, POR FAVOR

RESPUESTA:

SENTENCIAS DICTADAS EN CONTRA DE PNAL. MIL., POR DELITOS EN LOS QUE LAS VÍCTIMAS HAYAN SIDO CIVILES:

2007

DELITO	CANTIDAD Y GRADOS DEL PNAL. SENTENCIADO	CONTENIDO DE LA SENTENCIA EJECUTORIADA	EN CASO DE APELACIÓN O AMPARO CONTENIDO DE LA RESOLUCIÓN

2008

DELITO	CANTIDAD Y GRADOS DEL PNAL. SENTENCIADO	CONTENIDO DE LA SENTENCIA EJECUTORIADA	EN CASO DE APELACIÓN O AMPARO CONTENIDO DE LA RESOLUCIÓN
ALLANAMIENTO DE MORADA	1 SOLDADO	1 AÑO Y 6 MESES DE PRISIÓN	

2009

DELITO	CANTIDAD Y GRADOS DEL PNAL. SENTENCIADO	CONTENIDO DE LA SENTENCIA EJECUTORIADA	EN CASO DE APELACIÓN O AMPARO CONTENIDO DE LA RESOLUCIÓN
VIOLENCIA CONTRA LAS PERSONAS CAUSANDO LESIONES	1 TTE.	8 MESES DE PRISIÓN	SE CONFIRMA LA SENTENCIA DE 8 MESES DE PRISIÓN
	1 SGTO. 2/o. 1 CABO	1 AÑO, 2 MESES DE PRISIÓN	10 MESES DE PRISIÓN

2010

DELITO	CANTIDAD Y GRADOS DEL PNAL. SENTENCIADO	CONTENIDO DE LA SENTENCIA EJECUTORIADA	EN CASO DE APELACIÓN O AMPARO CONTENIDO DE LA RESOLUCIÓN
VIOLENCIA CONTRA LAS PERSONAS CAUSANDO LESIONES	1 TENIENTE	8 MESES DE PRISIÓN	
	1 SGTO. 2/o.	2 AÑOS DE PRISIÓN	
	2 SOLDADOS	4 MESES DE PRISIÓN	
	1 SOLDADO	1 AÑO DE PRISIÓN	
ABUSO SEXUAL	1 SGTO. 1/o.	SE ABSUELVE DEL DELITO DEL DELITO DE ABUSO SEXUAL	
	1 SGTO. 2/o.	5 AÑOS DE PRISIÓN	
	1 SOLDADO	5 AÑOS, 6 MESES Y MULTA DE 50 DÍAS DE SALARIO MÍNIMO	

2011

DELITO	CANTIDAD Y GRADOS DEL PNAL. SENTENCIADO	CONTENIDO DE LA SENTENCIA EJECUTORIADA	EN CASO DE APELACIÓN O AMPARO CONTENIDO DE LA RESOLUCIÓN
LESIONES CULPOSAS DERIVADAS DE RESPONSABILIDAD PROFESIONAL	1 TENIENTE	3 MESES DE PRISIÓN, MULTA DE 150 DÍAS DE SALARIO MÍNIMO, PAGO DE $24,002.40 COMO REPARACIÓN DE DAÑO Y SUSPENSIÓN DE 1 AÑO EN EL EJERCICIO DE LA PROFESIÓN	
INHUMACIÓN CLANDESTINA DE CADÁVER	3 CABOS 4 SOLDADOS	1 AÑO DE PRISIÓN O MULTA DE 60 DÍAS	

Registro de militares que han presentado algún grado de intoxicación etílica en horas de servicio obtenido vía Transparencia

SEDENA
SECRETARÍA DE
LA DEFENSA NACIONAL

HOJA DE RESPUESTA A SOLICITUDES DE ACCESO A LA INFORMACIÓN.

Lomas de Sotelo, D.F., a 6 de octubre de 2015.

FOLIO No.   0000700146015

FECHA DE RECEPCIÓN: 5 DE AGOSTO DE 2015

REQUERIMIENTO.

"...EN APEGO A LA LEY FEDERAL DE TRANSPARENCIA, SOLICITO SABER CUÁNTOS MIEMBROS DE LAS FUERZAS ARMADAS SE HAN DETECTADO CONSUMIENDO ALCOHOL EN HORAS DE SERVICIO EN EL PERIODO DEL 1 DE ENERO DE 2000 A LA FECHA. DESGLOSAR EL GRADO DEL MILITAR DETECTADO, LUGAR DONDE DESEMPEÑABA SU SERVICIO, FECHA EN QUE SE LE DETECTÓ CONSUMIENDO ALCOHOL DURANTE SU SERVICIO, Y LA SANCIÓN QUE RECIBIÓ POR EL CONSUMO DE ALCOHOL DURANTE SUS HORAS DE SERVICIO..." (SIC).

RESPUESTA.

CON FUNDAMENTO EN LOS ARTÍCULOS 43 Y 129 DE LA LEY GENERAL DE TRANSPARENCIA Y ACCESO A LA INFORMACIÓN PÚBLICA, SE INFORMA A USTED QUE EN EL ESTADO MAYOR DE LA DEFENSA NACIONAL, NO SE CUENTA CON LA INFORMACIÓN COMO LA REQUIERE; SIN EMBARGO, ATENDIENDO EL PRINCIPIO DE MÁXIMA PUBLICIDAD ESTABLECIDO EN LOS ARTÍCULOS 6/o. CONSTITUCIONAL, 7/o. Y 8/o. FRACCIÓN VI DE LA LEY GENERAL DE TRANSPARENCIA Y ACCESO A LA INFORMACIÓN PÚBLICA, SE PROPORCIONA EN RELACIÓN ANEXA LA INFORMACIÓN DEL PERSONAL MILITAR, QUE EN ACTOS DEL SERVICIO HA PRESENTADO ALGÚN GRADO DE INTOXICACIÓN ETÍLICA, A PARTIR DEL 26 DE MAYO DE 2007 AL 6 DE AGOSTO DE 2015; ASIMISMO, SE ANEXA LA RESOLUCIÓN DE INEXISTENCIA PARA EL PERIODO DEL AÑO 2000 AL 25 DE MAYO DE 2007.

ASIMISMO, POR LO QUE HACE A LAS SANCIONES QUE SE IMPONEN AL PERSONAL MILITAR QUE SE INVOLUCRA EN ESTE TIPO DE INCIDENTES, DEPENDIENDO DE LA CONDUCTA DESPLEGADA SE APLICA UN CORRECTIVO DISCIPLINARIO, SE CONVOCA AL HONORABLE CONSEJO DE HONOR PARA QUE CONOZCA DE SU CONDUCTA O SE DA VISTA A LA PROCURADURÍA GENERAL DE JUSTICIA MILITAR, PARA DETERMINAR SI SE INFRINGIÓ LA DISCIPLINA MILITAR.

ES IMPORTANTE SEÑALAR, QUE EL INSTITUTO NACIONAL DE TRANSPARENCIA, ACCESO A LA INFORMACIÓN Y PROTECCIÓN DE DATOS PERSONALES (I.N.A.I.), EN SU CRITERIO 09-10, ESTABLECE QUE LAS DEPENDENCIAS Y ENTIDADES NO ESTÁN OBLIGADAS A ELABORAR DOCUMENTOS AD HOC PARA ATENDER LAS SOLICITUDES DE INFORMACIÓN.

ANEXO AL FOLIO No. 0000700146015

No.	GRADO	ARMA O SERVICIO	FECHA DE INCIDENTE	LUGAR DONDE DESEMPEÑABA SU SERVICIO	ENTIDAD FEDERATIVA	GRADO DE INTOXICACIÓN
1	SOLDADO	INFANTERÍA	28-may-07	DESTACAMENTO	VERACRUZ	CON ALIENTO ALCOHÓLICO
2	CABO	CABALLERÍA	10-jun-07	BASE DE OPERACIONES	CHIHUAHUA	CON ALIENTO ALCOHÓLICO
3	SOLDADO	CABALLERÍA	10-jun-07	BASE DE OPERACIONES	CHIHUAHUA	CON ALIENTO ALCOHÓLICO
4	SOLDADO	INFANTERÍA	26-ago-07	BASE DE OPERACIONES	DURANGO	CON ALIENTO ALCOHÓLICO
5	SOLDADO	INFANTERÍA	04-oct-07	BASE DE OPERACIONES	MICHOACÁN	CON ALIENTO ALCOHÓLICO
6	CABO	CABALLERÍA	10-dic-07	BASE DE OPERACIONES	CHIHUAHUA	CON ALIENTO ALCOHÓLICO
7	SOLDADO	TRANSMISIONES	10-dic-07	BASE DE OPERACIONES	CHIHUAHUA	CON ALIENTO ALCOHÓLICO
8	TENIENTE	CABALLERÍA	10-dic-07	BASE DE OPERACIONES	CHIHUAHUA	CON ALIENTO ALCOHÓLICO
9	TENIENTE	INFANTERÍA	24-jun-09	PUESTO DE VIGILANCIA	SONORA	CON ALIENTO ALCOHÓLICO
10	CABO	INFANTERÍA	24-jun-09	PUESTO DE VIGILANCIA	SONORA	CON ALIENTO ALCOHÓLICO
11	CABO	CONDUCTOR	24-jun-09	PUESTO DE VIGILANCIA	SONORA	CON ALIENTO ALCOHÓLICO
12	CABO	INFANTERÍA	24-jun-09	PUESTO DE VIGILANCIA	SONORA	CON ALIENTO ALCOHÓLICO
13	SARGENTO 2/o.	CONDUCTOR	15-ago-09	ADIESTRAMIENTO	ESTADO DE MÉXICO	INTOXICACIÓN ETÍLICA GRADO II
14	SARGENTO 2/o.	COCINERO	25-sep-09	CUARTEL GENERAL	SINALOA	INTOXICACIÓN ETÍLICA GRADO II
15	SOLDADO	CABALLERÍA	11-ene-10	PATRULLAJES	BAJA CALIFORNIA	CON ALIENTO ALCOHÓLICO
16	SARGENTO 2/o.	CABALLERÍA	11-ene-10	PATRULLAJES	BAJA CALIFORNIA	CON ALIENTO ALCOHÓLICO
17	CABO	CABALLERÍA	11-ene-10	PATRULLAJES	BAJA CALIFORNIA	CON ALIENTO ALCOHÓLICO
18	CABO	CABALLERÍA	12-sep-10	BASE DE OPERACIONES.	TAMAULIPAS	CON ALIENTO ALCOHÓLICO
19	SOLDADO	INFANTERÍA	20-may-11	PUESTO DE MANDO AVANZADO	* HIDALGO	CON ALIENTO ALCOHÓLICO
20	CABO	CONDUCTOR	01-sep-11	PATRULLAJES	TAMAULIPAS	CON ALIENTO ALCOHÓLICO
21	SARGENTO 1/o.	MATERIALES DE GUERRA	09-oct-11	RUTA DE ABASTECIMIENTO DE MATERIAL DE GUERRA.	SAN LUIS POTOSÍ	CON ALIENTO ALCOHÓLICO
22	CABO	INFANTERÍA	22-oct-11	DESTACAMENTO	HIDALGO	CON ALIENTO ALCOHÓLICO
23	SOLDADO	INFANTERÍA	10-ene-12	RECONOCIMIENTOS	NUEVO LEÓN	CON ALIENTO ALCOHÓLICO
24	SOLDADO	INFANTERÍA	10-abr-12	SERVICIO EN SU UNIDAD	VERACRUZ	CON ALIENTO ALCOHÓLICO
25	CABO	INFANTERÍA	10-abr-12	SERVICIO EN SU UNIDAD	VERACRUZ	CON ALIENTO ALCOHÓLICO
26	SOLDADO	INFANTERÍA	26-abr-12	SERVICIO EN SU UNIDAD	BAJA CALIFORNIA SUR	CON ALIENTO ALCOHÓLICO
27	CABO	INFANTERÍA	01-may-12	PUESTO MILITAR DE SEGURIDAD	JALISCO	CON ALIENTO ALCOHÓLICO
28	CABO	TRANSMISIONES	02-sep-12	SERVICIO EN SU UNIDAD	VERACRUZ	CON ALIENTO ALCOHÓLICO
29	SOLDADO	ARMA BLINDADA	01-ene-13	FAJINA	COAHUILA	CON ALIENTO ALCOHÓLICO
30	TENIENTE	INTENDENTE	19-jul-13	FAJINA	DISTRITO FEDERAL	CON ALIENTO ALCOHÓLICO
31	SARGENTO 2/o.	MATERIALES DE GUERRA	25-oct-13	DEPENDENCIA	DISTRITO FEDERAL	INTOXICACIÓN ETÍLICA GRADO I
32	CAPITÁN 2/o.	MATERIALES DE GUERRA	25-oct-13	DEPENDENCIA	DISTRITO FEDERAL	INTOXICACIÓN ETÍLICA GRADO I

No.	GRADO	ARMA O SERVICIO	FECHA DE INCIDENTE	LUGAR DONDE DESEMPEÑABA SU SERVICIO	ENTIDAD FEDERATIVA	GRADO DE INTOXICACIÓN
33	SARGENTO 2o.	MATERIALES DE GUERRA	01-nov-13	BASE DE OPERACIONES.	MICHOACÁN	CON ALIENTO ALCOHÓLICO
34	SOLDADO	POLICÍA MILITAR	03-nov-13	PATRULLAJES	DURANGO	CON ALIENTO ALCOHÓLICO
35	SOLDADO	INFANTERÍA	27-nov-13	GUARDIA EN PREVENCIÓN	VERACRUZ	INTOXICACIÓN ETÍLICA GRADO II
36	SARGENTO 1o.	INFANTERÍA	02-feb-14	BATALLÓN DE INFANTERÍA	OAXACA	CON ALIENTO ALCOHÓLICO
37	CABO	SANIDAD	21-mar-14	PUESTO MILITAR	CAMPECHE	CON ALIENTO ALCOHÓLICO
38	CABO	SANIDAD	10-may-14	DESTACAMENTO	DISTRITO FEDERAL	CON ALIENTO ALCOHÓLICO
39	SARGENTO 2o.	INFANTERÍA	18-jun-14	BASE DE OPERACIONES	NUEVO LEÓN	CON ALIENTO ALCOHÓLICO
40	SUBTENIENTE	INFANTERÍA	22-ago-14	PUESTO MILITAR	NUEVO LEÓN	CON ALIENTO ALCOHÓLICO
41	SOLDADO	INFANTERÍA	31-ago-14	PUESTO MILITAR	GUERRERO	CON ALIENTO ALCOHÓLICO
42	SOLDADO	INFANTERÍA	31-ago-14	PUESTO MILITAR	GUERRERO	CON ALIENTO ALCOHÓLICO
43	SOLDADO	INFANTERÍA	31-ago-14	PUESTO MILITAR	GUERRERO	CON ALIENTO ALCOHÓLICO
44	SOLDADO	ZAPADORES	13-sep-14	COMPAÑÍA DE INGENIEROS.	DISTRITO FEDERAL	INTOXICACION ETÍLICA GRADO I
45	CABO	INFANTERÍA	05-oct-14	ESCOLTA	CHIAPAS	CON ALIENTO ALCOHÓLICO
46	SOLDADO	INFANTERÍA	22-oct-14	RECONOCIMIENTOS	COAHUILA	CON ALIENTO ALCOHÓLICO
47	CABO	INTENDENCIA	13-nov-14	AGRUPAMIENTO	ZACATECAS	CON ALIENTO ALCOHÓLICO
48	CABO	ZAPADORES	01-mar-15	ESTAFETA	GUERRERO	INTOXICACIÓN ETÍLICA GRADO III
49	CABO	ELECTRICISTA	11-abr-15	FAJINA	DISTRITO FEDERAL	CON ALIENTO ALCOHÓLICO
50	SUBTENIENTE	CABALLERÍA	25-jun-15	BASE DE OPERACIONES	CHIAPAS	INTOXICACIÓN ETÍLICA GRADO II
51	TENIENTE	INFANTERÍA	06-ago-15	PUESTO MILITAR	TABASCO	INTOXICACIÓN ETÍLICA GRADO I

Verdugos de Ana Lilia Pérez
se terminó de imprimir en marzo de 2016
en los talleres de
Litográfica Ingramex, S.A. de C.V.
Centeno 162-1, Col. Granjas Esmeralda, C.P. 09810 México, Ciudad de México.